Sustentabilidade

PRINCÍPIOS E ESTRATÉGIAS

Durante o processo de edição desta obra, foram tomados todos os cuidados para assegurar a publicação de informações precisas. Do mesmo modo, foram empregados todos os esforços para garantir a autorização das imagens aqui reproduzidas. Caso algum autor ou leitor sinta-se prejudicado, favor entrar em contato com a editora.

Os autores e o editor eximem-se da responsabilidade por quaisquer erros ou omissões ou por quaisquer consequências decorrentes da aplicação das informações presentes nesta obra. É responsabilidade do profissional, com base em sua experiência e conhecimento, determinar a aplicabilidade das informações em cada situação.

―――― série ――――
SUSTENTABILIDADE

Arlindo Philippi Jr
COORDENADOR

Sustentabilidade

| PRINCÍPIOS E ESTRATÉGIAS

Organizadores:

Sonia Valle Walter Borges de Oliveira
Profa. associada da FEA-RP/USP

Alexandre Bevilacqua Leoneti
Prof. associado da FEA-RP/USP

Luciana Oranges Cezarino
Profa. pós-doutora da UFU

Manole

Copyright © 2019 Editora Manole Ltda., por meio de contrato com os organizadores.

Editora gestora: Sônia Midori Fujiyoshi
Produção editorial: Enrico Giglio
Capa, projeto gráfico e diagramação: Acqua Estúdio Gráfico

Conselho editorial consultivo:
Andrea Valéria Steil (UFSC), Angela Maria Magosso Takayanagui (USP), Antonio José da Silva Neto (UERJ), Carlos Alberto Cioce Sampaio (FURB), Gilda Collet Bruna (UPM), Maria Carmen Lemos (Umich), Maria do Carmo Sobral (UFPE), Mary Lobas de Castro (UMC), Paula Santana (UCoimbra), Roberto Pacheco (UFSC), Sérgio Roberto Martins (UFFS), Sonia Maria Viggiani Coutinho (IEA/EP/USP), Stephan Tomerius (UTrier), Tania Fischer (UFBA), Tatiana Tucunduva P. Cortese (Uninove), Valdir Fernandes (UP)

Dados Internacionais de Catalogação na Publicação (CIP)
(Câmara Brasileira do Livro, SP, Brasil)

Sustentabilidade : princípios e estratégias / Sonia Valle Walter Borges de Oliveira, Alexandre Leoneti, Luciana Oranges Cezarino. -- Barueri, SP : Manole, 2019. -- (Série sustentabilidade / coordenador Arlindo Philippi Junior)

Vários autores
Bibliografia
ISBN 978-85-204-4137-4

1. Desenvolvimento sustentável 2. Direito ambiental 3. Meio ambiente 4. Planejamento estratégico 5. Responsabilidade social 6. Sustentabilidade I. Oliveira, Sonia Valle Walter Borges de. II. Leoneti, Alexandre. III. Cezarino, Luciana Oranges. IV. Philippi Junior, Arlindo. V. Série.

16-07892   CDU-34:507.2

Índices para catálogo sistemático:
1. Sustentabilidade : Direito ambiental   34:507.2

Todos os direitos reservados.
Nenhuma parte deste livro poderá ser reproduzida, por qualquer processo, sem a permissão expressa dos editores. É proibida a reprodução por xerox.

A Editora Manole é filiada à ABDR – Associação Brasileira de Direitos Reprográficos.

Edição – 2019

Editora Manole Ltda.
Av. Ceci, 672 – Tamboré
06460-120 – Barueri – SP – Brasil
Tel.: (11) 4196-6000
www.manole.com.br

Impresso no Brasil
Printed in Brazil

Sumário

Sobre os autores | IX
Apresentação | XIX

PARTE I | **Direito e gestão do meio ambiente**

CAPÍTULO 1 | **Evolução do conceito de sustentabilidade e desenvolvimento sustentável | 3**
Bruno Garcia de Oliveira, Luciana Oranges Cezarino e Lara Bartocci Liboni

3 Introdução | 3 Conferências internacionais e desenvolvimento sustentável | 7 Sustentabilidade social | 8 Sustentabilidade ambiental | 9 Sustentabilidade econômica | 10 Sustentabilidade territorial | 10 Sustentabilidade cultural | 11 Sustentabilidade aplicada às corporações | 13 Desafio: do conceito à execução | 15 Objetivos do milênio e objetivos de desenvolvimento sustentável pós-2015 | 17 Considerações finais | 18 Exercícios| 18 Referências

CAPÍTULO 2 | **Meio ambiente, Direito e evolução legislativa no Brasil | 21**

Glauco Caldo, Marcio Mattos Borges de Oliveira e
Sonia Valle Walter Borges de Oliveira

21 Introdução | 26 Breve histórico das normas ambientais no Brasil | 37 A conscientização ambiental mundial e o caso brasileiro | 45 A legislação federal ambiental atual | 53 Considerações finais | 54 Exercícios | 54 Referências

CAPÍTULO 3 | **Gestão do meio ambiente | 57**

Eloisa Jendiroba e Sonia Valle Walter Borges de Oliveira

57 Introdução | 61 Gestão dos recursos naturais | 73 Avaliação de impacto ambiental | 75 Instrumentos de gestão ambiental | 77 Implantação da gestão ambiental | 79 Considerações finais | 79 Exercícios | 80 Referências

PARTE II | **Gestão ambiental nas organizações**

CAPÍTULO 4 | **Sustentabilidade e empreendedorismo | 85**

Paulo Roberto Benegas de Morais e
Antonio Sérgio Torres Penedo

85 Introdução | 87 Sociedades sustentáveis e o capital social | 91 Empreendedores e empreendedorismo | 94 Sustentabilidade empresarial | 99 Empreendedorismo social | 101 Educação empreendedora | 104 Considerações finais | 105 Exercícios | 105 Referências

CAPÍTULO 5 | **Finanças sustentáveis | 109**

Alexandre Bevilacqua Leoneti, Luciana Campos e
Renato Moraes Chamma

109 Introdução | 110 Sustentabilidade e criação de valor para a organização | 114 Gestão ambiental e finanças | 120 A avaliação do risco ambiental na concessão de financiamentos | 124 Considerações finais | 124 Exercícios | 125 Referências

PARTE III | **Estratégias ambientais para a sustentabilidade**

CAPÍTULO 6 | **Educação ambiental** | **129**

Janaína Siegler, Lara Bartocci Liboni e
Luciana Oranges Cezarino

129 Introdução | **130** Gênese da educação ambiental | **132** Educação ambiental no Brasil | **133** Educação ambiental conceituada | **134** Pilares da educação integral: a educação integral nas organizações | **135** Treinar, desenvolver, educar, educar integralmente | **138** A educação integral no ensino de Admnistração | **139** Considerações finais | **140** Exercícios | **140** Referências

CAPÍTULO 7 | **O mercado de créditos de carbono** | **141**

Érico Moreli e Mariana Amaral Fregonesi

141 Introdução | **142** Mecanismos de desenvolvimento limpo (MDL) | **145** Financiamentos de projetos de MDL | **147** Comércio dos créditos de carbono | **148** Projetos MDL no mundo | **150** Projetos MDL do Brasil | **157** Considerações finais | **157** Exercícios | **158** Referências

CAPÍTULO 8 | **Energia e desenvolvimento sustentável** | **159**

José Carlos de Lima Júnior, Renato Moraes Chamma e
Fernando Scandiuzzi

159 Introdução | **160** Energia e desenvolvimento econômico | **163** Conceitos básicos de energia | **163** Energia renovável | **164** Tipos de energia | **186** Considerações finais | **187** Exercícios | **187** Referências

CAPÍTULO 9 | **Indicadores de sustentabilidade** | **191**

Dagny Bocca e Caroline Krüger Guimarães

191 Introdução | **194** Indicadores de sustentabilidade | **198** Indicadores de sustentabilidade empresarial | **199** Considerações finais | **201** Exercícios | **201** Referências

CAPÍTULO 10 | **Marketing verde** | 203
Wanda Luquine Elias
Luciana Oranges Cezarino

203 Introdução | 204 Conceitos e filosofia do marketing | 206 Definições de marketing verde | 207 Consumidor verde | 208 Produto verde | 210 Marketing verde e as empresas: oportunidades e desafios | 213 Considerações finais | 214 Exercícios | 214 Referências

CAPÍTULO 11 | **Certificações, selos e balanço socioambiental** | 217
Érico Moreli, Lara Bartocci Liboni, Mariana Amaral Fregonesi e Wanda Luquine Elias

217 Introdução | 218 Certificações, selos verdes e rotulagens ambientais | 223 ISO 14.000 | 227 Selos ambientais | 231 Balanço social e balanço ambiental | 234 Considerações finais | 235 Exercícios | 236 Referências

CAPÍTULO 12 | **Cadeias de suprimentos e abastecimento sustentáveis** | 239
Marina Darahem Mafud, Ricardo Messias Rossi e Marcos Fava Neves

239 Introdução | 250 A inserção de empresas em mercados sustentáveis | 252 Logística reversa | 254 A comunicação verde | 257 Considerações finais | 258 Exercícios | 258 Referências

CAPÍTULO 13 | **Construções verdes: uma alternativa sustentável para a construção civil** | 261
Mirna de Lima Medeiros e Stella Ribeiro Alves Corrêa

261 Introdução | 264 O que são construções verdes? | 269 Por que realizar construções verdes? | 276 O processo de certificação ambiental na construção civil | 280 Considerações finais | 281 Exercícios | 282 Referências

Índice remissivo | 285

Sobre os autores

Sobre os organizadores

SONIA VALLE WALTER BORGES DE OLIVEIRA, livre-docente em Administração Geral pela FEA-RP/USP (2010), doutora em administração pela FEA-USP (2004) e mestre em Engenharia Civil – Hidráulica e Saneamento pela EESC--USP(2001). Possui graduação em Arquitetura e Urbanismo pela FAU-USP (1984). Atuou como professora associada do Departamento de Administração da FEA-RP/USP até 2017, onde se encontra como Professora Sênior.

ALEXANDRE BEVILACQUA LEONETI, doutor em Ciências pela EESC-USP (2012) e mestre em Administração de Organizações pela FEA-RP/USP (2009). Possui graduação em Administração de Empresas com habilitação em Análise de Sistemas pela UNIP (2000) e Matemática Aplicada a Negócios pela FFCL-RP/USP (2007). Atua como professor doutor do Departamento de Administração da FEA-RP/USP, desde 2013.

LUCIANA ORANGES CEZARINO, pós-doutora pela POLIMI – Politécnico de Milão (campus Como) pelo Programa Erasmus Smart-2, Doutora em Administração pela FEA-USP, mestre em Administração pela FEA-USP (2005). Possui graduação em Ciências Econômicas pela Universidade Estadual de Londrina – UEL (2002). Atua como professora adjunta da FAGEN – Faculdade de Gestão e Negócios, da Universidade Federal de Uberlândia, desde 2013.

Sobre os colaboradores

ADRIANA CRISTINA FERREIRA CALDANA, doutorado em Psicologia pela USP. Atua como docente da FEA-RP/USP, área de Recursos Humanos e Sustentabilidade. Tem pesquisas ligadas aos seguintes temas: gestão sustentável de recursos humanos, educação para a sustentabilidade, responsabilidade social corporativa, desenvolvimento sustentável. Membro do grupo de pesquisa GOLDEN for Sustainability – Chapter Brazil (goldenbrazil.org). Atualmente é coordenadora do Escritório de Sustentabilidade da FEA-RP/USP, criado para a promoção dos Principles for Responsible Management Education (PRME) da ONU.

ANTONIO SÉRGIO TORRES PENEDO, doutor em Engenharia de Produção pela UFSCar (2011) com a tese em que analisa os balanços sociais e seus impactos na área econômica, social e ambiental do setor de sucroalcooleiro; Mestre em Administração pela USP (2005) com a dissertação versando sobre o processo de previsão de preços de açúcar e etanol no Estado de São Paulo; e graduação em Engenharia Mecânica pela UNESP (2002) com o trabalho de conclusão de curso na área de métodos quantitativos. Docente Efetivo do Programa de Pós-Graduação em Administração (PPGA) da Faculdade de Gestão e Negócios – FAGEN –, da Universidade Federal de Uberlândia – UFU.

BRUNO GARCIA DE OLIVEIRA, mestre pela FEA-RP/USP na área de Administração de Organizações. Graduado em Administração pela Universidade Federal de Goiás (UFG-CAC). Professor de Administração na Fundação Hermínio Ometto (FHO – Uniararas). Desenvolve pesquisa sobre sustentabilidade, capacidade dinâmica, desenvolvimento local e setor sucroenergético.

CAROLINE KRÜGER GUIMARÃES, doutoranda em Administração pela USP. Mestre em Estudos Fronteiriços pela Universidade Federal de Mato Grosso do Sul (UFMS) (2014). Graduada em Administração pela Universidade Federal de Pelotas (2007). Em sua experiência docente já lecionou nos cursos de Administração da UFMS e da Anhanguera. Membro dos seguintes grupos de pesquisa: Golden for Sustainability sediado pela Universidade de Bocconi e do Centro de Estudos em Gestão e Políticas Públicas Contemporâneas da Universidade de São Paulo (GPublic/USP). Atua no projeto: A Política Nacional de Desenvolvimento Regional e a Faixa de Fronteira, do Instituto de Pesquisa Econômica Aplicada (Ipea). Áreas de pesquisa: políticas públicas, fronteiras, desenvolvimento sustentável e sustentabilidade organizacional.

DAGNY FISCHER BOCCA, possui graduação em Administração pela Faculdade de Economia e Administração de Ribeirão Preto – FEA-RP/USP (2001) e mestrado em Administração de Organizações pela FEA-RP/USP (2009).

ELOISA JENDIROBA, possui graduação em Engenharia agronômica pela USP (1989) e mestrado em Agronomia (Estatística e Experimentação Agronômica) pela USP (1992). Atualmente é professora adjunta do Centro Universitário Barão de Mauá, e coordenadora do curso *Lato Sensu* de Biotecnologia e dos cursos de Engenharia Ambiental e Gestão Ambiental pela mesma instituição. Tem experiência na área de Agronomia, com ênfase em Estudos Ambientais.

ÉRICO CARVALHO MORELI, possui graduação em Engenharia Elétrica com ênfase em Eletrônica pela UNIP (2000), Pós Graduação em Especialização em Negócios para Executivos pela FGV-SP (2002) e Mestrado em Administração das Organizações pela USP (2009). Participação no Programa de Aperfeiçoamento de Ensino (PAE) na disciplina de Gestão da Inovação. Atuou como docente na Faculdade São Luis de Jaboticabal nas disciplinas de Gestão da Inovação e Gestão de Projetos. Possui experiência em gestão da inovação tecnológica, transferência de tecnologia, *habitats* de inovação e gestão de projetos.

FERNANDO SCANDIUZZI, possui graduação (1998), mestrado (2005) e doutorado (2011) em Administração pela Faculdade de Economia, Administração e Contabilidade – FEA-RP/USP. Atua como pesquisador do grupo Programa de Apoio à Produção e Operações (PAPO) FEA-RP/USP, nas áreas de Planejamento Estratégico e Logística, onde além de pesquisa, desempenha o papel de consultor. Foi coordenador do curso de graduação em Administração do Centro Universitário Estácio de Ribeirão Preto. Atuou como professor titular na Uniseb/Estacio (Ribeirão Preto), nos cursos de graduação em Administração, Engenharia da Produção, Engenharia da Computação e Ciência da Computação. Foi também professor titular do curso de Administração do Centro Universitário Barão de Mauá (Ribeirão Preto). Atuou como docente em cursos de pós-graduação em Administração como: MBA Executivo Junior da Fundação Getúlio Vargas – FGV em parceria com a Uniseb COC; MBA Gestão Empresarial da FUNDACE-USP; MBA em Gestão Estratégica de Marketing da Unilins; MBA – Gestão Empresarial do Centro Universitário Barão de Mauá. Tutor do MBA Executivo em Operações – Banco do Brasil (Ensino a Distância), do INEPAD (Instituto de Pesquisa e Ensino em Administração) e UnB (Universidade de Brasília).

GLAUCO CALDO, Professor Universitário, advogado e Economista. Mestre em Administração das Organizações pela FEA-USP. Pós-graduado (MBA) em Contabilidade, Auditoria e Legislação Tributária pela FEA-USP. Graduado em Direito pela Universidade de Ribeirão Preto (UNAERP). Graduado em Economia pelo Centro Universitário Moura Lacerda. Atua fortemente nas áreas jurídica, empresarial, ambiental, imobiliária e bancária. Ex-funcionário concursado do Tribunal de Justiça de São Paulo. Exerceu a função de Auxiliar de Ensino (PAE) no curso de Administração de Empresas da FEA-USP. Foi professor de cursos pré-vestibulares e preparatórios para concursos públicos, de cursos técnicos (Contabilidade) e de EAD (Ensino Superior à Distância), em disciplinas de Administração e Direito, na Estácio-Uniseb. Foi professor titular dos cursos de Administração de Empresas e Ciências Contábeis da FAFEM (Faculdade de Mococa). Exerceu ainda a função de Coordenador do Curso de Direito do Centro Universitário Moura Lacerda, em Ribeirão Preto/SP, por 2 anos, tendo sido também Coordenador Administrativo do Campus desta mesma instituição de ensino. Professor convidado de pós-graduação dos diversos cursos de especialização da FAAP – Fundação Armando Álvares Penteado - Campus de Ribeirão Preto, nas áreas de Administração e Direito. Professor convidado de pós-graduação em cursos de especialização das Faculdades Anhanguera, unidade de Sertãozinho/SP.

JANAÍNA SIEGLER, professora e pesquisadora na Northern Kentucky University, EUA, desde 2016. Doutora em Administração de Empresas pela EAESP--FGV, linha Gestão de Operações e Competitividade (2015) com dois anos de estágio doutoral (doutorado sanduíche) na Kelley School of Business – Indiana University, EUA – (2013-2015) e mais um ano como professora adjunta na mesma instituição (2015-2016). É mestre em Administração pela FEA-RP/USP (2009) e Bacharel em Administração pela UFU (1997). Concluiu MBA em Finanças e Planejamento Empresarial (UFU, 1999), Gestão e Desenvolvimento de Pessoas (Unitri, 2005) e Docência no Ensino Superior (Unitri, 2005). Possui experiência profissional como professora universitária, coordenadora de cursos (Graduação e Pós-Graduação), empresária e consultora. Principais áreas de ensino e pesquisa são: Cadeias de Suprimentos, Relacionamentos Colaborativos, e Comportamento Humano em Operações.

JOSÉ CARLOS DE LIMA JÚNIOR, doutor em Ciências de Negócios (Administração/Marketing) pela FEA/USP. Mestre em Administração de Organizações (Estratégia e Mercado) FEA-RP/USP. Professor de pós graduação no PECE-GE-ESALQ/USP, FUNDACE/USP, FGV e FAAP. Professor corporativo Affero. Lab (Rio de Janeiro). Sócio consultor do MARKESTRAT – Centro de Pesquisas e Projetos em Marketing e Estratégia. Foi professor de graduação no Departamento de Engenharia de Alimentos, na FZEA/USP, em 2013. Consultor credenciado pelo SEBRAE Nacional no Programa do Encadeamento Produtivo, habilitado para coordenar projetos em Agronegócios em todos os estados do Brasil. Tem experiência na área de Marketing e Estratégia de Negócios. Colunista semanal em Agronegócios na Rádio CBN Ribeirão Preto.

JULIO CESAR DOS SANTOS PIMENTEL, mestre em Administração de Organizações pela FEA-USP/RP, com foco na linha de pesquisa de Análise Organizacional e Relações com o Ambiente. Graduado em Publicidade e Propaganda com ênfase em Marketing pela Universidade Ribeirão Preto (2006). Possui experiência na área acadêmica, com trabalhos voluntários de docência (palestras, cursos, mediações, etc.). Possui experiência na área Administrativa e de treinamento atuando tanto em micro/pequenas e médias empresas. Foi Coordenador do curso de Publicidade e Propaganda do Centro Universitário Estácio Uniseb, Ribeirão Preto, SP, Brasil.

LARA BARTOCCI LIBONI, professora Associada do Departamento de Administração, da FEA-RP/USP. Graduada em Administração pela FEA-RP/USP

(2002), Mestre (2005) e Doutora-Phd (2009) em Administração pela FEA-USP. Pós-Doutora pela UNESP (FEB-Bauru). Livre-docente pela FEA-RP/USP. Linhas de pesquisas desenvolvidas: Sustentabilidade; Green Supply Chain; Capacidades Dinâmicas e Visão Sistêmica. Participação em projetos de pesquisa: Golden for Sustainability (Capítulo Brasileiro) sediado pela Unversidade Bocconi, GES – Grupo de Estudo em Sustentabilidade da FEA-RP/USP, ISSS (Capítulo Brasileiro) – International Society for the System Sciences na FEA-RP/USP, NEB – Núcleo de Economia de Baixo Carbono da USP, Inint – Grupo de pesquisa em Internacionalização na FEA-RP. Foi professora universitária da Graduação em Administração na UniFACEF (Franca) e professora de Pós-Graduação *Lato Sensu* na FAAP de Ribeirão Preto. É parecerista de congressos e periódicos e orientadora de trabalhos de conclusão de curso de mestrado e de doutorado.

Luciana Spínpolo Campos, mestre em Administração de Organizações na FEA-RP/ USP (2009), possui graduação em Ciências Econômicas e Administração de Recursos Humanos no Centro Universitário Moura Lacerda (2005). Experiência em gestão de pessoas, gestão de negócios inovadores, gestão hospitalar e gestão acadêmica. Coordenadora dos Cursos Superiores de Tecnologia em Gestão Hospitalar e Tecnologia em Gestão Pública, do Centro Universitário UNISEB Interativo, COC, Brasil. Experiência docente desde 2001.

Marcio Mattos Borges de Oliveira, possui graduação em Engenharia Mecânica Aeronáutica pelo Instituto Tecnológico de Aeronáutica (ITA - 1982), mestrado em Ciências da Computação e Matemática Computacional pela Universidade de São Paulo (1991) e doutorado em Engenharia Mecânica pela EESC-Universidade de São Paulo (1997). Atualmente é professor titular da FEA-RP-Universidade de São Paulo. Tem experiência na área de Engenharia de Produção, com ênfase em Planejamento, Projeto e Controle de Sistemas de Produção, atuando principalmente nos seguintes temas: Sistemas de Apoio à Decisão, Planejamento e Controle de produção, Administração, Logística e Cadeia de Suprimentos.

Mariana Amaral Fregonesi, professora Doutora do Departamento de Contabilidade da FEA-RP/USP desde 2006. Pós-doutorado pela UNESP,

Doutorado e Mestrado em Controladoria e Contabilidade pela FEA/USP e graduação em Administração pela FEA-RP/USP. Pesquisadora nas áreas de Contabilidade Socioambiental e Contabilidade Financeira. Estuda relatórios de sustentabilidade de companhias abertas há mais dez anos.

MARINA DARAHEM MAFUD, mestre em Administração de Empresas pela FEA--RP/USP. Engenheira de Alimentos formada pela Faculdade de Zootecnia e Engenharia de Alimentos da USP (FZEA/USP).

MIRNA DE LIMA MEDEIROS, professora do Departamento de Turismo da Universidade Estadual de Ponta Grossa (DETUR/UEPG). Líder do Centro de Estudos em Gestão Estratégica de Marketing em Turismo (MarkTur/UEPG) e Pesquisadora do Centro de Estudos em Gestão e Políticas Públicas Contemporâneas (GPublic/USP). Doutora e Mestre em Ciências pelo Programa de Pós-Graduação em Administração de Organizações da FEA-RP/USP; Especialista em Gestão Pública pela Escola USP de Gestão da Universidade de São Paulo; e Bacharel em Turismo pela UFMG. Possui o Marketing e a Gestão Pública no âmbito de Turismo como seus principais interesses de pesquisa.

OLNEY BRUNO DA SILVEIRA JUNIOR, mestre em Administração das Organizações pela FEA-RP/USP, Especialista em Administração de Recursos Humanos e Bacharel em Administração de Empresas. Pesquisador nas áreas de Gestão Pública, Empreendedorismo e Recursos Humanos. Representante do Conselho Regional de Administração de Minas Gerais. Gestor do Núcleo de Empreendedorismo da FESP/UEMG. Consultor e Palestrante.

PAULO ROBERTO BENEGAS DE MORAIS, doutorando em Tecnologia pela Universidade de Campinas FT UNICAMP, mestre em Administração de Organizações pela Faculdade de Economia, Administração e Contabilidade de Ribeirão Preto FEARP USP (2009), onde cursou Doutorado na mesma área (2015, não titulado), Bacharel em Administração de Empresas pela Faculdade de Administração e Artes de Limeira FAAL (2006), formado em Processamento de Dados pela Fundação Educacional Guaçuana FEG (1992), RD certificado pela ABNT e auditor líder da qualidade certificado pela BVQI/

RAD/USA. Atual board member na Solinova Energias Renováveis, empresa *spin-off* de inovação na indústria de energias renováveis e eficiência energética graduada na Unitec/USP e empreendedor na Venturança/Década Investimentos. Pesquisador do Centro de Inovação, Empreendedorismo e Extensão Universitária Unicetex/USP (2013/2015), Professor convidado do Programa de Mestrado Profissional em Gestão e Inovação da Indústria Animal da FZEA/USP nas disciplinas de Empreendedorismo e Finanças (2013/2014) atualmente está vinculado ao Laboratório de Informática, Aprendizagem e Gestão LIAG na FT UNICAMP. Acumula experiência como professor universitário (2005 a 2013), coordenador pedagógico do curso de Bacharelado em Administração de Empresas na FAAL/FGV (2011 a 2013) e do curso superior Tecnológico em Gestão de Processos Gerenciais (2011 a 2012).

RENATO MORAES CHAMMA, mestre em Administração de Organizações pela FEA-RP/USP, ministra aulas sobre o tema Agronegócios e Crédito em cursos de pós-graduação e atuou na área de crédito em instituição financeira, onde também foi educador na área de Agronegócios. Participou de congressos nacionais e internacionais com foco na atividade canavieira, cafeicultura e citricultura no estado de São Paulo.

RICARDO MESSIAS ROSSI, professor da Faculdade de Administração, Ciências Contábeis e Ciências Econômicas (FACE) da Universidade Federal de Goiás (UFG). Professor do Programa de Pós-Graduação *Stricto Sensu* em Administração (PPGADM) da Universidade Federal de Goiás (UFG). Doutor em Engenharia de Produção pela UFSCar. Mestre em Administração de Empresas pela FEA/USP. Engenheiro Agrônomo formado pela Faculdade de Ciências Agrárias e Veterinárias da UNESP em Jaboticabal/SP.

STELLA RIBEIRO ALVES CORREA, mestre em Ciências pelo Programa de Pós-graduação em Administração de Organizações da FEA-RP/USP. Ex-pesquisadora do grupo Last Minute Market, *spin-off* da Faculdade de Ciências Agrarias da Universidade de Bolonha, Itália. Professora de Ensino Superior nas áreas de Marketing e Sustentabilidade, atuando atualmente na Industria de Logística Marinha em Singapura.

WANDA LUQUINE ELIAS, Possui graduação em Administração pelo Centro de Ensino Superior de Primavera (2006) e mestrado em Administração de Organizações pela FEA-RP/USP (2009). Atuou como professora de informática na Escola Profissionalizante Essei (2001-2004); como professora e coordenadora do curso de Administração do Centro de Ensino Superior de Primavera - CESPRI (2008-2009); e como gestora administrativa das unidades de Santa Maria/RS (200-2015) e de Pato Branco (2013-2017) da franquia Água Doce Sabores do Brasil. Atualmente, atua como professora substituta no Departamento de Administração na UTFPR Pato Branco.

Apresentação

O termo sustentabilidade ingressou, definitivamente, na pauta do mais atual e desafiador debate sobre o papel das organizações na construção do Desenvolvimento Sustentável. Entretanto, esse debate carece, muitas vezes, de referências que conciliem rigor acadêmico e real valor prático, para de fato orientar dirigentes organizacionais, gestores públicos e líderes setoriais. É nesse contexto que *Sustentabilidade: princípios e estratégias* adquire destaque, tornando-se referência básica para as mais diversas áreas de conhecimento e da prática organizacional. Este livro possui a virtude de balancear diversos ângulos de análise sobre a temática da sustentabilidade organizacional, considerando-a um prisma multifacetado como, de fato, ela o é. A obra é bem organizada, clara como um cristal em seu propósito de fornecer aos leitores importante conteúdo sobre "princípios da sustentabilidade", principalmente nos três primeiros capítulos, para então apresentar "estratégias para uma gestão mais sustentável", quando convida os interessados a se situarem no estado da arte sobre *frameworks*, conceitos, técnicas e melhores práticas conducentes a organizações mais sustentáveis.

No contexto da explicitação de "princípios da sustentabilidade", o capítulo "O meio ambiente, o Direito e a evolução legislativa no Brasil" contempla um arrazoado histórico sobre a evolução da relação entre legislação e meio ambiente. Esse pano de fundo jurídico é acertado, pois se sabe que as instituições exercem papel fundamental nos contornos, desafios e oportunidades para a gestão mais sustentável das organizações. A obra não se furtou à complexa e árdua tarefa de resgatar os fundamentos da legislação ambiental no Brasil, apresentando-os de maneira didática, sem, no entanto, abordá-los superficialmente. O mesmo ocorre no capítulo "Gestão do meio ambiente", cujo tema é geralmente esquecido pela maioria das obras que versam sobre sustentabilidade organizacional. Nesse capítulo, apresentam-se bases conceituais, dados recentes e informações técnicas e científicas sobre a capacidade de suporte do planeta em relação, principalmente, a recursos de fauna e flora e a recursos hídricos e minerais; ou seja, fornece uma preciosa visão panorâmica sobre os principais desafios que envolvem biodiversidade e outros recursos tão relevantes ao desenvolvimento sustentável. Os interessados em sustentabilidade não poderão se furtar à leitura desses três primeiros capítulos, sustentáculos dos demais conteúdos apresentados em *Sustentabilidade: princípios e estratégias*.

Os Capítulos 4 e 5 apresentam, de fato, as estratégias, os *frameworks*, as técnicas e as melhores práticas que compõem a moderna gestão para sustentabilidade nas organizações. Gestores, formuladores de políticas públicas e setoriais que não dominarem esse conteúdo certamente não estarão aptos a acompanhar o debate contemporâneo e as expectativas da sociedade em relação às organizações modernas. Assim, o Capítulo 4 navega, com fluidez e precisão ímpares, pelos principais temas da gestão organizacional para sustentabilidade. Destaca-se que muitos dos temas explorados – como energia, mercado de carbono, finanças sustentáveis e sustentabilidade no setor de alimentos – interessam sobremaneira à realidade brasileira e constituem-se oportunidade real para o empreendedorismo sustentável no país. O capítulo contempla também a conexão das organizações brasileiras com o contexto internacional, principalmente quando apresenta o debate sobre certificações e selos ambientais, tão precioso para organizações exportadoras. Por fim, o Capítulo 5 apresenta uma série de conceitos relevantes para que o leitor possa acompanhar, sem dúvidas proibitivas, o conteúdo da obra.

Como corolário, *Sustentabilidade: princípios e estratégias* apresenta-se aos leitores com precioso balanço entre "princípios" e "estratégias", "fundamentos" e "contemporaneidade", "profundidade" e "didática" que somente uma grande obra, com renomados autores, seria capaz de generosamente oferecer aos interessados na construção de uma sociedade mais sustentável, no contexto da longa e desafiadora jornada rumo ao verdadeiro desenvolvimento sustentável. Os leitores desta obra certamente estarão capacitados a assumir o papel de protagonistas nessa jornada. Boa leitura!

Charbel José Chiappetta Jabbour
Professor na Montpellier Business School

PARTE I
DIREITO E GESTÃO DO MEIO AMBIENTE

Evolução do conceito de sustentabilidade e desenvolvimento sustentável

Bruno Garcia de Oliveira
Luciana Oranges Cezarino
Lara Bartocci Liboni

INTRODUÇÃO

O termo sustentabilidade vem ganhando importância nos últimos tempos, apresentando-se recorrente em diversos discursos. Nota-se entre organizações privadas, governos e organizações não governamentais uma crescente utilização da "palavra da moda". A despeito dessa ampla utilização, convém compreender a origem do termo e sua evolução até os dias atuais.

No intuito de contribuir com a formação sobre sustentabilidade, serão apresentadas a origem do conceito e as diversas conferências globais relacionadas ao tema, bem como será contextualizado o paradigma de desenvolvimento sustentável (DS).

Partindo dessa discussão, serão também apresentadas algumas críticas e desafios ao modelo de DS, bem como será abordada a agenda global de desenvolvimento pós-2015. Ao final será apresentado o conceito de sustentabilidade empresarial e o *Triple Bottom Line* (TBL).

CONFERÊNCIAS INTERNACIONAIS E DESENVOLVIMENTO SUSTENTÁVEL

Antes da década de 1960, pouco era discutido sobre os impactos do homem no meio ambiente. O paradigma de desenvolvimento impulsionado pela Revolução Industrial no século anterior seguia a todo vapor, vendo o meio ambiente como fonte de recursos na geração de renda. Assim, os problemas ambientais até a primeira metade do século XX eram tratados de maneira superficial.

Um dos marcos a gerar as primeiras discussões políticas sobre a ação do homem no meio ambiente ocorre em 1962, quando a bióloga marinha Rachel Carson publica *Primavera silenciosa*. Esse livro tinha o intuito de alertar o público sobre o abuso dos pesticidas químicos utilizados nas plantações, que, segundo Rachel, estavam causando a morte de passarinhos e interferindo no ecossistema local. O título faz alusão à ausência, na primavera, dos cantos dos pássaros mortos pelos pesticidas.

O livro causou repercussão entre os agricultores e posterior proibição por parte do Senado americano da utilização do defensivo dicloro difenil tricloroetano (DDT) (Dias, 2009). Para muitos, tem-se com o livro o marco do início da luta ambientalista e da preocupação com a manutenção dos ecossistemas terrestres em face do ideal de desenvolvimento da época.

A partir da década de 1960 começa-se a discutir de maneira mais aprofundada os desdobramentos do ideal de desenvolvimento praticado. Gradativamente começou-se a observar que o crescimento econômico estava gerando problemas ambientais e sociais alarmantes. Nos anos posteriores, diversos encontros e reuniões entre países com o intuito de discutir a temática ambiental foram realizados. O Quadro 1.1 lista as principais reuniões e conferências ocorridas até recentemente.

Essas conferências perfazem um significativo esforço de crítica dos limites do paradigma de desenvolvimento em curso (Sachs, 2004). Os problemas ambientais têm se intensificado, mudando de significado e importância, tornando-se cada vez mais relevantes nos processos de decisão empresarial (Passos e Câmara, 2003).

Os valores que sustentam o crescimento atual têm trazido inúmeros problemas para a humanidade. Problemas como o aquecimento global, a ocorrência de desastres ecológicos, a existência de grandes populações vivendo em condição de pobreza e a má distribuição da riqueza demonstram aspectos ecologicamente predatórios, socialmente perversos e politicamente injustos do paradigma de desenvolvimento (Sachs, 2004; Veiga, 2006; Goldemberg, 1993).

Quadro 1.1: Principais reuniões e conferências mundiais relacionadas ao meio ambiente entre 1962 e 2015.

Ano	Acontecimento	Observação
1968	Conferência da Unesco sobre a conservação e o uso racional dos recursos da biosfera.	Realizada em Paris, lançou as bases para o Programa Homem e Biosfera (MAB).
1972	Conferência das Nações Unidas sobre o Meio Ambiente Humano em Estocolmo, Suécia.	Primeira manifestação dos governos de todo o mundo a respeito das consequências da economia sobre o meio ambiente. Criação do Programa das Nações Unidas sobre o Meio Ambiente (Pnuma).
1980	I Estratégia Mundial para a Conservação.	Com a colaboração do Pnuma e do World Wide Fund for Nature (WWF), elaborou-se um plano de longo prazo para a conservação dos recursos biológicos.
1983	Criação da Comissão Mundial sobre o Meio Ambiente e o Desenvolvimento.	Objetivou examinar as relações entre o meio ambiente e o desenvolvimento e apresentar propostas viáveis.
1992	Conferência das Nações Unidas sobre o Meio Ambiente e Desenvolvimento ou Cúpula da Terra.	Foro mundial realizado com 170 países que abordou perspectivas globais e de integração relacionadas à questão ambiental e definiu concretamente o modelo de desenvolvimento sustentável. Aprovação da Declaração do Rio e de outros documentos, incluindo a Agenda 21.
1997	Rio+5.	Realizada em Nova York, teve como objetivo analisar a implementação da Agenda 21.
1997	Conferência das Partes em Quioto.	Marco no entendimento das relações entre economia e meio ambiente, reconhecendo a maior necessidade de estudos. Protocolo de Quioto foi o principal resultado da Conferência, definindo cortes nas emissões de gases de efeito estufa.
2002	Cúpula Mundial sobre o Desenvolvimento Sustentável – Rio+10.	Realizada em Johanesburgo, teve o objetivo de analisar se foram alcançadas as metas da Rio-92 e reiterar os princípios de Desenvolvimento Sustentável.
2012	Conferência das Nações Unidas sobre Desenvolvimento Sustentável – Rio+20.	Realizada no Rio de Janeiro, teve como foco a economia verde no contexto do desenvolvimento sustentável e a discussão da estrutura institucional para o desenvolvimento sustentável.
2015	21ª Conferência das Partes (COP-21) da Convenção-Quadro das Nações Unidas sobre Mudança do Clima (UNFCCC) e 11ª Reunião das Partes no Protocolo de Quioto (MOP-11)	Realizada em Paris, indicou que os países devem trabalhar para que o aquecimento fique muito abaixo de 2°C, buscando limitá-lo a 1,5°C. O acordo deve ser revisto a cada 5 anos.

Fonte: adaptado de Dias (2009).

Essas constatações motivaram a busca de um novo paradigma capaz de contribuir para a superação dos atuais problemas e de garantir a própria vida, por meio da proteção e manutenção dos sistemas naturais que a tornam possível (Belico e Silveira, 2000).

Esse novo paradigma trouxe o conceito de DS, expresso no relatório Nosso Futuro Comum (*Our Common Future*) (UN, 1987). O DS é definido como o desenvolvimento que satisfaz as necessidades das gerações presentes, sem afetar a capacidade de gerações futuras de também satisfazerem suas próprias necessidades (Relatório Brundtland, 1987; Reis e Silveira, 2001).

É importante salientar a importância do relatório Nosso Futuro Comum. Ele é tido como um ponto de partida para a maioria das discussões atuais sobre o conceito de DS. Esse relatório, produzido de maneira colaborativa por meio de uma parceria mundial, constituiu um importante ponto de ruptura política rumo ao conceito de DS (Mebratu, 1998). Sneddon et al. (2006) listam os principais motivos pelos quais o relatório é um marco sobre essa temática:

- A definição de desenvolvimento sustentável no relatório de Brundtland é a amplamente aceita entre estudiosos e profissionais preocupados com o meio ambiente e com os dilemas de desenvolvimento.
- O relatório denota o aparecimento da preocupação das questões de meio ambiente em nível de governança internacional e busca o balanço entre necessidades futuras em relação às atuais necessidades não atendidas da população.
- Denota a relação inevitável entre diversas escalas (local, global, regional). Além disso, aponta que ecologia, economia e questões patrimoniais são profundamente interligadas.
- Pode ser visto como marcador temporal. Após a publicação do relatório houve crescimento de trabalhos e campos interdisciplinares de estudos sobre sustentabilidade e práticas sustentáveis.

Para Partridge (2005), o desenvolvimento sustentável deve ser economicamente eficiente, mas também ecologicamente prudente e socialmente desejável. Para Cavalcanti (1998, p. 99), o DS significa "a possibilidade de se obterem continuamente condições iguais ou superiores de vida para um grupo de pessoas e seus sucessores em dado ecossistema". Independentemente da definição, a sustentabilidade, de acordo com Sachs (1993, p. 20), "constitui-se num conceito dinâmico, que leva em conta as necessidades crescentes das populações, num contexto internacional em constante expansão".

O DS é uma linha do tempo, em que princípios, abordagens, estratégias e políticas podem nos ajudar a desenvolver e implementar a nossa visão de futuro de forma a obter uma sociedade sustentável. Para tal, exigem-se diferentes padrões de pensamento e mudanças no estilo de vida (Glavic e Luckman, 2007).

Assim, para Glavic e Luckman (2007), o DS enfatiza a evolução humana da sociedade do ponto de vista econômico responsável, em acordo com processos naturais do ambiente. Portanto, a dimensão política se torna elemento central. Além disso, em um paradigma de DS, as limitações de recursos econômicos, sociais e ambientais são consideradas, a fim de contribuir com o bem-estar presente e futuro das próximas gerações. Dessa forma, pode ser aplicado em uma perspectiva local, regional, nacional ou internacional, com base na vontade política.

Para Sachs (2000), os critérios de sustentabilidade poderiam ser divididos em cinco dimensões principais – sustentabilidades social, territorial, ecológica, cultural e econômica –, introduzindo um importante dimensionamento da complexidade que envolve o DS. Os próximos itens irão pormenorizar cada uma das dimensões de sustentabilidade.

SUSTENTABILIDADE SOCIAL

A sustentabilidade social refere-se não somente ao que o ser humano pode ganhar, mas à maneira como pode ser mantida decentemente sua qualidade de vida; ela constrói a moldura da sociedade, provendo a forte participação da comunidade e da sociedade civil. A sustentabilidade social ocorre quando processos, sistemas, estruturas e relações apoiam a capacidade da empresa de criar uma comunidade justa, diversa, democrática, promovendo a qualidade de vida (Goodland, 2002).

Assim, a sustentabilidade social está vinculada ao padrão estável de crescimento, melhor distribuição de renda, com redução das diferenças sociais

(Sachs, 2000). Para Vallance et al. (2011), sustentabilidade social deve ser vista em três principais áreas:

- Atender às necessidades básicas, à criação de capital social, justiça e equidade.
- Estruturar as mudanças no comportamento social de modo a alcançar metas do ambiente em que se vive. Nesse âmbito, a sustentabilidade social é vista como o fator capacitor necessário para a ligação e promoção da sustentabilidade ambiental e econômica.
- Promover a manutenção da sustentabilidade de modo a preservar as características socioculturais em face da mudança, além de compreender as formas como as pessoas abraçam ativamente ou resistem a essas mudanças.

Assim, para Vallance et al. (2011), é necessário formação de capital social para sejam criadas as estruturas básicas de suporte e alcance de metas ambientais e econômicas. Após isso, deve-se também pensar na manutenção social dessas mudanças no longo prazo.

Para que haja o DS é necessário que se promova a sustentabilidade social. Para isso deverá haver a concentração de esforços de diversos atores da sociedade, com especial atenção ao papel das empresas, que deverão compreender e aplicar os princípios para a sustentabilidade social em suas estratégias e operações (Jabbour e Santos, 2006).

SUSTENTABILIDADE AMBIENTAL

Para Lele (1991), o conceito de sustentabilidade se originou no contexto de recursos renováveis naturais e, posteriormente, foi adotado como um "grande slogan". Sustentabilidade ambiental é vista, então, como a existência de condições ecológicas necessárias para sustentar a vida humana em um cenário específico de bem-estar ao longo de gerações futuras (Lele, 1991). Sachs (2000) complementa que a dimensão da sustentabilidade ecológica ou ambiental está vinculada ao uso efetivo dos recursos existentes nos diversos ecossistemas com mínima deterioração ambiental.

Defende-se a redução do consumo e do impacto ambiental, a reutilização de recursos, de modo a estender sua utilização ao longo da cadeia de consumo, e a reciclagem, que diminui a extração de novos recursos ambientais. Tanto o modelo de produção como de consumo devem ser compatíveis com o meio natural e com a estrutura econômica disponível. Deve-se produzir e consumir de forma que se garanta a manutenção e reparação dos ecossistemas sem que se infrinja sua capacidade máxima de resiliência (Nascimento, 2012).

SUSTENTABILIDADE ECONÔMICA

A sustentabilidade econômica está vinculada à destinação e à administração correta dos recursos naturais, ao desenvolvimento econômico equilibrado e à inserção soberana na economia internacional (Sachs, 2000). Para Nascimento (2012, p. 55), a sustentabilidade econômica se vincula diretamente à capacidade e utilização de recursos naturais no alcance de objetivos econômicos.

> [...] supõe o aumento da eficiência da produção e do consumo com economia crescente de recursos naturais, com destaque para recursos permissivos como as fontes fósseis de energia e os recursos delicados e mal distribuídos, como a água e os minerais. Trata-se daquilo que alguns denominam como ecoeficiência, que supõe uma contínua inovação tecnológica que nos leva a sair do ciclo fóssil de energia (carvão, petróleo e gás) e a ampliar a desmaterialização da economia.

Esse autor lança um olhar sobre dois tópicos pertinentes: a ecoeficiência, com atenção especial ao avanço em eficiência de utilização de recursos naturais, e a necessidade de desenvolvimento e transferência de tecnologia. Assim, além da manutenção dos resultados econômicos no longo prazo, a sustentabilidade econômica também lida com questões de inovações que deem suporte aos avanços necessários.

SUSTENTABILIDADE TERRITORIAL

A sustentabilidade territorial está relacionada à superação das disparidades inter-regionais, melhoria do ambiente urbano e conservação da biodiversidade (Sachs, 2000). Nessa linha de atuação enfocam-se as questões de sustentabilidade dos sistemas urbanos e rurais. Questões sobre êxodo rural, organização territorial e acesso a sistemas de suporte à população costumam ser tratadas na esfera de sustentabilidade territorial. Para Santos (2011, p. 7):

> O conceito de sustentabilidade territorial está cada vez mais presente nas agendas locais de intervenção e ordenamento do território. A sua importância expressa-se na organização de redes de instituições e cidades, assim se obtendo vantagens com as relações e experiências conjuntas. Dando especial atenção à coesão territorial perspectivada através da gestão urbana, da integração política, da reflexão ecossistêmica e da cooperação e parceria, neste texto valoriza-se a qualidade de vida da população no âmbito do desenvolvimento urbano sustentável.

A sustentabilidade territorial busca o alcance de uma cidade sustentável, com base no objetivo de bem-estar da população no longo prazo, e espera a disponibilidade espacial capaz de prover necessidades econômicas, mas também de ordem cultural, social e ambiental. Nesse âmbito, Santos et al. (2010) apresentam na Figura 1.1 quatro principais dimensões sobre sustentabilidade territorial.

SUSTENTABILIDADE CULTURAL

A sustentabilidade cultural, por sua vez, é aquela que garante que mudanças ocorram em harmonia com a continuidade cultural vigente (Sachs, 2000). Vincula-se a uma perspectiva endógena de desenvolvimento na qual a manutenção da cultura e dos costumes do território é mantida no longo prazo.

A manutenção da sustentabilidade cultural apresenta-se como desafio especial por envolver processo de aprendizagem. Devem-se prover mudanças e educação em prol do DS, mas deve-se garantir que a pluralidade cultural

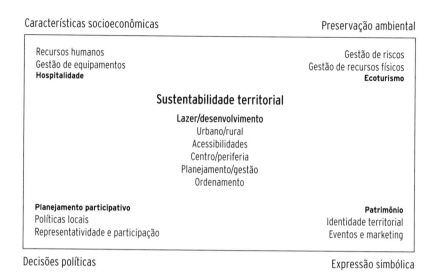

Figura 1.1: Parâmetros de avaliação de sustentabilidade territorial.
Fonte: Santos et al. (2010, p. 2).

seja mantida. O cidadão deve ser visto como agente ativo no processo de DS e de aprendizagem, e entendido como ser complexo em suas multifacetas culturais, sociológicas e históricas. Assim, a sustentabilidade cultural busca a participação ativa do cidadão, visto em toda sua completude e como agente empoderado dentro do processo de desenvolvimento.

SUSTENTABILIDADE APLICADA ÀS CORPORAÇÕES

O DS, como novo paradigma de desenvolvimento, implica a necessidade de profundas mudanças nos atuais sistemas de produção, organização da sociedade e utilização de recursos naturais essenciais à vida humana e a outros seres vivos (Reis e Silveira, 2000).

Para Jabbour e Santos (2006):

> Essa alteração paradigmática exige que o desenvolvimento sustentável seja garantido pela ação conjunta entre atores políticos, econômicos e

sociais. Dessa forma, como parte de uma sociedade em transformação, cabe às empresas grande parcela de responsabilidade para que se alcance o desenvolvimento sustentável.

Nesse contexto, o setor produtivo mundial tem uma imensa responsabilidade, na mesma medida em que tem tido a liberdade para manipular recursos para a promoção de riqueza. Juntamente com o conceito de DS surge o conceito de sustentabilidade empresarial.

A sustentabilidade corporativa consiste em assegurar o sucesso do negócio em longo prazo e, ao mesmo tempo, contribuir para o desenvolvimento econômico e social da comunidade (Instituto Ethos, 2009). É, portanto, entendida como a ponderação econômica, ambiental e social dos objetivos empresariais, vinculando-a à eficiência e à eficácia organizacional (Jabbour e Santos, 2006).

Para Coelho e Ferreira (2005), os princípios do desenvolvimento sustentável envolvem o processo de integração dos critérios ambientais na prática econômica, a fim de garantir que os planos estratégicos das organizações satisfaçam a necessidade de crescimento e evolução contínuos e, ao mesmo tempo, conservem o capital da natureza para o futuro.

Esse conceito pressupõe, então, que, segundo Bacarau (2014), "a empresa cresça, seja sustentável e gere resultados econômicos, mas também contribua para o desenvolvimento da sociedade e para a preservação do planeta". Trata-se do conceito do *Triple Bottom Line* (TBL), que determina que a empresa deva gerir seus resultados, focando não só no resultado econômico adicionado, mas também no resultado ambiental e social adicionado. Tradicionalmente o *triple bottom line* é identificado pelo diagrama apresentado na Figura 1.2.

O *triple bottom line* defende o equilíbrio entre os resultados organizacionais. Espera-se balanceamento entre *people, profit* e *planet* (pessoas, lucros e planeta). É, portanto, a gestão que se define pela relação ética e transparente da empresa com todos os públicos com os quais ela se relaciona e pelo estabelecimento de metas empresariais compatíveis com o DS da sociedade, preservando recursos ambientais e humanos para as gerações futuras, respeitando a diversidade e promovendo a redução das desigualdades sociais (Marcovitch, 2000).

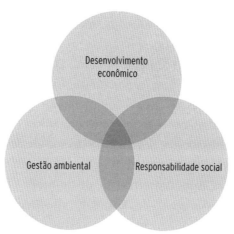

Figura 1.2: Variáveis do *triple bottom line*.

Para Fauzi et al. (2010), o TBL utilizado como desempenho corporativo sustentável deve ser visto em uma função de tempo e contexto. Visto como dinâmico, deve gerar controle contínuo, adaptando elementos de medição tradicionais para contextos múltiplos.

DESAFIO: DO CONCEITO À EXECUÇÃO

Para Viñuales (2013), houve relativo avanço do conceito nas conferências globais sobre meio ambiente. No início, as discussões sobre meio ambiente eram essencialmente focadas em crescimento econômico, tendo como marco a Resolução n. 1.803 da Assembleia Geral, que relacionava a soberania nacional aos recursos naturais. Gradativamente as diversas reuniões e conferências migraram em direção à perspectiva de DS e de proteção ambiental. A Figura 1.3 mostra esses posicionamentos.

Contudo, nesse ponto, o autor tece uma crítica ao modelo de DS. Segundo ele, embora normativo e fundamental nas últimas décadas na elaboração de políticas globais de governança ambiental, o conceito de DS é de difícil instrumentalização por não ser totalmente claro em situações práticas.

Robinson (2004) complementa que os principais desafios do DS são:

- Sustentabilidade deve ser um conceito integrado. A dimensão social da sustentabilidade deve ser integrada às dimensões biofísicas. As

soluções que abordam apenas questões econômicas e ambientais, ou apenas sociais, são insuficientes.
- Deve-se caminhar do conceito à prática. O conceito de DS é amplo e de difícil operacionalização. Sua característica teórica e completitude se tornam um desafio para a completa ação prática, considerando todas as suas dimensões de maneira equitativa.
- O engajamento social é necessário. A sociedade deve participar ativamente na construção e na decisão do futuro pretendidas para suas comunidades. A multidiversidade de opiniões é rico material a ser considerado no processo de DS, o que torna necessária a expansão de mecanismos que fomentem eficientemente essa participação social.

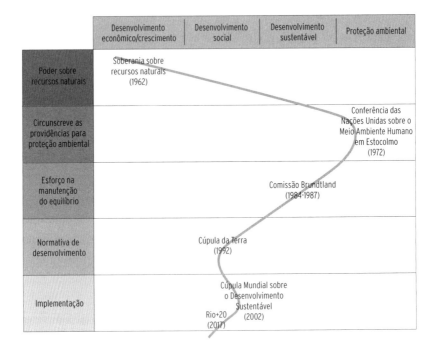

Figura 1.3: Posicionamentos das conferências internacionais sobre meio ambiente.
Fonte: adaptada de Viñuales (2013, p. 7).

Assim, Viñuales (2013) aponta que as conferências globais (inclusive a Rio+20, ocorrida em 2012) terão como principal foco e desafio construir estratégias para a implementação do paradigma de DS. Nesse âmbito, o autor sugere quatro enfoques principais: aumento da participação social; diferenciação das soluções propostas – procurando soluções locais mais adequadas a grandes planejamentos centralizados; redução das emissões de carbono; e difusão de inovação e tecnologia.

OBJETIVOS DO MILÊNIO E OBJETIVOS DE DESENVOLVIMENTO SUSTENTÁVEL PÓS-2015

Nessa perspectiva de participação social e de definição de atividades práticas, a ONU, em setembro de 2000, durante reunião com 189 nações, firmou um compromisso para combater a extrema pobreza e outros males da sociedade. Essa promessa acabou se concretizando nos 8 Objetivos de Desenvolvimento do Milênio (ODM) que deveriam ser alcançados até 2015.

Esses objetivos são:

- Redução da pobreza
- Atingir o ensino básico universal
- Igualdade entre os gêneros e a autonomia das mulheres
- Reduzir a mortalidade na infância
- Melhorar a saúde materna
- Combater o HIV/Aids, a malária e outras doenças
- Garantir a sustentabilidade ambiental
- Estabelecer uma parceria mundial para o desenvolvimento

Embora os objetivos não tenham sido alcançados em sua totalidade, a definição de metas possibilitou o direcionamento de recursos das nações para questões específicas. Diversos benefícios práticos foram percebidos e vários trabalhos acadêmicos foram desenvolvidos com o intuito de propor melhorias reais em algum aspecto dos objetivos ou para mensurar impactos e melhorias ocorridos.

Com a proximidade do fim do prazo em 2015, a ONU desenvolveu processo de consulta às prioridades de pessoas, organizações privadas e públicas e comunidade científica em geral no que diz respeito à construção de novos objetivos de desempenho.

Na Cúpula das Nações Unidas para o Desenvolvimento Sustentável, as negociações das ODS foram concluídas em novembro de 2015, culminando com os Objetivos de Desenvolvimento Sustentável (ODS). Os ODS deverão conduzir políticas públicas e atividades socioparticipativas até 2030, substituindo os Objetivos de Desenvolvimento do Milênio (ODM).

Segundo a ONU Brasil, os ODS são 17 objetivos com 169 indicadores, conforme pode ser visualizado no Quadro 1.2.

Quadro 1.2: Objetivos de Desenvolvimento Sustentável – Agenda 2030

Objetivo 1. Acabar com a pobreza em todas as suas formas, em todos os lugares.
Objetivo 2. Acabar com a fome, alcançar a segurança alimentar e melhoria da nutrição e promover a agricultura sustentável.
Objetivo 3. Assegurar uma vida saudável e promover o bem-estar para todos, em todas as idades.
Objetivo 4. Assegurar a educação inclusiva e equitativa e de qualidade, e promover oportunidades de aprendizagem ao longo da vida para todos.
Objetivo 5. Alcançar a igualdade de gênero e empoderar todas as mulheres e meninas.
Objetivo 6. Assegurar a disponibilidade e gestão sustentável da água e saneamento para todos.
Objetivo 7. Assegurar o acesso confiável, sustentável, moderno e a preço acessível à energia para todos.
Objetivo 8. Promover o crescimento econômico sustentado, inclusivo e sustentável, emprego pleno e produtivo e trabalho decente para todos.
Objetivo 9. Construir infraestruturas resilientes, promover a industrialização inclusiva e sustentável e fomentar a inovação.
Objetivo 10. Reduzir a desigualdade dentro dos países e entre eles.
Objetivo 11. Tornar as cidades e os assentamentos humanos inclusivos, seguros, resilientes e sustentáveis.
Objetivo 12. Assegurar padrões de produção e de consumo sustentáveis.
Objetivo 13. Tomar medidas urgentes para combater a mudança do clima e seus impactos.

(continua)

Quadro 1.2: Objetivos de Desenvolvimento Sustentável – Agenda 2030. *(continuação)*

Objetivo 14. Conservação e uso sustentável dos oceanos, dos mares e dos recursos marinhos para o desenvolvimento sustentável.
Objetivo 15. Proteger, recuperar e promover o uso sustentável dos ecossistemas terrestres, gerir de forma sustentável as florestas, combater a desertificação, deter e reverter a degradação da terra e deter a perda de biodiversidade.
Objetivo 16. Promover sociedades pacíficas e inclusivas para o desenvolvimento sustentável, proporcionar o acesso à justiça para todos e construir instituições eficazes, responsáveis e inclusivas em todos os níveis.
Objetivo 17. Fortalecer os meios de implementação e revitalizar a parceria global para o desenvolvimento sustentável.

Fonte: adaptado de Nações Unidas Brasil (2015).

Pelo Brasil, a coordenação nacional em torno da Agenda Pós-2015 e dos ODS resultou no documento de "Elementos Orientadores da Posição Brasileira", elaborado a partir dos trabalhos de seminários com representantes da sociedade civil; de oficinas com representantes das entidades municipais organizadas pela Secretaria de Relações Institucionais/PR e pelo Ministério das Cidades; e das deliberações do Grupo de Trabalho Interministerial sobre a Agenda Pós-2015, que reuniu 27 Ministérios e órgãos da administração pública federal. Confira o documento que contém os elementos orientadores da posição brasileira (MRE, 2017).

CONSIDERAÇÕES FINAIS

A busca pela sustentabilidade no contexto das organizações não é um processo estático. A cada dia novas informações surgem e novas ações são desenvolvidas pelas empresas. Na atualidade, após o desdobramento das conferências mundiais e novas formulações de objetivos de desenvolvimento mundial, os ODS surgem como os princípios que devem nortear as empresas, cidades e sociedade em geral em busca da sustentabilidade.

Dessa forma, as empresas se percebem em um contexto desafiador, de mudança, em que precisam aliar regressos que uma crise financeira pode causar com progressos a serem implementados em direção à sustentabilidade.

Muitas pessoas questionam a efetividade do desenvolvimento sustentável e a vagarosa velocidade transcorrida desde os meados do século passado. É verdade que esperava-se uma mudança mais consistente, mas é preciso atentar-se às dificuldades encontradas no contexto global. A busca de produtos mais baratos, países que competem internacionalmente em mercados estritos a preço como vantagem comparativa, correntes científicas contrárias à hipótese de aquecimento global e, como preponderante, a falta de consciência da população mundial em relação às condições ambientais e sociais que enfrentarão as futuras gerações.

Neste ínterim as empresas tentam equilibrar seus fatores competitivos em alinhamento às suas vocações estratégicas, como propõe a teoria da Visão Baseada em Recursos (*Resource Based View* – RBV) buscando decifrar o nível de engajamento em sustentabilidade que possa proporcionar e manter negócios lucrativos, no Brasil e mundo afora.

EXERCÍCIOS

1. Diferencie as três dimensões de sustentabilidade. Dê exemplos práticos do ambiente corporativo (como projetos, fundações, ações) em cada uma delas.

2. Mostre as diferenças entre os Objetivos do Milênio e os Objetivos de Desenvolvimento Global no âmbito do planejamento do desenvolvimento sustentável das Nações Unidas.

3. Leia os ODS com atenção. Agora, divida-os por áreas de atuação, contemplando: pessoas, planeta, prosperidade, paz e parcerias. Há alguma correlação entre os ODS? Por que isso acontece, na sua opinião?

REFERÊNCIAS

BACURAU, L.M.T.O. Responsabilidade social em uma empresa prestadora de serviços elétricos. 105f. Disssertação (Mestrado em Administração) – Universidade Potiguar –

UNP. Pró-Reitoria Acadêmica – Núcleo de Pós-Graduação, Natal, 2014. Disponível em: <https://unp.br/wp-content/uploads/2014/06/DISSERTA%C3%87%C3%83O-LIANA--MARIA-TEIXEIRA-DE-OLIVEIRA-BACURAU.pdf>. Acessado em: 24 set. 2016.

CAVALCANTI, C. (Coord.) *Desenvolvimento e natureza: estudo para uma sociedade sustentável*. São Paulo: Cortez; Recife: Fundação Joaquim Nabuco. 1998. p. 262. Disponível em: <http://168.96.200.17/ar/libros/brasil/pesqui/cavalcanti.rtf>. Acesso em: 15 abr. 2009.

COELHO, C. S. R.; FERREIRA, E. O caminho da sustentabilidade nas organizações. In: Simpósio de Administração da Produção, Logística e Operações Internacionais, 8, 2005. São Paulo. Anais... São Paulo: VIII Simpoi, 2005. (Cód. T00414)

DIAS, R. *Gestão ambiental: responsabilidade social e sustentabilidade*. 3.ed. São Paulo: Atlas, 2009.

FAUZI, H.; SVENSSON, G.; RAHMAN, A. A. "Triple Bottom Line" as "Sustainable Corporate Performance": a proposition for the future. *Sustainability*, v. 2, n. 5, p. 1345–1360, 2010.

GLAVIČ, P.; LUKMAN, R. Review of sustainability terms and their definitions. *Journal of Cleaner Production*, v. 15, n. 18, p. 1875–1885, 2007.

GOLDEMBERG, J. O repensar da educação no Brasil. *Estudos Avançados*, São Paulo, v. 7, n. 18, maio/ago. 1993.

GOODLAND, R. Sustainability: human, social, economic and environmental. *Encyclopedia of Global Environmental Change*. Washington, DC: World Bank, 2002.

INSTITUTO ETHOS. Ethos Instituto de Pesquisa Aplicada e Instituto Ethos de Responsabilidade Social. Disponível em: <http://www.ethos.com.br>. Acesso em: 29 maio 2009.

JABBOUR, C. J. C.; SANTOS, F. C. A. Evolução da gestão ambiental na empresa: uma taxonomia integrada à gestão da produção e de recursos humanos. *Gest. Prod.* [online]. 2006, v. 13, n. 3, p. 435-448. (ISSN 0104-530X)

LELE, S. Sustainable development: a critical review. *World Development*, v. 19, n. 6, p. 607–621, 1991.

MARCOVITCH, J. Universidade e prioridades sociais. *Estudos Avançados*, São Paulo, v. 14, n. 38, 2000.

MEBRATU, D. Sustainability and sustainable development: historical and conceptual review. *Environmental Impact Assessment Review*, v. 9255, n. 98, p. 493–520, 1998.

[MRE] MINISTÉRIO DAS RELAÇÕES EXTERIORES. ODS – Objetivos de Desenvolvimento Sustentável – Política Externa. Disponível em: <http://www.itamaraty.gov.br/pt-BR/politica-externa/desenvolvimento-sustentavel-e-meio-ambiente/134-objetivos-de-desenvolvimento-sustentavel-ods>. Acessado em: 17 abr. 2017.

NAÇÕES UNIDAS BRASIL. Transformando nosso mundo: a Agenda 2030 para o Desenvolvimento Sustentável. 2015. Disponível em: http://nacoesunidas.org/pos2015/agenda2030. Acessado em 3 de julho de 2017.

NASCIMENTO, E. Trajetória da sustentabilidade: do ambiental ao social, do social ao econômico. *Estudos Avançados*, v. 26, n. 1987, p. 51-64, 2012.

PARTRIDGE, E. *Social Sustainability: challenges for the development industry*. Sydney: Institute for sustainable futures/University of Technology, jul. 2005.

PASSOS, L. A. N.; CÂMARA, M. R. G. Evolução, estratégias e o estado-atual-da-arte da gestão ambiental: um estudo do setor químico. In: Encontro da Associação Nacional dos Programas de Pós-Graduação em Administração (Anpad), 27, 2003. Atibaia. Anais... Atibaia: XXVII EnAnpad, 2003. (Cód. GSA 874 EnAnpad 2003)

REIS, L. B.; SILVEIRA, S. (Coords.) *Energia elétrica para o desenvolvimento sustentável*. São Paulo: Editora da Universidade de São Paulo (Edusp), 2000.

_____. (Orgs.) *Energia elétrica para o desenvolvimento sustentável*. 2.ed. São Paulo: Editora da Universidade de São Paulo (Edusp), 2001.

ROBINSON, J. Squaring the circle? Some thoughts on the idea of sustainable development. *Ecological Economics*, v. 48, n. 4, p. 369–384, 2004.

SACHS, I. *Estratégias de transição para o século XXI - desenvolvimento e meio ambiente*. São Paulo: Studio Nobel/Fundap, 1993.

_____. *Caminhos para o desenvolvimento sustentável*. Rio de Janeiro: Garamond, 2000

_____. *Desenvolvimento includente, sustentável, sustentado*. Rio de Janeiro: Garamond, 2004.

SANTOS, N. Cidade e sustentabilidade territorial. *Mercator*, Fortaleza, v. 10, n. 23, p. 7-22, 2011.

SANTOS, N.; CRAVIDÃO, F.; CUNHA, L. Natureza, paisagens culturais e os produtos turísticos associados ao território. In: CONGRESO LATINO AMERICANO DE INVESTIGACIÓN TURÍSTICA, 4., Montevidéu, Uruguai, 22 a 24 set. 2010. *Atas*.... Montevidéu, 2010.

SNEDDON, C.; HOWARTH, R. B.; NORGAARD, R. B. Sustainable development in a post-Brundtland world. *Ecological Economics*, v. 57, n. 2, p. 253–268, 2006.

[UN] UNITED NATIONS. *Our common future*. World Commission on Environment and Development, 1987.Disponível em: <http://www.exteriores.gob.es/Portal/es/PoliticaExteriorCooperacion/Desarrollosostenible/Documents/Informe%20Brundtland%20(En%20ingl%C3%A9s).pdf>. Acessado em: 24 set. 2016.

VALLANCE, S.; PERKINS, H. C.; DIXON, J. E. What is social sustainability? A clarification of concepts. *Geoforum*, v. 42, n. 3, p. 342–348, 2011.

VEIGA, J.E. *Meio ambiente & desenvolvimento*. São Paulo: Senac, 2006.

VIÑUALES, J. E. The rise and fall of sustainable development. *Review of European Community & International Environment Law*, v. 22, n. 1, p. 3–13, 2013.

2 Meio ambiente, Direito e evolução legislativa no Brasil

Glauco Caldo
Marcio Mattos Borges de Oliveira
Sonia Valle Walter Borges de Oliveira

INTRODUÇÃO

O Direito ambiental, no Brasil, ainda é considerado um ramo embrionário das ciências jurídicas e, como em todo novo campo do conhecimento que aflora, existe uma série de desafios a serem vencidos e de obstáculos a serem superados.

É certo que, tanto em contexto nacional como mundial, discussões sobre temas referentes a poluição das águas, exploração e povoamento do solo, escassez de recursos naturais, geração de resíduos tóxicos e entre outros intensificaram-se somente nas últimas décadas do século XX. No Brasil, pode-se considerar como divisor de águas sobre esses temas a Eco-92, realizada na cidade do Rio de Janeiro (Wainer, 1995). Dela decorreu, em 05 de junho de 1992, a assinatura da chamada Convenção sobre a Diversidade Biológica, lavrada pelas nações participantes do encontro, que entraria em vigor no plano internacional somente na data de 29 de dezembro de 1993 (Comparato, 2003).

Visto por todos os ângulos de sua estrutura – econômico, cultural e político –, o Brasil ainda dá os primeiros passos na busca da compatibilização entre crescimento econômico e proteção do meio ambiente.

Nesse sentido, Benjamin (1999, p. 49) destaca que os 500 anos de história do país:

> [...] estão marcados a ferro (primeiro, o machado, depois, os tratores e motosserras) e fogo (as queimadas e, mais recentemente, as chaminés descontroladas). Durante todo esse período, os brasileiros foram escravos da visão distorcida da natureza-inimiga.

Moraes (2001) afirma que, no Brasil, as preocupações da legislação com o meio ambiente vêm se materializando aos poucos, de forma gradual – em suas palavras, até teria alcançado a "puberdade" legal, quase possuindo as características completas de um "adulto" –, mas, de todo modo, ainda se encontra longe da maturidade ideal decorrente da própria importância do tema para toda a sociedade. Para Derani (2008, p. 49):

> a presença de temas de política de meio ambiente permeando o direito, atuando sobre políticas públicas e empresariais e movimentos sociais, traz à superfície o que sempre existiu de fato: a indissociabilidade da natureza com a cultura.

Como ciência social aplicada, o Direito responde (ou deveria responder) às novas demandas sociais, acompanhando, assim, a dinâmica da própria evolução das sociedades humanas.

Nesse sentido, segundo Kelsen (2003, p. 96):

> Uma distinção essencial existe apenas entre as ciências naturais e aquelas ciências sociais que interpretam a conduta recíproca dos homens, não segundo o princípio da causalidade, mas segundo o princípio da imputação; ciências que não descrevem como se processa a conduta humana determinada por leis causais, no domínio da realidade natural, mas como ela, determinada por normas positivas, isto é, por normas postas através de atos humanos, se deve processar. Se o domínio considerado por estas ciências é contraposto, como uma esfera de valores, à esfera da realidade natural, deve ter-se em conta

que se trata de valores que são constituídos por normas positivas, isto é, normas que são postas no espaço e no tempo através de atos humanos, e que, por isso, o objeto destas ciências sociais não é irreal, que também a ele lhe pertence ou corresponde uma realidade qualquer – só que, neste caso, é uma realidade diferente da natural, a saber, uma realidade social.

Assim, as grandes questões ambientais atuais, como a poluição das cidades e das águas, a escassez dos recursos naturais, a geração de resíduos urbanos e industriais, a extinção de espécies vegetais e animais, o efeito estufa e o aquecimento global, por ocuparem grandes espaços na mídia e desencadearem preocupações quanto à própria continuidade dos modelos de desenvolvimento (pautados na produção e no consumo desenfreados) adotados pelas sociedades modernas, também ascendem, necessariamente, preocupações jurídicas. Essas preocupações se traduzem principalmente em novas normas, que visam regularizar tais situações, coibindo, inclusive, os abusos cometidos por organizações poluidoras ou por pessoas físicas e jurídicas que não respeitam o meio ambiente.

> Em termos globais, a atual crise ambiental – o sítio ao planeta Terra –, que hoje ocupa a agenda dos políticos, dos economistas, dos juristas, dos meios de comunicação e principalmente da opinião pública, é fruto da revolução industrial, revolução esta que surgiu com a promessa de unidade universal, de paz e de bem-estar para todos, sem se preocupar, contudo, com os seus efeitos no meio ambiente. Continua o aludido autor seu raciocínio, expondo que, apesar do inegável (ainda que desigual) crescimento econômico e do progresso tecnológico que trouxe, a revolução industrial teria deixado um débito ambiental que dificilmente a humanidade conseguirá resgatar. (Benjamin, 1995, p. 83)

Importante ressaltar que existe praticamente um consenso entre os diversos profissionais que trabalham com o meio ambiente (sejam eles cientistas, ambientalistas, historiadores, juristas, economistas etc.) em apontar a Revolução Industrial[1] como o grande marco inicial do desequilíbrio ocasionado pelo homem ao meio ambiente que o circunda.

Contudo, muito antes da ocorrência da chamada "crise ambiental" – atualmente debatida e enfrentada pelo mundo todo – e, historicamente, antes também da ocorrência da Revolução Industrial, assuntos atinentes ao meio ambiente já apareciam em corpos legislativos os mais variados, inclusive em nações clássicas e medievais.

Wainer (1995) considera que até em certos textos sagrados, como na Bíblia cristã, já existia a preocupação com questões de cunho ambiental. É certo que referida consideração se justifica quando se verifica que muitas das leis formuladas nas sociedades antigas dedicavam-se ao trato e ao uso dos recursos naturais disponíveis em seus respectivos territórios.

Nesse contexto, a elaboração dessas leis incumbia a quem?

A resposta a essa indagação não demanda maiores esforços: aos Estados que surgiam e que surgiram desde a Antiguidade, conforme a própria evolução histórica do homem e das sociedades humanas.

Sob esse prisma, Philippi Jr (2004, p. 35) pondera:

> A instituição que, histórica e socialmente, teria sido desenvolvida através do monopólio do uso da força, a fim de garantir a continuidade da sociedade, sistematicamente ameaçada pelos interesses conflitantes que a compõem, foi o Estado, que dotado desse monopólio seria capaz de arbitrar e negociar esses conflitos. Essa representação sobre a relação Estado e sociedade coincide com os primórdios do processo de centralização do poder, de formação dos estados europeus, de constituição do pensamento e da ciência moderna. De acordo com seus primeiros pensadores, os filósofos do direito natural, essa forma de organizar as relações entre os homens corresponderia a um pacto

---

[1] De todo modo, não se pode duvidar também dos benefícios tecnológicos que a Revolução Industrial trouxe para a humanidade. Nesse sentido, para Roberts (2001), a industrialização foi um momento decisivo e transformador na história, mudando as sociedades humanas anteriormente formadas por camponeses, artesãos e trabalhadores manuais, em sociedades formadas por maquinistas e guarda-livros. Essa substituição acabou com a sensação que as pessoas e seus antepassados tinham de que a agricultura dominava a vida, cujo ritmo era estabelecido pelo calendário agrícola ou mesmo pelo nascimento e pelo pôr do sol.

pelo qual os homens abdicariam do uso da força para garantir suas vontades individuais, aceitando uma vontade coletiva baseada na razão, no bem comum.

Feitas essas rápidas, porém necessárias, considerações sobre as primeiras nações e a formação de seus Estados representativos, tem-se que grande parte dos autores e estudiosos de questões histórico-legais atinentes ao tema considera que os primeiros corpos de leis que regiam situações voltadas ao uso e ao trato dos recursos naturais podem, de fato, ser considerados leis ambientais, ainda que no sentido *lato* da palavra.

Exemplificando e complementando essa ideia, Wainer (1995) destaca que grande parte das antigas leis codificadas (leis escritas) relativas às questões naturais ou ambientais era produzida em períodos em que havia ameaças pairando sobre o abastecimento de gêneros alimentícios para a população.

De todo modo, se, sob o ponto de vista histórico, o tema não pode ser considerado novidade (no sentido mais comum da palavra), o modo como a temática passou a ser discutida e encarada na atualidade pode, dada a vasta gama de problemas ambientais e ecológicos (como o aquecimento global) que tem preocupado governos e formadores de opinião. Tais problemas se consistem num dos principais – senão o principal – desafios do homem para o próximo milênio.

Sobre os motivos que hoje levariam os homens a pensar mais na preservação ambiental, Seiffert (2007, p. 277) destaca:

> A partir de certo nível de bem-estar econômico, a população torna-se mais sensível e disposta a pagar pela melhoria da qualidade do meio ambiente, o que teria induzido a introdução de inovações institucionais e organizacionais necessárias para corrigir as falhas de mercado decorrentes do caráter público da maior parte dos serviços ambientais.

Nessa mesma linha de raciocínio, Dias (2006) destaca que o mundo busca hoje uma nova estratégia de desenvolvimento que contemple o meio ambiente como parte integrante e necessária de qualquer progresso que a humanidade ainda busque, e não mais como fonte insustentável de recursos para exploração e mero depositário dos dejetos da civilização industrial, denotando-se aí uma visão mais avançada e realista, que tenda à sustentabilidade de toda a vida no planeta.

BREVE HISTÓRICO DAS NORMAS AMBIENTAIS NO BRASIL

Ainda que de maneira incipiente e embrionária, o surgimento do Direito ambiental no Brasil se inicia na época da colonização portuguesa, por meio da considerável legislação já existente na Metrópole naquela época, a qual tratava de assuntos como exploração da terra, derrubada de árvores, criação e abate de animais etc. Referida legislação, por óbvio, também foi aplicada ao território nacional.

Assim, de acordo com Prado (2000), enquanto o Brasil foi colônia de Portugal, utilizaram-se e vigoraram em todo o seu território exatamente as mesmas leis da Corte.

Dado o contexto histórico do descobrimento[2] e da colonização, as normas portuguesas visavam, sobretudo, proteger as riquezas naturais brasileiras que supriam ou tinham algum valor econômico para Portugal, principalmente as madeiras utilizadas na marinha mercante.

Posteriormente, ao longo da colonização, outras normas e corpos de leis foram surgindo em Portugal com aplicação subsidiária ao território brasileiro, sempre dependendo do contexto histórico e de interesses políticos, econômicos e sociais de cada época[3].

---

2   A chegada de Cabral e a consequente posse das terras do Brasil por Portugal não foram acompanhadas, de forma imediata, de um projeto de colonização e exploração das riquezas da terra (Aquino, 2000, p. 99).
3   Atualmente, pode-se dizer que o Direito ambiental português encontra-se relativamente evoluído, se comparado com os países mais modernos e avançados do mundo nessa área. Como exemplo, Gomes (1996) ressalta a questão da ressarcibilidade do dano ecológico. Segundo o autor, no Direito português "a reparabilidade do dano ecológico encontra-se formalmente reconhecida no artigo 48° da Lei 74 de 07.03.1990 (Lei sobre a poluição da água) que impõe a obrigação de indemnizar o Estado por danos significativos no ambiente em geral e afectando a qualidade das águas em particular (n° 1), prevendo-se mesmo uma indemnização equitativa, nos casos em que não seja possível quantificar com precisão os danos causados (n° 2)" (Gomes, 1996, p. 14).

Seguindo essa linha de raciocínio, exclusivamente para fins didáticos, pode-se dividir a história legislativa brasileira em períodos distintos em que vigoraram normas (outorgadas ou promulgadas) de origem e objetivos diferenciados. Certo é que, no período colonial, merecem destaque as fases das Ordenações Afonsinas, Manuelinas e Filipinas (estas últimas, inclusive, sobrevivendo ao processo de Independência por algumas décadas); nos primeiros anos após a Independência até o início da Proclamação da República, realce deve ser dado à promulgação das normas realizada no Brasil pelos próprios políticos brasileiros.

Segue-se, assim, uma breve análise dos períodos históricos anteriormente mencionados, com algumas considerações pertinentes sobre as normas ambientais e o seu contexto.

As Ordenações Afonsinas

De acordo com Wainer (1995), na época do descobrimento, vigoravam em Portugal as Ordenações Afonsinas, que consistiram, inclusive, no primeiro código legal europeu, cuja compilação ocorrera mais de cinquenta anos da chegada de Pedro Álvares Cabral ao Brasil. Para a mencionada autora, a legislação portuguesa, naquela época, já possuía um grau de evolução considerável no que diz respeito a temas relacionados à natureza e ao meio ambiente.

Diniz (1998, p. 462) conceitua as Ordenações Afonsinas da seguinte forma:

> Primeira consolidação de leis portuguesas, editada em 1446, que vigorou até 1521. Continha leis dos direitos romano, germânico e canônico, dividindo-se em cinco livros abordando: a) o direito administrativo; b) o direito eclesiástico; c) as normas processuais civis; d) o direito civil e comercial; e) o direito penal.

Wainer (1995) explica também que a preocupação com a falta de alimentos[4], notadamente cereais, data de 1311, quando o então rei de Portugal,

---
4 O chão português era pouco e pobre. O povo, pobre e pouco. O oceano, imenso e promissor. Portugal assumiu a vocação marítima (Donato, 2000, p. 23).

D. Afonso III, determinou que o pão e a farinha não pudessem ser transportados para fora do reino. No caso de descumprimento da norma jurídica, a pena era "dos corpos e dos averes". Já em relação aos animais, esclarece Wainer (1995), uma previsão instituída pelo rei D. Diniz, em 1326, equiparava o furto das aves, para efeito penal, a qualquer outra espécie de furto.

A autora ainda enumera outro dispositivo ambiental bastante evoluído em Portugal (inclusive para vários países nos dias atuais), que era a proibição do corte deliberado de árvores frutíferas, o que tipificava crime de injúria ao rei, tamanha a preocupação existente naquele país, à época, com as madeiras (provavelmente por causa de sua utilização cada vez mais intensa na construção de navios)[5].

É certo que o conteúdo dessas leis também pode ser explicado pela escassa quantidade de recursos naturais e pela oferta de alimentos inferior à demanda, o que ocorria tanto na Europa em geral, como em Portugal, de modo específico (inclusive na época do descobrimento do Brasil). Por outro lado, é certo também que esse déficit alimentício europeu, somado a outras causas históricas e particularidades continentais, acabou por incentivar, assim, o período das grandes navegações, que culminaria mais tarde com a "ocidentalização" mundial.

Nesse prisma, merecem destaque as considerações de Roberts (2001, p. 406) sobre o período, notadamente quando ele pondera que a exploração de novas terras foi a última de um conjunto de forças que levou os europeus a ver o seu relacionamento com o resto do mundo sob uma ótica inteiramente diferente: "Os descobrimentos mundiais seriam seguidos pela transformação mundial, igualmente obra dos europeus, estimulada crescentemente por uma confiança que aumentava a cada novo sucesso." Para o autor, à época da chegada dos espanhóis à América e dos portugueses ao Brasil, os presságios de uma dominação mundial, bem-sucedida, por parte dos europeus já estavam construídos e caracterizados, de uma forma muito mais agressiva e arrebatadora do que as tentativas ocorridas séculos antes, sob a égide das Cruzadas.

---

5   Para Wainer (1995) referido crime era inclusive ainda mais antigo, posto que estava previsto na própria Bíblia, mais especificamente no Deuteronômio 20:19, que continha norma proibitiva do corte de árvores frutíferas durante dado período, até mesmo prevendo punição aos infratores com penas de castigo corporal, como o açoite.

Para entender de fato como isso ocorreu, seria necessária uma análise minuciosa da história dos conquistadores e descobridores, traçando-se, assim, paralelos com a história dos conquistados e colonizados.

As Ordenações Manuelinas

As Ordenações Manuelinas foram "o segundo Código de leis que vigorou em Portugal de 1521 a 1603" (Diniz, 1998, p. 462), e elas acabaram por revogar as Ordenações Afonsinas.

Na verdade, as Ordenações Manuelinas consistiam numa junção de legislações, cuja compilação ocorreu no ano de 1521 (ou seja, pouco depois do descobrimento, ainda no período de pré-colonização nacional, que perduraria até 1530, quando Portugal efetivamente decide colonizar as novas terras descobertas no continente americano). Essa junção de legislações foi promovida pelo rei português D. Manoel, justamente com o intuito de perpetuar o seu nome na história.

Em termos de meio ambiente, Wainer (1995) esclarece que surgiram novos dispositivos que garantiam uma proteção ainda mais específica e moderna para determinados grupos de seres vivos (alguns com valor econômico), ao menos em determinadas ocasiões. A título ilustrativo, salienta a autora que as Ordenações Manuelinas passaram a proibir a caça de determinados animais com instrumentos capazes de causar-lhes a morte com dor e sofrimento. Para outras espécies de animais definidas pela lei, passou-se simplesmente a proibir seu abatimento, inclusive com previsão de punições severas para quem infringisse esse mandamento legal.

Essa legislação pode ser considerada moderna para os padrões de sua época, pois é possível nela encontrar o embrião daquele instituto que, muito tempo depois, em pleno século XX, os juristas chamariam, no Brasil, de "zoneamento ambiental"[6]. Explica-se, no caso em questão, que as Ordenações

---

6 É com a Constituição que se começa o estudo dos instrumentos de proteção ambiental que, mais diretamente, vão delimitar a função ambiental da propriedade não urbana, a partir da criação de espaços territoriais especialmente protegidos. O art. 225 (da Constituição Federal de 1988) dispõe que: "parágrafo 1º. Para assegurar a efetividade desse direito, incumbe ao Poder Público: [...] III – definir, em todas as Unidades da Federação, espaços territoriais e seus componentes a serem especialmente protegidos, sendo a alteração e a supressão permitidas somente através de lei, vedada qualquer utilização que comprometa a integridade dos atributos que justifiquem sua proteção; [...]". Essa norma, ao

Manuelinas passaram a regulamentar o uso das áreas verdes para a caça de animais, estabelecendo em quais locais ela poderia ser feita e em quais ela seria terminantemente proibida.

Fazendo um aparte, é certo que, na atualidade, o art. 225, III, parágrafo 1º, da Constituição Federal define aquilo que é considerado áreas de especial proteção e os seus respectivos processos essenciais ecológicos.

Nesse sentido, Moraes (2001) mostra que, hoje em dia, o zoneamento ambiental pode ser dividido em duas áreas distintas, quais sejam, urbana e rural. Em ambas, a divisão metodológica se faz pela classificação do território nas chamadas zonas de uso, ou seja, o rol das atividades proibidas e permitidas em certo espaço territorial. Para o autor, em ambos os casos, o zoneamento ambiental não pretende o simples ordenamento para a melhor qualidade de vida, "mas o alcance da qualidade de vida atingida pela utilização racional dos recursos naturais dentro de um território, o qual recebe classificação tanto pelas atividades que ali são desenvolvidas quanto por suas próprias peculiaridades" (Moraes, 2001, p. 70).

No Brasil, foi somente no ano de 1981, com a promulgação das Leis n. 6.938 (que criou pela primeira vez a Política Nacional do Meio Ambiente) e n. 6.902 (posteriormente alterada pela Lei n. 7.804/89), que se passou a falar em áreas de proteção ambiental[7].

Importante destacar, por fim, que referido compêndio de leis vigoraria por um período de tempo relativamente curto, quer em Portugal, quer no Brasil, mais especificamente até o ano de 1580, quando ocorre a união das coroas ibéricas[8], e a Metrópole, assim como a colônia brasileira, passa a ser governada pelo rei espanhol Filipe I.

---

lado das anteriores, que tratam especificamente de função ambiental da propriedade, fundamentam toda a legislação sobre espaços públicos e privados que devem ser submetidos a regimes especiais de proteção, como o Código Florestal (Lei n. 4.717/65), a Lei n. 6.902/81, o Decreto n. 99.274/90 e o Decreto n. 89.336/84, para citar alguns dos principais documentos que regulamentam espaços territoriais especialmente protegidos, como áreas de reserva legal, áreas de preservação permanente, parques, reservas biológicas, estações ecológicas e áreas de proteção ambiental, para fazer referência aos espaços mais comuns (Borges, 1998, p. 75 e 76).

7   A Carta Magna promulgada em 1988 foi a primeira Constituição do Brasil a citar o termo "meio ambiente", e tem um capítulo inteiramente dedicado a esse instituto, além de diversos outros artigos tutelando e delegando ao poder público, privado e a todos nós o dever de salvaguardar o meio ambiente em que vivemos (Nogueira, 2008, p. 33).

8   Consequência favorável da união das coroas foi a expansão territorial. Estando toda a América do Sul sujeita a um único rei, não havia por que proibir que espanhóis e brasilusos cruzassem a linha de Tordesilhas. Espanhóis fizeram-no pouco, os brasilusos, muito; numerosos, nas arrancadas das entra-

As Ordenações Filipinas

Wainer (1995) esclarece que, em 1595, ou seja, quinze anos após ter assumido a coroa portuguesa, o rei Filipe I expede um alvará determinando que fossem compiladas todas as leis de Portugal. Pouco antes do término dessa empreitada, o referido monarca faleceu e foi sucedido pelo filho de mesmo nome que, no ano de 1603, acabou assumindo como Filipe II (Aquino, 2000; Donato, 2000). Filipe II, por seu turno, determinou a expedição da lei, mais especificamente um código legal, que ficaria conhecido nos anais da história como Ordenações Filipinas.

As Ordenações Filipinas podem ser conceituadas da seguinte forma:

> Consolidação de leis promulgadas em Portugal, que, em substituição às ordenações manuelinas, publicadas em 1603, vigorou até 1868 como leis gerais, e, no Brasil, até 1916, como fonte subsidiária do direito pátrio, pois em 1917 entra em vigor o Código Civil brasileiro. Seguiu o modelo das ordenações afonsinas e manuelinas, dividindo-se em cinco livros. No primeiro fixou os regimentos da magistratura e serventuários da justiça, explicitando seus direitos e deveres; no segundo cuidou das relações entre Igreja e Estado, dos privilégios da nobreza e das atribuições do fisco; no terceiro disciplinou o processo civil e o criminal e as matérias relativas ao direito subsidiário que deveria ser invocado em caso de ausência de disposição legal; no quarto regeu os direitos das pessoas e das coisas; e no quinto, a matéria penal. (Diniz, 1998, p. 462)

Dos dispositivos relativos à matéria ambiental nas Ordenações Filipinas – que passaram a vigorar tanto na Espanha como em Portugal e, consequentemente, no Brasil colonial (Boxer, 2000) – merecem destaque aqueles que incentivavam o plantio de árvores em terrenos baldios, bem como os programas de obras públicas para construção de calçadas, pontes, chafarizes e poços (Wainer, 1995).

---

das e bandeiras, aproveitaram-se e moveram-se, sem encontrar resistência, nos rumos norte, sul, oeste (Donato, 2000, p. 135).

Já no Livro V das Ordenações Filipinas, o seu Título LXXV "descrevia o crime de corte de árvores de fruto e de corte, transformação em carvão e descascamento de soveiros, entre outras árvores, ao longo de determinados rios" (Prado, 2000, p. 38).

Com efeito, para Prado (2000), a proteção do meio ambiente, por meio de punições de caráter penal, podia ser extraída do corpo legal das Ordenações Filipinas, ainda que de forma incipiente. A título ilustrativo, o autor menciona os artigos desse código que estabeleciam que algumas espécies de animais poderiam ser objetos materiais de alguns crimes, mencionando também o dispositivo contido em seu Título LXXVIII, que determinava punições, de castigos corporais ao banimento, para aqueles que comprassem colmeias com intuito único de se aproveitar do mel ou da cera e matar todas as abelhas.

O conceito de poluição também estava previsto, ainda que de maneira tácita (sem a definição do conceito), mas de forma totalmente precursora e embrionária, em tais Ordenações, notadamente na determinação de proibir a qualquer pessoa que jogasse nas águas material que pudesse manter os peixes e sua criação comprometidos ou confinados, bem como que sujasse rios ou lagoas.

Importante destacar que essas Ordenações valeram para a colônia brasileira, mesmo após o fim da União Ibérica (1580-1640), com exceção de parte do território nordestino, no interregno de tempo em que ocorreu a ocupação holandesa (Aquino, 2000; Boxer, 2000; Donato, 2000), ocasião em que esse pedaço do território colonial foi regido exclusivamente por leis trazidas da Holanda[9] (as quais não eram, ao contrário do que se possa imaginar, carecedoras de normas relativas aos recursos naturais e ao meio ambiente, como as leis por meio das quais os holandeses proibiam o corte do cajueiro, determinavam o cuidado com a poluição das águas e obrigavam os senhores de terras a cultivarem roças de mandioca proporcionais ao número de escravos que cada um possuía).

---

9   A União Ibérica representou um empecilho para a plena continuidade dos negócios holandeses no Brasil (Aquino, 2000, p. 134). Assim, quando houve a união das coroas portuguesa e espanhola, a Espanha acabou por proibir as relações comerciais entre luso-brasileiros e holandeses. Essas proibições, somadas à rivalidade comercial existente entre os Países Baixos e a Espanha, fez com que os primeiros desenvolvessem projetos de ocupação das áreas produtoras de açúcar no Nordeste brasileiro, projetos esses que seriam levados a cabo ao longo do século XVII, inicialmente com a tentativa de ocupação da Bahia e, posteriormente, com a ocupação pernambucana, a que se seguiu o governo do conde Maurício de Nassau e o apogeu do domínio holandês em território brasileiro.

A legislação ambiental do Brasil Império e dos primeiros anos da República

Após a Proclamação da Independência (em 07 de setembro de 1822), foi outorgada a primeira Constituição brasileira, intitulada Constituição Imperial do Brasil, datada de 25 de março de 1824. Por meio dela, determinava-se a elaboração de um Código Civil (que viria a ser editado no ano de 1916, tendo como um de seus ilustres colaboradores um dos maiores juristas brasileiros de todos os tempos, Clóvis Bevilácqua) e de um Código Criminal, visto que, àquela época, as Ordenações Filipinas continuavam em vigor no território nacional, por absoluta falta de opção (não existiam até então códigos ou leis próprias).

Por essa razão, no dia 1º de janeiro do ano de 1916 foi promulgado o Código Civil brasileiro, que revogou expressamente todas as ordenações, alvarás, leis, decretos e resoluções anteriores vigentes no país (Wainer, 1995).

Outrossim, em razão da própria data de sua criação e promulgação (1916), o Código Civil não tratava de forma expressa de nenhuma questão ambiental (cumpre salientar que a própria palavra "ecologia" havia sido inventada por Haeckel[10] apenas algumas décadas antes, ou seja, no ano de 1866)[11], embora possuísse dispositivos que, ainda que de maneira tácita, pudessem ser considerados precursores da normatização ambiental existente hoje no Brasil.

Quanto à matéria penal, o primeiro dispositivo promulgado no Brasil nesse sentido (em obediência ao dispositivo constitucional retrocitado) foi o Código Criminal do Império, sancionado por D. Pedro I em 1830. De acordo com Prado (2000), referido *codex*, apesar de trazer louváveis avanços em sua parte geral, continha dispositivos que ofereciam alguma proteção ao meio ambiente somente de maneira mediata. Como exemplo, ele previa, em seu Título VI, intitulado "Dos Crimes contra o Thesouro Público e Proprie-

---

10 Ernest Heinrich Philipp August Haeckel (Potsdam, 16/02/1834-Jena, 09/08/1919) foi um naturalista alemão que ajudou a popularizar o trabalho de Darwin, sendo um dos grandes expoentes do cientificismo positivista. Criou alguns termos utilizados na atualidade, como *filo* e *ecologia*.
11 Philippi Jr (2004, p. 57), na obra em que figura como organizador, ensina que "o termo ecologia, amplamente utilizado, é composto de dois radicais de origem grega, *oikos* e *logos*, que significam respectivamente *casa* e *estudo*. Ao se interpretar casa como habitat, compreende-se tratar de ciência intimamente voltada ao estudo das questões ambientais".

dade Pública", no Capítulo 4º, "Destruição ou danificação de construções, monumentos e bens públicos", o tipo penal de "destruição ou danificação de construções, monumentos e bens públicos" (art. 178); e o crime de dano (art. 266).

Em contrapartida, nesse Código Criminal, o incêndio deixa de ser crime para ser considerado apenas circunstância agravante (art. 16, parágrafo 2º). Dessa forma, apesar dos avanços, por ter sido referido diploma legal elaborado sob a influência de um Estado individualista, que valorizava a propriedade, "não se poderia esperar que o valor de um meio ambiente equilibrado fosse objeto de tutela" (Prado, 2000, p. 39).

De todo modo, com o passar dos anos, conforme a importância de matérias relativas ao meio ambiente, à preservação dos recursos naturais e à própria natureza iam ganhando espaço na própria sociedade, mais e mais normas eram promulgadas (ou simplesmente outorgadas), e toda uma gama de legislações passava a se materializar no cenário nacional, até culminar com a promulgação da atual Constituição Federal, no ano de 1988 (a qual contém uma série de dispositivos direcionados ao meio ambiente e à sua proteção, tanto em seus capítulos referentes aos direitos e garantias fundamentais do cidadão como em capítulos próprios, merecendo especial destaque o seu Capítulo VI, intitulado "Do Meio Ambiente")[12].

É de se frisar, por exemplo, o surgimento do Código de Águas, já no distante ano de 1934, o qual, visando complementar o Código Civil então vigente, em matéria de proteção das águas, trouxe uma série de dispositivos que inovaram na questão da regulamentação de áreas de rios, nascentes, lagos e similares. A título meramente ilustrativo, pode-se dizer que o art. 109 desse *codex* classificava como ato ilícito a contaminação deliberada da água promovida pelo ser humano.

Nesse sentido, o surgimento de uma legislação específica e codificada sobre as águas, ainda na primeira metade do século XX, decorreu do advento

---

12 A evidência da não dissociação entre Estado e sociedade civil na Constituição de 1988 está, sobretudo, no que concerne à realização dos princípios-essência que a integram. Esta referência ao Brasil como um todo, não reproduzindo a divisão, ideológica, entre Estado e sociedade civil, demarca um verdadeiro avanço na Constituição, cujos desdobramentos atingirão especificamente o capítulo do meio ambiente ao explicitar o princípio da cooperação, impondo conjuntamente ao Estado e à coletividade a proteção do meio ambiente (Derani, 2008, p. 177).

da própria Constituição, datada daquele mesmo ano (1934), que em seu art. 20, I:

> [...] fixou o domínio da União sobre os bens que à época a essa pertenciam, como por exemplo, as ilhas fluviais e lacustres nas zonas fronteiriças e os lagos e quaisquer outras correntes d'água em territórios de seu domínio, que banhassem mais de Estado, servissem de limite com outros países ou se estendessem a território estrangeiro. (Granziera, 2001, p. 86)

Continuando com seu raciocínio, Granziera (2001, p. 25) pondera que:

> o conceito de direito das águas evoluiu, à medida que evoluíram as relações sociais, em que novas preocupações, sobretudo com o meio ambiente, fator que marca profundamente a segunda metade desse século (século XX), vieram alterar o mundo jurídico.

Com efeito, avançando décadas à frente, merece destaque também (entre tantas outras leis ligadas a matérias de caráter ambiental ou recursos naturais) a Lei n. 7.347/85, que disciplinou a ação civil pública (posteriormente acolhida pela atual Constituição Federal em seu art. 5°, LXXIII)[13], passando a dar possibilidades para qualquer cidadão ou pessoa comum ingressar em Juízo com ação popular que visasse anular ato lesivo ao meio ambiente.

Não bastasse isso, também o Ministério Público, por meio do art. 129 da Constituição Federal, que o autoriza a ingressar com ação civil pública para defesa do meio ambiente e de outros direitos difusos e coletivos, é legitimado para defender, judicial ou extrajudicialmente (através dos termos de ajustamento de conduta, por exemplo), o meio ambiente nacional.

Nesse sentido:

> [...] o Ministério Público não tem legitimidade para ajuizar ação *individual*, em nome do lesado por dano ambiental, a fim de pleitear a

---

13 Verifica-se, portanto, que agora o meio ambiente pode ser tutelado pela via da ação popular em sua integralidade, e não apenas em casos ligados a ato lesivo ao patrimônio da administração direta e indireta, como era o regime de LF 4.717/65 (Akaoui, 2008, p. 43).

> prevenção ou reparação do *direito individual não homogêneo*, até porque o objeto da tutela é um bem difuso, de modo que não se permitem sua divisibilidade ou a individualização de seus titulares. Entretanto, o Ministério Público possui legitimidade para ajuizar ações coletivas para a tutela dos direitos difusos (meio ambiente), coletivos e individuais homogêneos tratados coletivamente (arts. 81, parágrafo único, e 82 do CDC). Nesse contexto, o art. 5º, parágrafo 5º, da Lei n. 7.347/85 permite o litisconsórcio facultativo entre o Ministério Público da União, dos Estados e do Distrito Federal. Não se pode perder de vista que não se trata de um litisconsórcio puro, mas sim de *representação* da instituição do Ministério Público, que é una e indivisível. (Fiorillo, 2008, p. 382)

Assim, uma das grandes obrigações do Ministério Público, atualmente, é zelar pelos recursos naturais e proteger o meio ambiente.

> A proteção do meio ambiente pelo Ministério Público pode se dar por diversos meios processuais, mas em especial pela ação civil pública e pela ação de execução. Qualquer que seja o instrumento jurídico eleito pelo órgão ministerial, vários princípios do direito ambiental devem ser levados em consideração para que a medida ganhe eficácia jurídica e importe na melhor forma de reparação ou prevenção do dano ambiental. (Andrade, 1999, p. 113)

De todo modo, para que qualquer dispositivo legal que disponha sobre o meio ambiente tenha aplicação e atinja os resultados que dele se espera, a população deverá ter o mais amplo acesso possível à informação, entendendo-se como "informação" o acesso irrestrito a meios de comunicação que permita às pessoas conhecerem e entenderem a legislação existente, uma vez que "a via instrumental colocada à disposição da coletividade é forte e suficiente para que os titulares do meio ambiente ecologicamente equilibrado possam travar luta em prol desse bem difuso" (Akaoui, 2008, p. 43), bastando, para tanto, que saibam e se empenhem sobre a defesa desses seus direitos.

Sob essa ótica, tornam-se urgentes medidas práticas que possam aproximar a lei (e consequentemente a Justiça) do cidadão comum, ainda mais quando se considera a gravidade dos problemas ambientais que o mundo atualmente enfrenta, bem como os desafios sobre a sustentabilidade e a continuidade dos modelos de produção e desenvolvimento hoje adotados pela humanidade, objeto de preocupações em praticamente todos os países do globo.

A CONSCIENTIZAÇÃO AMBIENTAL MUNDIAL E O CASO BRASILEIRO

Como já visto, o meio ambiente ganhou destaque mundial nas últimas décadas do século XX e neste início de século XXI, em decorrência de problemas os mais variados, que cada vez mais têm chamado a atenção para a sustentabilidade da vida, não só humana, mas de todo o planeta Terra.

Para Seiffert (2007, p. 7),

> Isto é o resultado da evolução de um histórico de problemas ambientais gerados ao longo dos anos, particularmente pela operação de processos industriais, que geravam degradação da qualidade ambiental tanto em sua operação diária quanto no caso de acidentes ambientais (explosões, derramamentos, vazamentos, transbordamentos, etc. em equipamentos e instalações). Estes últimos vêm recebendo maior destaque em nível mundial, pois o nível de degradação ambiental é geralmente muito mais elevado. A partir da década de 50, dá-se início então a uma sequência de eventos/acidentes ambientais, que começam a chamar a atenção da sociedade para a crescente degradação da qualidade ambiental e também para o fato de que a qualidade de vida do homem e mesmo a sua sobrevivência a longo prazo no planeta está por ela condicionada.

Todas essas preocupações ambientais, por óbvio, baseiam-se nos limites percebidos sobre o atual modelo econômico-produtivo, que estimula o consumo desenfreado sem preocupação com a escassez dos recursos naturais planetários.

Para as ciências jurídicas modernas, a preocupação com o meio ambiente se intersecciona (numa relação tanto de dependência como de causa e efeito) com a questão dos direitos humanos[14], mais propriamente com a chamada terceira geração de direitos humanos, uma vez que a vida num meio ambiente sadio e ecologicamente equilibrado é também considerada um direito humano fundamental para essa corrente.

Apenas para que fique aqui registrado, sobre as demais gerações de direitos humanos, Moraes (2001) ensina que a primeira delas é composta pelos elementos que, de algum modo, são relacionados (ou formam) a própria personalidade humana, como a vida, a integridade física, a segurança pessoal, a intimidade privada, a igualdade etc.

Nessa esteira, o mencionado autor também ensina que, aceita e implementada historicamente essa primeira geração de direitos, o Estado, em decorrência da própria evolução da sociedade, passa, então, gradualmente, a tutelar não só a garantia dos elementos da pessoa, mas também os direitos relativos às coisas e às obrigações, além de tutelar ainda sua proteção em face das demais pessoas, o que faz surgir, a partir daí, a chamada segunda geração de direitos humanos, como o direito de propriedade e outros.

Em épocas mais modernas, a sociedade passou a clamar para que o Estado cuidasse, também, da proteção do chamado "interesse coletivo", o que fez, finalmente, que se materializassem na escala global os chamados direitos humanos de terceira geração, nos quais estão inseridas as principais questões ambientais que hoje afligem a humanidade.

Dessa forma, "o meio ambiente é um direito de terceira geração, estando suas regras vinculadas à proteção do coletivo desprotegido, do elemento geral sem posse"(Moraes, 2001, p. 16). Não bastasse isso, o meio ambiente, como hoje é interpretado, isto é, "as relações entre a biosfera e seu meio circundante, em particular nos aspectos de solidariedade entre os elementos que o compõem, somente no século XX, passou a integrar o mundo jurídico como um valor autônomo" (Soares, 2001, p. 39).

---

14 A ideia de que os indivíduos e os grupos humanos podem ser reduzidos a um conceito ou categoria geral, que engloba a todos, é de elaboração recente na história. Como observou um antropólogo, nos povos que vivem à margem do que se convencionou classificar como civilização, não existe palavra que exprima o conceito de ser humano: os integrantes do grupo são chamados "homens", mas os estranhos ao grupo são designados por outra denominação, a significar que se trata de indivíduos de uma espécie animal diferente (Comparato, 2003, p. 12).

Paralelamente a essa evolução dos direitos humanos, merece destaque também a ocorrência de alguns eventos ao longo da segunda metade do século XX, que serviram para fixar, de uma vez por todas, a importância do meio ambiente perante toda a humanidade.

Sob esse prisma, após o fim da Segunda Guerra Mundial e a fundação das Nações Unidas pelos 51 países signatários, no ano de 1945 (Roberts, 2001), o mundo veria, nos anos seguintes, o fim do neoimperialismo europeu do século XIX, com o surgimento gradual de um número cada vez maior de países (a maioria antigas colônias europeias na África e na Ásia), levando, assim, à "descoberta" do que se convencionou chamar de Terceiro Mundo[15] (grupo de nações mais pobres e menos industrializadas, com papel periférico nas relações políticas, econômicas e comerciais mundiais).

Como meio de se afirmarem perante as grandes potências mundiais, esses países pobres, a partir da década de 1950, começaram a organizar uma série de conferências, visando definir o seu papel num mundo dividido política e ideologicamente pelos Estados Unidos e a antiga União Soviética. Apesar de tais conferências objetivarem a discussão de problemas sociais, políticos e econômicos dos países mais pobres no contexto da Guerra Fria e de questões ligadas à dominação ideológica exercida pelas superpotências, começam a surgir, a partir delas, embriões do que seriam, mais tarde, algumas das preocupações com questões ligadas ao meio ambiente, como o direito dos povos de dispor dos seus próprios recursos naturais e das riquezas existentes em seu território, da maneira que quiserem, sem influências externas (Roberts, 2001).

Assim, no ano de 1955, na chamada Conferência de Bandung, foi aprovada uma carta pelos países signatários em que se mencionava o direito de cada um bem dispor de seus recursos naturais. Ao mencionarem esse e outros direitos – como o de seus cidadãos viverem em cidades com melhores condições de saneamento básico –, os participantes do bloco de países não alinhados já estavam tocando, ainda que de maneira indireta, em problemas

---

15 Sobre a expressão Terceiro Mundo, ressalte-se que ela foi "aparentemente cunhada por um jornalista francês numa consciente reminiscência do 'terceiro Estado' francês, dos legalmente desprivilegiados de 1789 que propiciaram grande parte da força que impulsionou a Revolução Francesa. Esses países se sentiam desconsiderados pelas grandes potências, excluídos dos privilégios econômicos dos países desenvolvidos e merecedores de maior voz na condução do mundo" (Roberts, 2001, p. 766 e 767).

de cunho ambiental básico, possibilitando, assim, as discussões e os estudos futuros realizados na década seguinte, momento em que houve o efetivo despertar para a importância do meio ambiente. De todo modo, o que já se visualizava era o alicerce do amálgama que se seguiria entre a questão dos chamados direitos humanos primordiais, mesclando-se com as novas demandas sociais (Comparato, 2003), bem como com princípios básicos atinentes ao meio ambiente.

Na sequência, Dias (2006, p. 12) destaca que "até a década de 60, os problemas derivados da relação do homem com o meio ambiente foram abordados de forma muito superficial". Para Seiffert (2007, p. 11), "foi a partir da década de 60 que começou a mudar a situação de descaso com relação à emissão de poluentes".

Para muitos autores, o verdadeiro marco ou divisor de águas foi o ano de 1962, que contou com a publicação do livro *Silent spring* (no Brasil, *Primavera silenciosa*), pela bióloga marinha Rachel Carson, que "teve enorme repercussão na opinião pública e que expunha os perigos do uso do DDT (Dicloro Difenil Tricloroetano)[16]" (Seiffert, 2007, p. 11).

Avançando um pouco mais, em 1968, foi fundado o chamado Clube de Roma, por Aureli Pecci, industrial e acadêmico italiano, e Alexander King, cientista escocês, que reuniu pessoas ilustres como governantes, políticos, educadores, economistas, industriais, banqueiros, cientistas, entre várias outras personalidades dos mais diversos países do globo. Ele se consistiu na primeira grande iniciativa multinacional voltada exclusivamente aos problemas do meio ambiente.

No ano de 1972, o Clube de Roma publicou um relatório que causou grande impacto à época. Intitulado *Limites do crescimento*, um dos livros sobre meio ambiente mais vendidos da história, trazia uma análise catastrófica do que poderia acontecer com o planeta e com as sociedades se a humanidade não mudasse seu sistema produtivo e seus conceitos políticos, econômicos e sociais. Como não poderia deixar de ser, para a época, mostrou-se tão difícil

---

16 A descoberta do DDT rendeu ao químico suíço Paul Hermann Muller o prêmio Nobel de medicina em 1948, em virtude de sua importância na época para o combate dos mosquitos causadores da malária e do tifo. Descobriu-se posteriormente que o DDT é extremamente tóxico ao meio ambiente, por ser persistente no meio (estimativas indicam mais de 100 anos) e por ser bioacumulativo através da cadeia trófica (Seiffert, 2007, p. 11).

uma modificação, tão rápida e tão radical, dos modelos de desenvolvimento, de produção industrial e de consumo com que o mundo (de uma maneira geral) e os países mais desenvolvidos (em particular) estavam acostumados, que ela acabou não obtendo o respaldo necessário para sua implementação (os mais críticos ao Clube de Roma, inclusive, tachavam-na como inviável).

Sobre o relatório, observa Dias (2006, p. 16):

> [...] o maior mérito do documento se encontra, principalmente, no fato de que propiciou a ocorrência de um processo de debates contínuos que culminaram na apresentação de novas propostas de desenvolvimento que contemplavam os limites impostos pela possibilidade de esgotamento dos recursos naturais.

Mesmo com os aparentes retrocessos, as movimentações mundiais ocorridas na década anterior (anos de 1960) e o próprio Clube de Roma impulsionaram a Organização das Nações Unidas (ONU) a realizar, no ano de 1972, na cidade de Estocolmo, capital da Suécia, outra conferência, intitulada Conferência das Nações Unidas sobre o meio ambiente humano, que passaria para a história como a Conferência de Estocolmo. Participaram dessa conferência mais de 110 países signatários (entre eles, o Brasil), constituindo um encontro destinado a discutir, exclusivamente, problemas ambientais de grande interesse internacional.

> A partir de 1960, a movimentação dos Estados em favor de uma regulamentação global do meio ambiente foi notável. Até a data memorável do decêndio de 5 a 15 de junho de 1972, quando se realizaria a Conferência das Nações Unidas sobre o Meio Ambiente Humano, em Estocolmo, várias convenções internacionais afirmariam a pujança do direito que então emergia o Direito Internacional do Meio Ambiente, o qual teria sua certidão de maturidade plena firmada naquele evento na Suécia. (Soares, 2001, p. 50)

Philippi Jr (2004, p. 587) esclarece também que:

Em Estocolmo, evidenciou-se a necessidade de educação da população, considerada essencial para ampliar as bases de uma opinião esclarecida e de uma conduta responsável por parte de indivíduos, empresas e comunidades quanto à proteção e à melhoria do meio ambiente em sua plena dimensão humana (Princípio 19 da Declaração sobre Meio Ambiente – ONU).

Destaque-se ainda que, desde então, ocorreram várias outras conferências internacionais destinadas a discutir questões ambientais, como a Eco-92 no Brasil e a Rio+10 na África do Sul, demonstrando que as preocupações com o meio ambiente cada vez mais têm tomado grandes proporções, conforme se firmam previsões que vão desde a alteração do clima na Terra, passando pela questão da extinção de espécimes vegetais e animais, até chegar a assuntos como a insustentabilidade para a vida, nas mais diversas áreas do planeta (decorrente tanto da poluição como da degradação ambiental).

Por todo o exposto, entende-se mais do que justificado o fato do meio ambiente e das normas que o regulamentam e o protegem (as quais formam, *grosso modo*, o que se chama de direito ambiental) serem considerados um dos direitos humanos fundamentais.

Para Comparato (2003, p. 66),

> É esse movimento histórico de ampliação e aprofundamento que justifica o princípio de irreversibilidade dos direitos já declarados oficialmente, isto é, do conjunto dos direitos fundamentais em vigor. Dado que eles se impõem, pela sua própria natureza, não só aos Poderes Públicos constituídos em cada Estado como a todos os Estados no plano internacional, e até mesmo ao próprio Poder Constituinte, à Organização das Nações Unidas e a todas as organizações regionais de Estados, é juridicamente inválido suprimir direitos fundamentais, por via de novas regras constitucionais ou convenções internacionais.

Outrossim, enquanto o Direito internacional do meio ambiente se firma em escala global, no Brasil ainda se padece da falta de compilação de sua vasta gama de legislações existentes sobre os mais variados temas ligados à matéria, o que consiste numa problemática que será mais bem abordada em tópico final (deixando-a, inclusive, como sugestão para discussões futuras de interesse do tema).

De todo modo, tem-se que o legislador nacional parece evoluir cada vez mais nesse sentido, quer porque muito pouco tempo transcorreu entre o que hoje se considera Direito ambiental (propriamente dito) e aquilo que os juristas consideravam, até há pouco tempo, parte integrante do Direito administrativo (Moraes, 2001), quer porque desde a edição da Lei federal n. 6.938/81 já existe no Brasil, ainda que na teoria, o que se chama de Política Nacional do Meio Ambiente, na esteira do que já fazem os países mais desenvolvidos do mundo.

Para muitos autores, a edição da Lei n. 6.938/81 significou o reflexo, na sociedade brasileira, dessa nova maneira de se encarar o meio ambiente e de considerar sua preservação algo imprescindível para a sobrevivência da própria sociedade humana.

Importante destacar que, em seu art. 1º, a referida lei criou o Sistema Nacional do Meio Ambiente (Sisnama), além de criar (com a nova redação que lhe fora dada pela Lei n. 8.028, promulgada em 1990) o Cadastro de Defesa Ambiental. Já no seu art. 2º, estabeleceu as diretrizes do que viria a ser a Política Nacional do Meio Ambiente propriamente dita, conforme se transcreve:

> Art. 2º. A Política Nacional do Meio Ambiente tem por objetivo a preservação, melhoria e recuperação da qualidade ambiental propícia à vida, visando assegurar, no País, condições ao desenvolvimento sócio--econômico, aos interesses da segurança nacional e à proteção da dignidade da vida humana, atendidos os seguintes princípios: I. ação governamental na manutenção do equilíbrio ecológico, considerando o meio ambiente como um patrimônio público a ser necessariamente assegurado e protegido, tendo em vista o uso coletivo; II. racionalização do uso do solo, do subsolo, da água e do ar; III. planejamento e fiscalização do uso dos recursos ambientais; IV. proteção dos ecossistemas, com a preservação de áreas representativas; V. controle e zoneamento das atividades potencial ou efetivamente poluidoras; VI. incentivos ao estudo e à pesquisa de tecnologias orientadas para o uso

racional e a proteção dos recursos ambientais; VII. acompanhamento do estado da qualidade ambiental; VIII. recuperação de áreas degradadas; IX. proteção de áreas ameaçadas de degradação; X. educação ambiental a todos os níveis de ensino, inclusive a educação da comunidade, objetivando capacitá-la para participação ativa na defesa do meio ambiente.

É certo que a referida lei inspirou, anos depois, a Assembleia Nacional Constituinte, que, no ano de 1988, promulgou a atual Constituição da República Federativa do Brasil. No corpo da atual Constituição Federal, mais especificamente em seu Título VIII (intitulado Da Ordem Social), Capítulo VI, existe um artigo, o de número 225, que contém sete incisos e seis parágrafos, todos eles atinentes à matéria ambiental.

A redação do *caput* do referido dispositivo legal é a que segue:

Art. 225. Todos têm direito ao meio ambiente ecologicamente equilibrado, bem de uso comum do povo e essencial à sadia qualidade de vida, impondo-se ao Poder Público e à coletividade o dever de defendê-lo e preservá-lo para as presentes e futuras gerações.

De acordo com Fiorillo (2008, p. 10), a atual Constituição Federal:

[...] estruturou uma composição para a tutela dos valores ambientais, reconhecendo-lhes características próprias, desvinculadas do instituto da posse e da propriedade, consagrando uma nova concepção ligada a direitos que muitas vezes transcendem a tradicional ideia dos direitos ortodoxos: os chamados direitos difusos.

Por fim, é certo que nem o advento da Carta Magna teve o escopo de unificar toda a legislação brasileira[17] (previamente existente ou promulgada

---

17 Aqui considerada somente a legislação em sentido *estrito*, ou seja, excluindo-se as normas, decretos, portarias, regulamentos (e toda a gama restante de normas emanadas na forma de atos administrativos por autarquias e órgãos da administração direta e indireta), bem como a grande quantidade de leis estaduais e municipais promulgadas sobre temas ambientais.

a posteriori), relativa a temas como recursos naturais, meio ambiente, preservação ambiental, extração de matéria-prima, crimes ambientais etc. Essa compilação, se um dia ocorrer, será um dos grandes desafios para a evolução futura do Direito nacional, além de também ser uma grande matéria para teses e estudos.

A LEGISLAÇÃO FEDERAL AMBIENTAL ATUAL

É realizada nesta seção uma breve menção a alguns dos principais dispositivos legais promulgados no país nas últimas décadas, em âmbito federal (dada a incrível quantidade de dispositivos legais estaduais e municipais vigentes, relativos a temas ligados ao meio ambiente), escolhidos em decorrência de sua importância dentro da chamada "questão ambiental" no Brasil. É muito importante destacar aqui que os dispositivos de lei ora mencionados, bem como as discussões formuladas, não encerram, de forma alguma, o tema, dada sua grande complexidade.

Lei n. 4.771/65

Publicada durante o regime militar, criou o Código Florestal Brasileiro (que, posteriormente, sofreria atualizações com a promulgação da Lei n. 7.803, no ano de 1980). Para Nogueira:

> Esta lei estabeleceu que as florestas existentes no território nacional e as demais formas de vegetação, reconhecidas de utilidade às terras que revestem, são bens de interesse comum a todos os habitantes do País, exercendo-se os direitos de propriedade, com as limitações que a legislação em geral e especialmente esta Lei estabelecem. (Nogueira, 2008, p. 105)

O desrespeito a algum dos ditames dessa lei (assim como a qualquer outro dispositivo legal) que ocasione dano ao meio ambiente pode gerar a retirada, suspensão, anulação, cassação ou revogação da licença ambiental concedida à organização transgressora, conforme a gravidade do caso (Farias, 2007).

Lei n. 5.357/67

De acordo com Philippi Jr (2004, p. 415):

> O Controle da Qualidade das Águas é uma matéria que congrega o interesse de várias disciplinas do conhecimento humano. Na área biológica, o estudo da diversidade da fauna e da flora que compõem os ecossistemas aquáticos, formou uma base científica para os estabelecimentos do que se entende hoje por qualidade ambiental. Sem uma compreensão dos fenômenos naturais e de como a vida evolui e se organiza nesses ambientais, não seria possível o desenvolvimento de atitudes conservacionistas e, em casos mais extremos de degradação ambiental, de atitudes preservacionistas.

Também instituída no regime militar, a Lei n. 5.357/67 regulamentava matéria atinente à poluição das águas marinhas, passando a proibir o lançamento de detritos ou oleosidades, por parte de embarcações ou terminais de qualquer natureza (inclusive internacionais), nas águas que se encontrassem em uma distância geográfica de um raio de 6 milhas marítimas do litoral brasileiro.

Referida proibição vigora também com relação aos lagos, rios e "outros tratos de água" (na expressão legal), para as embarcações e terminais de caráter fluvial, com previsão da cobrança de multas cujos valores vão até 200 vezes o do salário mínimo vigente no País (para os terminais de carga) e 2% do valor desse mesmo salário por tonelada de arqueação (medida da capacidade dos espaços internos de uma embarcação mercante, para efeitos tributários) para as demais embarcações.

Não obstante, a poluição das águas nacionais por combustíveis hidrocarbonetos provenientes de navios também está sujeita às medidas punitivas do Decreto n. 83.540/79, que regulamenta a aplicação da "Convenção internacional sobre responsabilidade civil e danos causados por poluição por óleo".

Lei n. 6.567/78

A Lei n. 6.567, de 24 de setembro de 1978, dispôs sobre a exploração e o aproveitamento das substâncias minerais (especificadas no corpo de seu texto), criando um regime especial para tal exploração e aproveitamento, além de dispor também de outras providências relativas à matéria.

Lei n. 6.766/79

Basicamente, tal ordenamento legal referiu-se à matéria atinente ao parcelamento do solo urbano e a outras providências correlatas nesse sentido. Sua matéria foi disciplinada diretamente pelo disposto no art. 225, e indiretamente por outros dispositivos contidos na Constituição Federal de 1988.

Sobre os dispositivos constitucionais referentes à política de desenvolvimento urbano, ensina Fiorillo (2008, p. 290) que:

> O meio ambiente artificial não é tratado na Constituição Federal somente no art. 225. Como sabemos, a individualização de aspectos do meio ambiente tem puramente função didática, revelando ao operador uma facilidade maior no manejo da matéria, facilitando a utilização dos instrumentos jurídicos trazidos pelo sistema. Com efeito, observamos outros dispositivos pertinentes ao tema. Dentre os artigos de maior importância encontramos o 182, que inicia o capítulo referente à política urbana. Outros dispositivos também encontram-se vinculados à matéria, como, por exemplo, o art. 21, XX, que dispõe sobre a competência da União para instituir diretrizes para o desenvolvimento urbano, inclusive habitação, saneamento básico e transportes urbanos, bem como o art. 5°, XXIII, que disciplina que a propriedade atenderá a sua função social.

Não obstante, no ano 2001, houve o advento também da Lei n. 10.257, que instituiu o Estatuto da Cidade e regulamentou os art. 182 e 183 da Carta Magna.

Também é pertinente deixar registrado que pressões sociais, mais ou menos intensas, variando também conforme o governo e o governante da ocasião, sempre influenciaram (e ainda influenciam) muito a execução de políticas urbanas e de saneamento básico no Brasil (Philippi Jr, 2004).

Lei n. 6.803/80

Essa lei dispõe e apresenta as diretrizes básicas para o zoneamento industrial nas áreas críticas de poluição, além de dar outras providências no tocante à matéria.

Importante destacar que os dispositivos da aludida lei foram depois atualizados pela promulgação da Lei n. 7.804, de 18 de julho de 1989.

Lei n. 6.938/81

Como já mencionado, a Lei n. 6.938/81 instituiu pela primeira vez no cenário brasileiro uma Política Nacional do Meio Ambiente, criando também uma série de mecanismos para sua aplicação prática em todo o território, lançando inclusive as bases para a busca do desenvolvimento sustentável.

É o que se pode extrair, por exemplo, do seu art. 2º, que buscava a "melhoria e recuperação da qualidade ambiental propícia à vida, visando assegurar, no país, condições ao desenvolvimento socioeconômico, à segurança nacional e à proteção da dignidade humana", sob a tutela de preceitos protecionistas e garantidores de um meio ambiente saudável e sustentável.

A referida lei se mostrou inovadora também por definir legalmente meio ambiente, degradação da qualidade ambiental, poluição, recursos ambientais etc., além de conter em seu bojo penalidades para o poluidor, criminalizando, assim, em casos específicos, esse tipo de conduta.

Lei n. 9.433/97

Promulgada após a realização da Eco-92, no Brasil, e a assinatura da Convenção sobre a Diversidade Biológica (lavrada no Rio de Janeiro em 05 de junho de 1992 e válida no plano internacional a partir de 29 de dezembro de 1993), a Lei n. 9.433/97 veio para disciplinar a Política Nacional dos Recursos Hídricos, que foi totalmente definida e delineada no art. 1º da referida norma:

> Art. 1º. A PNRH baseia-se nos seguintes fundamentos: I. a água é um bem de domínio público; II. a água é um recurso natural limitado,

dotado de valor econômico; III. em situações de escassez, o uso prioritário dos recursos hídricos é o consumo humano e a dessedentação dos animais; IV. a bacia hidrográfica é a unidade territorial para implementação da PNRH; V. a gestão dos recursos hídricos deve ser descentralizada e contar com a participação do Poder Público, dos usuários e das comunidades.

Merece destaque o fato de a Política Nacional de Recursos Hídricos passar a tratar a água como um bem de domínio público, o que, indo além da própria conceituação jurídica, faz denotar todo o valor implícito desse bem natural para a sociedade.

Lei n. 9.605/98

A Lei n. 9.605/98 é conhecida como a lei dos crimes ambientais.

Nesse prisma, o referido dispositivo legal introduziu conceitos verdadeiramente revolucionários dentro do direito pátrio, notadamente ao imputar responsabilidade criminal também para as pessoas jurídicas, o que pode ser facilmente denotado por meio da leitura de seu art. 3º:

> Art. 3º. As pessoas jurídicas serão responsabilizadas administrativa, civil e penalmente conforme o disposto nesta Lei, nos casos em que a infração seja cometida por decisão de seu representante legal ou contratual, ou de seu órgão colegiado, no interesse ou benefício de sua entidade.

Grandes obras jurídicas no campo dos crimes ambientais já foram lançadas, embora o assunto, dada sua enorme importância, encontre-se longe de estar esgotado.

Lei n. 9.985/2000

Também deve ser lembrada a importância da Lei n. 9.985/2000 que, além de regulamentar o art. 225, parágrafo 1º, I, II, III e VII da Carta Magna, ainda instituiu o Sistema Nacional de Unidades de Conservação da Natureza, dando também outras providências à matéria correlata.

Lei n. 12.305/2010

A Política Nacional de Resíduos Sólidos, Lei n. 12.305 de 2010 (Brasil, 2010), reformulou a maneira de se fazer a gestão e o gerenciamento dos resíduos sólidos no Brasil, focando em todo o processo desde a geração até a destinação final dos resíduos. Deve-se sempre avaliar o ciclo de vidas dos produtos para se poder fazer a sua melhor gestão, segundo as orientações da lei.

A referida lei fortalece a necessidade de redução, reciclagem e até de aproveitamento energético dos resíduos, como pode ser acompanhado no trecho a seguir:

> [...] inclui a reutilização, a reciclagem, a compostagem, a recuperação e o aproveitamento energético ou outras destinações admitidas pelos órgãos competentes do Sisnama, do SNVS e do Suasa, entre elas a disposição final, observando normas operacionais específicas de modo a evitar danos ou riscos à saúde pública e à segurança e a minimizar os impactos ambientais adversos. (Brasil, 2010)

Diversas atividades e suas instituições responsáveis ficam obrigadas a elaborar o Plano de Gerenciamento de Resíduos Sólidos, cujas diretrizes são indicadas na Seção V, artigos 20 a 24 da PNRS (Brasil, 2010).

Leis n. 12.651/2012 e n. 12.727/2012

A Lei n. 12.651 de 25 de maio de 2012 (Brasil, 2012a) é conhecida como o Novo Código Florestal Brasileiro. O antigo código florestal era de 1965 e já não atendia mais às diversas mudanças, inclusive conceituais, ocorridas nas últimas décadas. Em seguida, a Lei n. 12.727 de 17 de outubro de 2012 (Brasil, 2012B) estabeleceu mudanças na 12.651, bem como alterou também as leis 6.938/81, 9.393/96, 11.428/06, e revogou as leis 4.771/65 e 7.774/89, e a medida provisória 2.166-67/01.

A necessidade de ajustes na Lei n. 12.651 teve como focos principais as áreas de preservação permanente (APP) e reserva legal, embora também traga o Capítulo III-A, do uso ecologicamente sustentável dos apicuns e salgados, das zonas costeiras.

A PROBLEMÁTICA DA FALTA DE COMPILAÇÃO DA LEGISLAÇÃO AMBIENTAL BRASILEIRA

Como se pôde vislumbrar ao longo desta exposição, seja em razão das peculiaridades de sua própria evolução histórica, seja em razão de se tratar de matéria relativamente recente (muito embora temas correlatos não sejam novos), ou por conta de interesses econômicos e políticos de momento, o Direito ambiental, no Brasil, ainda não possui a codificação nem mesmo a compilação de seus principais dispositivos num único diploma legal, ao contrário do que ocorre com outros ramos do Direito nacional, como o Direito civil (o Código Civil atual foi instituído pela Lei n. 10.406/2002, que substituiu o antigo *codex* de 1916) e o Direito do trabalho (a Consolidação das Leis do Trabalho – CLT – data do ano de 1943).

Nessa esteira, apesar da Constituição Federal de 1988 consagrar princípios e legislar sobre o meio ambiente (como em seu art. 23, em que estabelece as matérias de competência comum da União, dos Estados e dos Municípios em vários itens relativos à proteção ambiental), existe, no Brasil, uma enorme variedade de leis dirigidas aos mais diversos assuntos ambientais. Isso não só na esfera federal, mas também nos estados (por exemplo, a Lei estadual n. 118/73, que criou a Cetesb, tornando, assim, São Paulo um ente da federação pioneiro em matéria de suprir lacunas de leis ambientais federais). Sem falar, é claro, de portarias, resoluções e decretos baixados quase que diariamente pelas mais diferentes autarquias, secretarias, ministérios e variados órgãos da administração pública direta e indireta espalhados por todo o território nacional.

Visto sob esse prisma, é desnecessário dizer o quanto se torna difícil para um administrador, governante, tomador de decisões ou gestor (seja de órgão ou empresa pública, seja de instituições privadas), que lida, ainda que gradualmente, com questões ambientais, conseguir planejar, dirigir, executar, traçar diretrizes e, por vezes, até mesmo realizar as atividades cotidianas da organização para a qual trabalha sem correr o risco de infringir nenhuma norma ou ser vítima de conflitos normativos de qualquer ordem.

Nesse sentido, Milaré (1998), para quem a legislação ambiental brasileira, de um modo geral, vem sendo construída de forma fragmentária, ocasional, prejudicando assim todo o sistema jurídico, ante sua falta de harmonização, ressalta:

> Movemo-nos a custo em meio a um verdadeiro cipoal de leis, decretos-leis, medidas provisórias, decretos, resoluções e portarias, a reger a matéria – já, apropriadamente, chamada de inflação legal ou poluição regulamentar. Tal situação contribui para aumentar a insegurança e a incerteza jurídica de quantos militam na defesa do ambiente. (Milaré, 1998, p. 53-54)

A necessidade de codificação ou, ao menos, de compilação das inúmeras leis ambientais brasileiras já foi (e ainda é) objeto de algumas obras e de vários artigos acadêmicos, merecendo destaque aquele que foi escrito com extrema maestria por Oliveira (1997), em que, dentre várias colocações pertinentes merecem destaque as seguintes:

> A legislação brasileira sobre o meio ambiente pode ser considerada avançada em alguns aspectos, devendo, entretanto, ser aperfeiçoada em vários itens, especialmente no campo penal. É importante lembrar que, pela natureza multidisciplinar, há implicância ambiental em legislação que trata de assuntos diversos. Um exemplo é o que ocorre com a legislação tributária, que, ao taxar produtos descartáveis e não descartáveis sem proceder a nenhuma distinção, acaba estimulando o consumo sob o ponto de vista ambiental. [...] A dificuldade provavelmente se dá pelo fato de que, sobre o mesmo assunto, podem incidir três legislações diferentes: federal, estadual e municipal. [...] Somadas a outras dezenas de leis de ordem estadual e municipal, além de decretos, resoluções e portarias, tem-se a existência de uma vasta e dispersa legislação ambiental, difusamente tratando do interesse

ambiental, demonstrando ineficiência no combate efetivo da degradação aos recursos naturais. O cidadão, diante de tamanha legislação, simplesmente desconhece as normas que protegem o meio ambiente, mesmo por que torna-se confuso diante da mesma. As autoridades, por outro lado, sentem dificuldades na aplicação e interpretação de uma legislação que chega a tratar do mesmo assunto, mas de forma diversificada. Enfim, tudo leva na confirmação da necessidade de termos uma legislação única de meio ambiente. [...] Recentemente, no Brasil, muitos defenderam a idéia da consolidação das leis ambientais como um estágio preparatório para a existência do Código do Meio Ambiente, sob o argumento de que poderíamos perder várias conquistas, como a da responsabilidade objetiva pelo dano ambiental. Ora, tal argumento não tem consistência diante da atual realidade jurídica do país que, indelevelmente, já incorporou o princípio da responsabilidade objetiva para proteção dos chamados direitos ou interesses difusos e coletivos. Além do mais, o receio não pode representar o embaraço derradeiro para a necessária edição do Código Brasileiro do Meio Ambiente, hoje de importante necessidade, como instrumento-chefe do ordenamento jurídico de combate à poluição. (Oliveira, 1997, p. 87-90)

Desta feita, em consonância com as ideias defendidas por Oliveira (1997), tem-se que a falta de um verdadeiro "Código ambiental", no Brasil, acarreta uma série de problemas (e até mesmo conflitos normativos e atribuições de competência) em questões de matéria ambiental, algumas delas cuja atualidade, complexidade e gravidade é latente nos tempos atuais.

CONSIDERAÇÕES FINAIS

Embora a legislação ambiental brasileira seja considerada abrangente e bastante rica em detalhes, ainda carece de um esforço no sentido de amenizar os diversos conflitos normativos que acabam causando dúvidas aos que fazem a gestão e aos que acompanham as ações na forma de fiscalização.

Por todo o exposto, como a missão do Direito Ambiental, nas palavras de Milaré (1999, p. 37), é "conservar a vitalidade, a diversidade e a capacidade de suporte do planeta Terra, para usufruto das presentes e futuras gerações", considera-se, aqui, que dificilmente algo seria mais urgente para os juristas e legisladores nacionais (juntamente com os governantes, a classe política e a própria sociedade) do que uma discussão séria sobre o compilamento e a posterior codificação das leis ambientais, como forma de se ter um único diploma legal no país, que seja ao mesmo tempo dinâmico e moderno, para atender, enfim, de maneira clara e precisa, toda a demanda que as questões ambientais ensejam nos tempos presentes.

EXERCÍCIOS

1. Nas Ordenações Afonsinas é possível identificar várias questões relacionadas à sustentabilidade, mesmo em tempos remotos do Brasil. Identifique e comente alguns exemplos.
2. Faça um breve histórico sobre a evolução dos principais acontecimentos que nortearam o modelo atual de valorização do meio ambiente.
3. De forma geral, quais as características da legislação ambiental brasileira e de seu cumprimento?

REFERÊNCIAS

ANDRADE, R.C. Execução ou Ação Civil Pública: por uma atuação preventiva do Ministério Público na proteção do meio ambiente. *Revista de Direito Ambiental*. n.14, abr./jun. 1999. São Paulo: Editora Revista dos Tribunais.

AKAOUI, F.R.V. *Compromisso de ajustamento de conduta ambiental*. 2.ed. São Paulo: Revista dos Tribunais, 2008.

AQUINO, R.S.L. *Sociedade brasileira: uma história através dos movimentos sociais*. 2.ed. Rio de Janeiro: Record, 2000.

BENJAMIN, A.H.V. A proteção do meio ambiente nos países menos desenvolvidos: o caso da América Latina. *Revista de Direito Ambiental*. n. 0, 1995. São Paulo: Revista dos Tribunais.

_____. Introdução ao Direito Ambiental Brasileiro. *Revista de Direito Ambiental*. n.14, abr./jun. 1999. São Paulo: Revista dos Tribunais.

BORGES, R.C.B. Função ambiental da propriedade. *Revista de Direito Ambiental.* n.9, jan./mar. 1998. São Paulo: Editora Revista dos Tribunais.

BOXER, C.R. *A Idade de Ouro do Brasil: dores de crescimento de uma sociedade colonial.* 3.ed. Rio de Janeiro: Nova Fronteira, 2000.

BRASIL. Constituição da República Federativa do Brasil: promulgada em 5 de outubro de 1988. Obra coletiva de autoria da Editora Saraiva com a colaboração de Antonio Luiz de Toledo Pinto, Márcia Cristina Vaz dos Santos Windt e Luiz Eduardo Alves de Siqueira. 24.ed. São Paulo: Saraiva, 2000 (Coleção Saraiva de Legislação).

_____. Lei n. 4.771, de 15 de setembro de 1965. Institui o novo Código Florestal. Diário Oficial da União, Brasília, DF, 15 set. 1965. Disponível em: <http://www.planalto.gov.br/ccivil_03/leis/L4771.htm>. Acessado em: 18 maio 2012.

_____. Lei n. 5.357, de 17 de novembro de 1967. Estabelece penalidades para embarcações e terminais marítimos ou fluviais que lançarem detritos ou óleo em águas brasileiras, e dá outras providências. Diário Oficial da União, Brasília, 17 nov. 1967.

_____. Lei n. 6.567, de 24 de setembro de 1978. Dispõe sobre regime especial para exploração e o aproveitamento das substâncias minerais que especifica e dá outras providências. Diário Oficial da União, Brasília, DF, 24 set. 1978. Disponível em: <http://www.planalto.gov.br/ccivil_03/leis/L6567.htm>. Acessado em: 18 maio 2012.

_____. Lei n. 6.766, de 19 de dezembro de 1979. Dispõe sobre o Parcelamento do Solo Urbano e dá outras Providências. Diário Oficial da União, Brasília, DF, 19 dez. 1979. Disponível em: <http://www.planalto.gov.br/ccivil_03/leis/L6766.htm>. Acessado em: 18 maio 2012.

_____. Lei n. 6.803, de 2 de julho de 1980. Dispõe sobre as diretrizes básicas para o zoneamento industrial nas áreas críticas de poluição, e dá outras providências. Diário Oficial da União, Brasília, DF, 2 jul. 1980. Disponível em: <http://www.planalto.gov.br/ccivil_03/leis/L6803.htm>. Acessado em: 18 maio 2012.

_____. Lei n. 6.938, de 31 de agosto de 1981. Dispõe sobre a Política Nacional de Meio Ambiente, seus fins e mecanismos de formulação e aplicação, e dá outras providências. Diário Oficial da União, Brasília, DF, 31 ago. 1981. Disponível em: <http://www.planalto.gov.br/ccivil_03/leis/L6938.htm>. Acessado em: 18 maio 2012.

_____. Lei n. 9.433, de 8 de janeiro de 1997. Institui a Política Nacional de Recursos Hídricos, cria a Sistema Nacional de Gerenciamento de Recursos Hídricos, regulamenta o inciso XIX do art. 21 da Constituição Federal, e altera o art. 1º da Lei n. 8.001, de 13 de março de 1990, que modifica a Lei n. 7.990, de 28 de dezembro de 1989. Diário Oficial da União, Brasília, DF, 8 jan. 1997. Disponível em: <http://www.planalto.gov.br/ccivil_03/leis/L9433.htm>. Acesso em: 18 maio 2012.

_____. Lei n. 9.605 de 12 de fevereiro de 1998. Dispõe sobre as sanções penais e administrativas derivadas de condutas e atividades lesivas ao meio ambiente, e dá outras providências. Diário Oficial da União, Brasília, DF, 12 fev. 1998. Disponível em: <http://www.planalto.gov.br/ccivil_03/leis/L9605.htm>. Acessado em: 18 maio 2012.

_____. Lei n. 9.985, de 18 de julho de 2000. Regulamenta o art. 225, § 1º, incisos I, II, III da Constituição Federal, institui o Sistema Nacional de Unidades de Conservação da Natureza e dá outras providências. Diário Oficial da União, Brasília, DF, 18 jul. 2000. Disponível em: <http://www.planalto.gov.br/ccivil_03/leis/L9985.htm>. Acessado em: 18 maio 2012.

_____. Lei n. 12.305, de 2 de agosto de 2010. Institui a Política Nacional de Resíduos Sólidos. Disponível em: <http://www.mma.gov.br/port/conama/legiabre.cfm?codlegi=636>. Acessado em: 29 set. 2016.

_____. Lei n. 12.651, de 25 de maio de 2012. Dispõe sobre a proteção da vegetação nativa. 2012a. Disponível em: <http://www.planalto.gov.br/ccivil_03/_ato2011-2014/2012/lei/l12651.htm>. Acessado em: 29 set. 2016.

_____. Lei n. 12.727, de 17 de outubro de 2012. 2012b. Disponível em: <http://www.planalto.gov.br/ccivil_03/_ato2011-2014/2012/lei/L12727.htm>. Acessado em: 29 set. 2016.

COMPARATO, F.K. *A afirmação histórica dos direitos humanos*. 3.ed. São Paulo: Saraiva, 2003.

DERANI, C. *Direito ambiental econômico*. 3.ed. São Paulo: Saraiva, 2008.

DIAS, R. *Gestão ambiental: responsabilidade social e sustentabilidade*. São Paulo: Atlas, 2006.

DINIZ, M.H. *Dicionário jurídico*. v. 3. São Paulo: Saraiva, 1998.

DONATO, H. *Brasil 5 séculos*. São Paulo: Academia Lusíada de Ciências, Letras e Artes, 2000.

FARIAS, T. *Licenciamento ambiental: aspectos teóricos e práticos*. Belo Horizonte: Editora Fórum, 2007.

FIORILLO, C.A.P. *Curso de Direito ambiental brasileiro*. 9.ed. São Paulo: Saraiva, 2008.

GOMES, M.T.S. A responsabilidade civil na tutela do ambiente – panorâmica do Direito português. *Revista de Direito Ambiental*. n.4, out./dez. 1996. São Paulo: Revista dos Tribunais.

GRANZIERA, M.L.M. *Direito de águas: disciplina jurídica das águas doces*. São Paulo: Atlas, 2001.

KELSEN, H. *Teoria pura do Direito*. 6.ed. São Paulo: Martins Fontes, 2003.

MILARÉ, E. Por um reordenamento jurídico-ambiental. *Revista de Direito Ambiental*. n. 9, jan./mar. 1998. São Paulo: Revista dos Tribunais.

_____. Direito do ambiente: um direito adulto. *Revista de Direito ambiental*. n. 15, jul./set. 1999. São Paulo: Revista dos Tribunais.

MORAES, L.C.S. *Curso de Direito ambiental*. São Paulo: Atlas, 2001.

NOGUEIRA, S.D. *Resumo de Direito ambiental*. Leme: BH Editora, 2008.

OLIVEIRA, S.S. A necessidade de codificação das leis ambientais no Brasil como forma de garantir a eficaz proteção ambiental do cidadão. *Revista de Direito Ambiental*. n. 7, jul./set. 1997. São Paulo: Revista dos Tribunais.

PHILIPPI JR, A. (Ed.) *Saneamento, saúde e ambiente: fundamentos para um desenvolvimento sustentável*. Barueri: Manole, 2004. 864p.

PRADO, A.R.M. *Proteção penal do meio ambiente: fundamentos*. São Paulo: Atlas, 2000.

ROBERTS, J.M. *O livro de ouro da história do mundo: da pré-história à idade contemporânea*. 4.ed. Rio de Janeiro: Ediouro, 2001.

SEIFFERT, M.E.B. *Gestão ambiental: instrumentos, esferas de ação e educação ambiental*. São Paulo: Atlas, 2007.

SOARES, G.F.S. *Direito internacional do meio ambiente*. São Paulo: Atlas, 2001.

WAINER, A.H. Legislação ambiental brasileira: evolução histórica do direito ambiental. *Revista de Direito Ambiental*. n. 0, 1995. São Paulo: Revista dos Tribunais.

3 | Gestão do meio ambiente

Eloisa Jendiroba
Sonia Valle Walter Borges de Oliveira

INTRODUÇÃO

A gestão ambiental, amparada pela atuação do Estado e do mercado e incentivada pela sociedade, apresenta evolução ao longo dos últimos anos (Fiori e Montaño, 2007). Para o Instituto Brasileiro de Geografia e Estatística, "as práticas relacionadas à gestão ambiental remetem-se sempre à sustentabilidade". Esse conceito está associado ao desenvolvimento sustentável, que envolve ideias de pacto entre gerações e perspectivas de resultados no longo prazo (IBGE, 2004, p. 290).

Quintas (2006, p. 30) reflete sobre o conceito de gestão ambiental:

> Gestão ambiental, portanto, é vista aqui como o processo de mediação de interesses e conflitos (potenciais ou explícitos) entre atores sociais que agem sobre os meios físico-natural e construído, objetivando garantir o direito ao meio ambiente ecologicamente equilibrado, conforme determina a Constituição Federal.

Nesse contexto, a gestão ambiental apresenta na sociedade atual duas dimensões: uma de intervenção, gerando mudanças no meio ambiente, e outra de gestão, para a tomada de decisões a partir de uma escala de valores. "Ambas com base nos parâmetros da sustentabilidade como novo valor social positivo" (Pol, 2003, p. 235). Quando o enfoque é ambiental, trata-se do prolongamento do uso produtivo dos recursos naturais, "denominação aplicada a todas as matérias-primas, tanto aquelas renováveis como as não renováveis, obtidas diretamente da natureza, e aproveitáveis pelo homem" (IBGE, 2004, p. 266).

Os recursos naturais são insumos que podem ser utilizados por meio de uma determinada tecnologia de que os organismos, as populações e os ecossistemas necessitam para sua sobrevivência. Portanto, os recursos naturais e a economia interagem quando o recurso é utilizado com interesse e viabilidade econômica.

Considera-se que um bem se torna um recurso natural quando sua exploração, seu processamento e sua utilização não causam danos ao meio ambiente. Assim, na definição de recurso natural, estão relacionados três tópicos: tecnologia, economia e meio ambiente. O fato de não se ter levado em conta o meio ambiente nas últimas décadas contribuiu para o aparecimento de problemas de ordem ambiental, o que provocou efeitos globais (Braga et al., 2006).

Os recursos naturais podem ser classificados como renováveis e não renováveis. Os renováveis são os que, depois de utilizados, ficam novamente disponíveis devido aos ciclos naturais, como a água, a biomassa, o ar e a energia eólica. Os recursos não renováveis são aqueles que, depois de utilizados, não poderão ser reaproveitados. Há situações em que os recursos renováveis passam a ser não renováveis, quando a sua taxa de utilização supera a máxima capacidade de sustentação do sistema. O resultado dessa utilização é a depleção do recurso, que era renovável, até níveis que inviabilizam a sua renovação (Braga et al., 2006).

Segundo o *Diário Oficial* (Brasil, 1981), recursos ambientais são a atmosfera, as águas anteriores, superficiais e subterrâneas, os estuários, o mar territorial, o solo, o subsolo, os elementos da biosfera, a fauna e a flora. É válido considerar que os recursos sejam descritos dessa forma quando se pretende verificar quais os impactos resultantes da ação do homem em suas atividades de sobrevivência e geração de riqueza, e contam com o meio ambiente para sua realização (Medauar, 2002).

À medida que os recursos são utilizados, é necessário que se monitore o ambiente para que não se chegue à exaustão, a ponto de alterar o ecossistema, que é ainda imperativo à continuidade da vida, às interações entre organismos vivos e, consequentemente, à manutenção das atividades antrópicas de forma geral.

É necessário destacar os serviços ambientais disponibilizados pelos recursos naturais, que devem ser considerados bens a serem protegidos. Os serviços ambientais são as condições benéficas do ambiente proporcionadas pelos recursos naturais e sua interação com o meio ambiente. Se esses recursos naturais fossem considerados e escassos, dificultariam a sobrevivência do homem.

Os recursos naturais são classificados por tipo, para que se analise o valor de cada um, embora seja o conjunto dos recursos que determina o equilíbrio do ambiente. Assim, os recursos naturais são classificados em recursos hídricos, recursos vegetais, recursos minerais e recursos atmosféricos. A análise proposta visa elucidar o valor de cada tipo e seu significado na gestão ambiental.

Para a sustentabilidade ambiental, os recursos naturais renováveis devem ser usados abaixo da capacidade de reposição, e os não renováveis, de forma parcimoniosa e eficiente, aumentando sua expectativa de vida útil. Relacionada à energia, a sustentabilidade preconiza a substituição de combustíveis fósseis e energia nuclear por fontes renováveis, como a energia solar, a eólica, das marés, da biomassa. Assim, "a sustentabilidade ambiental é caracterizada pela manutenção da capacidade do ambiente de prover os serviços ambientais e os recursos necessários ao desenvolvimento das sociedades de forma permanente" (IBGE, 2004, p. 291).

Mota (2001) concorda que o conceito de sustentabilidade encontra-se atrelado ao desenvolvimento sustentável e, por isso, deve-se considerar o aumento da produção racional e o bem-estar social com forte atuação do Estado como produtor e distribuidor de recursos. O objetivo último do desenvolvimento sustentável deve ser comum a toda a humanidade, "os objetivos imediatos, as estratégias e a orientação das ações para alcançá-los podem ser específicos de cada lugar" (Pol, 2003, p. 235).

Mas, apesar das iniciativas dos avanços tecnológicos no tratamento de efluentes e do desenvolvimento de novas tecnologias antipoluição visando ao desenvolvimento sustentável, os rumos estratégicos do planeta vêm se orientando mais para a resolução de problemas emergenciais, decorrentes do modo de produção atual, do que para uma nova consciência quanto à sustentabilidade (Rohrich e Cunha, 2004).

Alguns países precisaram adotar, como medida para melhorar o desempenho ambiental, legislação específica a fim de minimizar os impactos ambientais de suas atividades econômicas. Isso porque, em vários países, a reorientação econômica para o exterior, principalmente nos países subdesenvolvidos, foi à custa de uma quase inexistente legislação ambiental, de uso de recursos naturais e de medidas antipoluição (Mota, 2001).

Países em desenvolvimento, como o Brasil, cuja legislação protege os recursos naturais, não cumprem na prática essa legislação. O Estado brasileiro não dispõe de mecanismos eficazes de fiscalização e de controle necessários para deter o processo de devastação. Observa-se aumento intensivo do uso dos recursos naturais e deterioração ambiental nesses países a partir das orientações de política macroeconômica (Mota, 2001).

O conceito de sustentabilidade é abrangente e se aplica a políticas públicas e a ações do governo, ao trabalho de institutos e organizações não governamentais, a ações ligadas ao desenvolvimento urbano e aos setores agrícola, industrial, comercial e de serviços (Amaral, 2004). Para alcançar a sustentabilidade é necessário avaliar a realidade dos recursos naturais envolvidos. Essa avaliação se refere à qualidade e à quantidade dos recursos e a seu significado no contexto ambiental, visando identificar as questões que requerem medidas para a manutenção desses recursos.

Para a gestão de recursos naturais é necessário, primeiro, conhecer as possibilidades de uso industrial e comercial do recurso natural para considerar um uso adequado, que garanta a sustentabilidade. Conceitos como preservação e conservação devem ser difundidos para que se possa compreender qual o alcance das medidas recomendadas e a finalidade da avaliação dos recursos envolvidos nas atividades a serem consideradas para a sustentabilidade e para o posterior desenvolvimento sustentável, como postula o IBGE (2004, p. 84):

> A conservação do ambiente implica na utilização racional dos recursos naturais renováveis (ar, água, solo, flora e fauna), e a obtenção de ren-

dimento máximo dos não-renováveis (jazidas minerais), de modo a produzir o maior benefício sustentado para as gerações atuais, mantendo suas potencialidades para satisfazer as necessidades das gerações futuras.

Conservação não é sinônimo de preservação, pois aquela está voltada para o uso humano da natureza, em bases sustentáveis, enquanto a preservação visa à proteção das espécies, hábitats e ecossistemas no longo prazo (IBGE, 2004).

GESTÃO DOS RECURSOS NATURAIS

A gestão dos recursos naturais envolve identificação dos tipos de recursos disponíveis no ambiente considerado, seu uso e impacto de utilização, além das possibilidades de adoção de medidas para a sua conservação e, em caso necessário, para sua recuperação.

Discute-se, em diversas áreas do conhecimento, que o modelo tradicional de desenvolvimento tem comprometido a vida no planeta, impactando negativamente a economia de muitas nações e afetando a manutenção dos recursos naturais para as gerações futuras (Aligleri, 2011).

Recursos hídricos

A estreita relação entre água e vida era conhecida por cientistas e filósofos desde os primórdios das civilizações, como mostram os registros históricos. Tales de Mileto, um dos sete sábios da Grécia Antiga, no ano 600 a.C., considerava que a água era a origem de todas as coisas. Ele e seus seguidores defendiam a existência de um "princípio único" para a natureza primordial, afirmando que o mundo evolui da água por processos naturais (Brasil, 2006b).

Leonardo da Vinci, na Renascença, considerado um gênio da história devido a sua variedade de talentos para ciências e artes, referia-se à água como "o veículo da natureza, o sangue do planeta, o nutriente de todos os seres vivos" (Brasil, 2006b, p. 7).

De acordo com o Ministério do Meio Ambiente (Brasil, 2006b), esses conceitos advinham do convívio com a natureza, de observações e conhecimentos científicos limitados, e foram reafirmados à luz da moderna ciência que postula que a vida na Terra emergiu das águas por meio da evolução da primeira célula viva.

A importância do recurso hídrico é extrema, pois ele é indispensável a todas as atividades humanas, ou seja, abastecimento doméstico, abastecimento industrial, irrigação, dessedentação de animais, preservação da flora e da fauna, recreação e lazer, geração de energia elétrica, navegação e diluição de despejos.

Descritos como "a quantidade das águas superficiais e subterrâneas, presentes em uma região ou bacia, disponíveis para qualquer tipo de uso" (IBGE, 2004, p. 266), os recursos hídricos podem ser subdivididos em dois grupos: aqueles em que há a retirada de água das coleções hídricas e aqueles em que o uso não exige a retirada do recurso. As águas superficiais correspondem às dos rios, lagoas, nascentes e corpos d'água em geral. Essas águas são utilizadas nas atividades de lazer e recreação, na preservação de espécies vegetais e animais, na geração de energia, no transporte e na diluição de despejos. As águas subterrâneas são aquelas que estão sob a superfície do solo, no lençol freático, em reservatórios subterrâneos, como nos aquíferos, e geralmente necessitam de sistema de perfuração e bombeamento para sua retirada. Nesse caso, ocorre a retirada das águas para utilização em abastecimento público e industrial, consumo por parte dos animais e atividades agrícolas (Derisio, 2000).

Nos dois subgrupos, o uso contínuo da água, que não ofereça risco à sobrevivência do homem e de suas atividades, depende de sua qualidade e de sua quantidade. A qualidade da água está diretamente relacionada à quantidade de água existente para dissolver, diluir e transportar as substâncias benéficas e maléficas para os seres que compõem as cadeias alimentares (Derisio, 2000).

De acordo com o Ministério do Meio Ambiente (Brasil, 2006b), a agricultura é a atividade econômica responsável por 80% da água consumida no planeta. Apenas nos países mais industrializados, como Estados Unidos e alguns países europeus, a indústria supera esse consumo.

> No Brasil, dos 840 mil litros retirados dos mananciais brasileiros por segundo, 69% são utilizados para a irrigação, diante de 11% para o consumo urbano, 11% para o consumo animal, 7% para as indústrias e 2% para a população rural (Brasil, 2006b, p. 53).

Quanto à quantidade, a água pode apresentar problemas de escassez e estiagens ou cheias. No que diz respeito à qualidade, os problemas a serem controlados são a poluição e a contaminação. Ambos os aspectos são influenciados pelas condições climáticas e pelas atividades humanas. Práticas inadequadas de construções civis e a agricultura podem causar, por exemplo, problemas de erosão e, consequentemente, assoreamento dos rios, provocando enchentes em períodos de alta precipitação pluviométrica.

Com planejamento e adaptação, pode-se armazenar a água da chuva e aproveitar lençóis freáticos e poços para organizar o consumo das comunidades. Nesse sentido, o Quadro 3.1 exibe diferentes tipos e usos dos recursos hídricos e o conceito de utilidades da água para os diferentes usos.

Quadro 3.1: Tipos e usos dos recursos hídricos.

Denominação	Tipo de recurso hídrico	Utilização
Água para a família	Cisterna de captação da água da chuva ou um eventual poço raso ao pé da casa.	Armazenar água para beber, para lavar louça, para banho.
Água da comunidade	Uma aguada boa, profunda, uma pequena terragem e um caixio.	Armazenar água para tomar banho, para os animais, para molhar uma pequena horta.
Água de emergência	Poços profundos, se a geologia permitir, ou barragens largas e profundas.	Localizada estrategicamente entre vários povoados, pode armazenar água para todas as necessidades.
Água para a agricultura	Captação de água da chuva em sulcos em curva de nível, cobertura seca; barragens subterrâneas; reservatório para irrigação de salvação.	Impedir que a chuva escorra; aumentar o tempo de permanência da água no solo; contribuir na irrigação de emergência, em períodos entre chuvas, para fornecer água às raízes das plantas.

Fonte: Brasil (2006b, p. 63).

Nas regiões semiáridas, no Sertão e nas periferias das cidades, o convívio com a escassez e com a péssima qualidade da água por décadas amalgamaram a cultura dessas comunidades e incentivaram as migrações. Para o Ministério do Meio Ambiente (Brasil, 2006b), durante muito tempo a distribuição de água foi arma política de governantes corruptos. Transformada em mercadoria, o acesso a ela era trocado por votos.

> Água de jegue ou de caminhão pipa é uma realidade que está sendo deixada para trás nas áreas de seca em nosso país. A construção de barraginhas, o programa Um Milhão de Cisternas da Articulação do Semi-árido com apoio do governo federal, os programas de Agricultura Familiar Orgânica com Irrigação vêm criando uma nova cultura no semiárido, a de que é possível conviver com o clima. Resgatando conhecimentos tradicionais, acoplando-os à pesquisa e à ciência avançada, programas e projetos que plantam água são promovidos por governos, empresas, sociedade civil e universidades e têm melhorado significativamente os índices de desenvolvimento humano na região. (Brasil, 2006b, p. 25)

À medida que os recursos apresentem redução em sua quantidade, podem ser observados limites para o crescimento de cidades e o desenvolvimento econômico, por exemplo. Por isso, a gestão da quantidade de água é essencial para que se mantenham os níveis de consumo controlados.

Para uma situação de redução de qualidade, pode haver uma limitação no desenvolvimento de algumas atividades, em função da necessidade de água purificada, inviabilizando o custo de produção pelas medidas de tratamento a serem adotadas. Quando a água não é de boa qualidade, pode oferecer riscos à saúde humana e comprometer a qualidade de vida de pessoas e comunidades, principalmente daqueles que não têm acesso a sistemas de tratamento.

Para esses dois casos, é necessário o controle de retirada do recurso hídrico avaliando-se as possibilidades e as necessidades dessa retirada. Esse processo já é realizado quando se exige a outorga de uso de água: comprovando-se a real necessidade de uso, é concedido o volume razoável para a atividade outorgada. São exigidas as autorizações para captação de águas superficiais e subterrâneas.

Esse sistema de controle de retirada encontra-se em funcionamento e é de gerenciamento regional; assim, quando o órgão responsável não realiza adequadamente o licenciamento, ele pode comprometer todo o sistema de controle, exaurindo o recurso e comprometendo os demais usos na região.

Com relação à qualidade da água, estão sendo implantadas medidas de monitoramento que exigem a análise da água disponível e utilizada nas atividades antrópicas, assim como dos despejos que são lançados em corpos d'água, visando limitar a sobrecarga de resíduos nas coleções hídricas.

Há um sistema de classificação que estabelece os padrões de qualidade para enquadrar os diferentes tipos de águas em determinadas classes; existindo essas classes de padrões para despejo, fica viabilizada a manutenção da qualidade destes, mesmo com o desenvolvimento de atividades antrópicas. O sistema também está em vigor em âmbito nacional, por meio da Resolução Conama 357, de 17 de março de 2005, e de suas alterações, Resolução Conama 410, de 5 de maio de 2009, e Resolução Conama 430, de 13 de maio de 2011. Ainda verificam-se falhas em sua execução, falta fiscalização para que a qualidade da água não seja comprometida; mas as diretrizes já estão definidas.

Percebe-se, portanto, que as medidas para controle de uso e conservação da água já estão estabelecidas. A conscientização dos usuários é imperativa para que o sistema funcione, assim como a devida punição àqueles que não estejam cumprindo as determinações legais, em qualquer que seja o nível de atuação, ou seja, privado ou público.

Recursos vegetais

Os recursos vegetais consistem em uma forma de vida que compõe o ambiente e interage com os demais recursos naturais. Constituem paisagem de uma área e têm como função recobrir a superfície do solo, protegendo-o. Os vegetais se prestam a alimentar várias espécies de organismos vivos, servem de refúgio e abrigo a animais. Servem também de matérias-primas para atividades do homem – como a madeira e outros produtos não madeireiros –, proporcionam estabilidade climática local, contribuindo para as trocas de gases nos ambientes e para o conforto térmico. Pela importância na vida do homem e das demais espécies, a vegetação deve ser protegida, com ações de conservação e preservação.

A proteção dos recursos vegetais nativos está prevista em legislação em âmbito nacional. Essa é uma medida adotada para o controle da supressão ou retirada de vegetação nativa de áreas visadas à implantação de atividades antrópicas, com objetivos econômicos ou não. A vegetação nativa não pode ser retirada, em qualquer local do país, sem a devida autorização; quando há a solicitação de supressão dessa vegetação, é necessário verificar seus objetivos. Avaliam-se os casos em que é imprescindível uma medida de reposição da vegetação por meio de operações de manejo vegetal, plantio e reflorestamento. As áreas protegidas que estiverem degradadas deverão ser recuperadas com monitoramento até que se restabeleça o equilíbrio dessa área como ecossistema.

As áreas protegidas são aquelas em que se considera que a intervenção humana pode trazer prejuízos para a manutenção dos recursos e, indiretamente, para o ambiente. As áreas a serem protegidas são aquelas em que existe ou deve existir vegetação nativa da região, e sua proteção ou recuperação, caso esteja degradada, está prevista na legislação. Pode-se citar, entre elas, a área de preservação permanente e a Reserva Legal.

De acordo com o Código Florestal Brasileiro, Lei n. 12.651, de 25 de maio de 2012 (Brasil, 2012, p. 1), área de preservação permanente (APP) é uma área protegida, coberta ou não por vegetação nativa, com a função ambiental de preservar os recursos hídricos, a paisagem, a estabilidade geológica e a biodiversidade, facilitar o fluxo gênico de fauna e flora, proteger o solo e assegurar o bem-estar das populações humanas. Já a área protegida definida como reserva legal é uma área localizada no interior de uma propriedade ou posse rural, delimitada de acordo com o bioma, com a função de assegurar o uso econômico de modo sustentável dos recursos naturais do imóvel rural, auxiliar a conservação e a reabilitação dos processos ecológicos e promover a conservação da biodiversidade, bem como o abrigo e a proteção de fauna silvestre e da flora nativa.

As APP são aquelas ao longo dos rios ou de qualquer curso d'água, desde a borda da calha do leito regular, em faixa marginal de larguras mínimas definidas, de acordo com a largura do corpo d'água, variando entre 30 e 500 m. São ainda APP as faixas ao redor de lagoas, lagos ou reservatórios d'água naturais e artificiais, e de nascentes, ainda que intermitentes, e dos chamados "olhos d'água"; nesse caso, é considerada uma faixa de 50 m ao redor.

Essas faixas ao redor dos corpos d'água são conhecidas como matas ciliares e correspondem à vegetação predominantemente arbórea que acompanha a margem dos rios (IBGE, 2004). As matas ciliares estão diretamente relacionadas ao controle de erosão, à recarga de aquíferos, à alimentação de fauna aquática; atuam até como cortina, impedindo que agrotóxicos sejam levados diretamente para os mananciais. Quando interligam reservas florestais têm papel importante na manutenção da biodiversidade (Bononi, 2004).

Os topos de morros, montes, montanhas, serras, as encostas com declividade superior a 45° (equivalente a 100% na linha de maior declive), as restingas, como fixadoras de dunas ou estabilizadoras de mangues, são estabelecidos como APP. São incluídas ainda as bordas de tabuleiros ou chapadas, a partir da linha de ruptura do relevo, em faixa nunca inferior a 100 m em projeções horizontais, em altitude superior a 1.800 m, qualquer que seja a vegetação (Brasil, 2012).

Em áreas urbanas, as áreas de vegetação protegidas deverão ser consideradas de acordo com os planos diretores e as leis de uso do solo, segundo a lei mencionada (Código Florestal Brasileiro, Lei n. 12.651, de 25 de maio de 2012) (Brasil, 2012).

Consideram-se ainda como APP, quando declaradas por ato do Chefe do Poder Executivo, as florestas e demais formas de vegetação natural destinadas a atenuar a erosão das terras, a fixar dunas, a formar faixas de proteção ao longo de rodovias e ferrovias, a auxiliar a defesa do território nacional a critério das autoridades militares, a proteger exemplares da fauna ou flora ameaçados de extinção, a manter o ambiente necessário à vida das populações silvícolas, a assegurar condições de bem-estar público e a proteger áreas úmidas, especialmente as de importância internacional (Brasil, 2012).

Em relação às áreas de Reserva Legal, as porcentagens de área variam em função da composição da vegetação presente, e a maior proporção de reserva está em áreas que contenham a vegetação amazônica, localizada na Amazônia Legal. Por Amazônia Legal entendem-se os estados do Acre, Pará, Amazonas, Roraima, Rondônia, Amapá e Mato Grosso, e regiões situadas ao norte do paralelo 13° S, dos estados de Tocantins e Goiás, e ao oeste do meridiano de 44° W, do estado do Maranhão.

Observa-se que o Código Florestal (Brasil, 2012) propõe preservação de parte das áreas rurais e tem um caráter de abrangência significativo sobre a vegetação nativa, para todo o País, com objetivos claros de proteger faixas de vegetação nativa.

Em regiões com redução drástica da vegetação, como cobertura do solo, na maior parte dos casos, as áreas verdes protegidas representam fragmentos do que restou dos ecossistemas, não existindo relação entre seus objetivos e as funções que desempenham para a vida humana. Muitos parques urbanos são importantes para absorção das águas das chuvas, funcionando como tampão no caso de enchentes. Isso não impede que elas sejam utilizadas para o lazer e esporte de todas as faixas sociais e idades (Bononi, 2004).

Além das áreas de preservação estabelecidas no Código Florestal, há as áreas conhecidas como Unidade de Conservação, com um sistema nacional estabelecido por lei específica (Lei n. 9.985, de 18 de julho de 2000) (Brasil, 2000) para garantir que essas áreas se mantenham. As Unidades de Conservação fora do meio urbano têm maior significado na proteção da biodiversidade, garantindo a sua existência para a sobrevivência das gerações futuras. Seu tamanho e sua situação geográfica podem dar a elas maior ou menor significado ecológico (Bononi, 2004).

As Unidades de Conservação possuem critérios e normas para sua criação, implantação e gestão. Define-se como Unidade de Conservação o espaço territorial e seus recursos ambientais, incluindo as águas jurisdicionais, com características naturais relevantes, legalmente instituídos pelo poder público, com objetivos de conservação e limites definidos, sob regime especial de administração, ao qual se aplicam garantias adequadas de proteção (Brasil, 2000).

As categorias de Unidades de Conservação integrantes do Sistema Nacional de Unidades de Conservação (Snuc), estabelecido pela Lei n. 9.985, de 18 de julho de 2000, estão divididas em dois grupos. O primeiro representa as unidades de proteção integral, e o segundo grupo refere-se às unidades de uso sustentável cujo objetivo básico é compatibilizar a conservação da natureza com o uso sustentável de parcela dos seus recursos naturais.

A proteção integral refere-se à manutenção dos ecossistemas livres de alterações causadas por interferência humana, admitindo apenas o uso indireto dos seus atributos naturais. O objetivo dessa categoria é preservar a natureza, admitindo-se apenas o uso indireto de seus recursos naturais. Já as unidades de uso sustentável são áreas de relevante interesse ecológico, floresta nacional, reserva extrativista, reserva de fauna, reserva de desenvolvimento sustentável e reserva particular de patrimônio natural. Assim como ocorre para os tipos de unidades de proteção integral, o acesso a uso dessas áreas é estabelecido em requisitos legais, que podem ser em âmbito federal, estadual ou municipal (Brasil, 2000).

Com parte dos recursos vegetais protegidos, por meio de lei, esperava-se que não sofressem degradação de forma a comprometer os benefícios ambientais por eles providos. O que se viu, e ainda se vê, ao longo das últimas décadas, após o estabelecimento do antigo Código Florestal (Lei n. 4.771, de 15 de setembro de 1965, revogada pela Lei n. 12.651, de 25 de maio de 2012), é o desmatamento com pouco controle das reservas vegetais. A reposição dos indivíduos retirados é mínima, em função da falta de conscientização, pelo valor monetário da madeira, pelas dificuldades de fiscalização e pelos incentivos no desenvolvimento de algumas atividades econômicas.

Há programas regionais e estaduais que buscam o controle do que resta da vegetação nativa e ainda podem contribuir com o ambiente. Esses programas, porém, se desenvolvem no médio e no longo prazo, percebendo-se grande demora no aparecimento de resultados.

Deve-se destacar que os recursos vegetais proveem serviços ambientais já reconhecidos e por isso devem ter ações para a sua manutenção e proteção. Os serviços ambientais conhecidos são melhoria da qualidade do ar, controle climático, equilíbrio de distúrbios do meio, controle de suprimento de água, controle de erosão e retenção de sedimentos, formação de solo, ciclagem de nutrientes, tratamento de resíduos, polinização, controle biológico, refúgio da fauna, produção de alimentos, produção de matéria-prima, recursos genéticos, recreação, cultural. A falta desses serviços poderá dificultar o desenvolvimento e a sobrevivência do homem futuramente (Bononi, 2004).

Recursos minerais

Solo é a formação natural que resulta essencialmente da interação dos processos físicos, químicos e biológicos sobre as rochas superficiais da crosta terrestre, que contém os minerais (Derisio, 2000). Já o mineral é "o elemento ou composto químico de ocorrência natural formado como produto de processos inorgânicos" (IBGE, 2004, p. 217).

A retirada dos minerais ou a alteração da formação do solo, por sua ocupação e uso, pode levar a problemas de degradação e, em consequência, comprometer outros usos e atividades que nele são desenvolvidas.

Dos usos do solo, o que se destaca é o substrato para o desenvolvimento de vegetais, considerando-se a fixação dos indivíduos de diferentes espécies, portes e nutrição. O solo também é utilizado na fundação de edificações, aterros, estradas, sistemas de disposição de resíduos. É também extraído para uso na construção em geral e na manufatura de objetos diversos, como de armazenamento de combustíveis fósseis e ainda como elemento de armazenamento de água, para fins diversos com destaque para o uso da água como manancial de abastecimento público (Derisio, 2000).

Cada um desses usos provoca alterações no solo, bem como no meio ambiente, em função das influências diretas e indiretas geradas durante e após sua utilização. O uso do solo na construção civil reflete-se na urbanização e na ocupação do solo. A exploração extrativista do solo resulta em remoção de grandes quantidades de materiais e na alteração da topografia. Como consequência da atividade agrícola ocorre a aplicação de nutrientes e defensivos agrícolas no solo e a remoção sazonal da cobertura vegetal.

O principal dano decorrente da utilização do solo é a suscetibilidade à erosão, causada pela ação das águas e do vento e, consequentemente, pela remoção das partículas do solo. Essa remoção, além de produzir alterações de relevo, riscos às obras civis, remoção da camada superficial e fértil do solo, provoca também o assoreamento dos rios. Como consequência indireta ocorrem as inundações e alterações dos cursos d'água. A erosão do solo está principalmente associada a fatores como clima, tipo de solo e declividade do terreno (Derisio, 2000).

Para cada um dos usos do solo mencionados anteriormente, existem recomendações técnicas bastante conhecidas e que já poderiam estar sendo aplicadas. Existem também requisitos legais que, de alguma forma, induzem os proprietários de áreas urbanas ou rurais a conservar esse recurso natural, permitindo o desenvolvimento de atividades, sem comprometer os demais recursos e o ambiente.

Poucas são as determinações em relação ao monitoramento do uso do solo, dificultando a conservação desse recurso natural. O que se tem de conhecimento geral são as medidas de controle de uso do solo, como proibições sobre disposição de resíduos e necessidade de autorização para a extração de minerais. Os critérios para uso e ocupação estão sendo adotados mais recentemente e refletem uma visão mais voltada à questão ambiental, com vistas ao controle para o futuro.

A preocupação com a poluição do solo vem aumentando em virtude da identificação de áreas contaminadas em diferentes atividades econômicas. Essa é uma das bases para controle e conservação.

A disposição indiscriminada de resíduos no solo é uma forma de uso que tem se mostrado inadequada, uma vez que ocorre ao longo do tempo a infiltração dos líquidos gerados na decomposição dos resíduos. A esse fator se soma a fração das águas pluviais que se infiltra no solo, lixiviando e carreando substâncias para as camadas mais profundas e para os aquíferos subterrâneos, causando contaminação desses importantes mananciais de águas.

Os efeitos dos sistemas de disposição de resíduos no solo tendem a ser de natureza localizada. Ocorre também nos locais de disposição de resíduos orgânicos a geração de gás constituído basicamente de metano e gás carbônico, o que limita o suprimento de oxigênio para as camadas superficiais do aterro, causando a morte da vegetação (Derisio, 2000).

A presença de metais nos resíduos aplicados sobre o solo, quer na forma de despejos líquidos industriais, quer na forma de lodos, também pode inibir a reposição de vegetação. Essa situação se torna mais grave quando tais aplicações são efetuadas em áreas agrícolas, já que alguns metais se mostram fitotóxicos, o que pode acarretar, dependendo do volume aplicado e do nível de metais resultante no solo, a redução de produtividade (Derisio, 2000).

A falta de alternativas de baixo custo para disposição de resíduos industriais e de várias atividades econômicas leva à alternativa de disposição final sobre o solo e o encobrimento com camadas de solo. O que não se leva em consideração são os efeitos prejudiciais dessa prática para outros recursos naturais, como a água e os recursos vegetais, e em alguns casos até para a sobrevivência do homem.

As determinações atuais sobre a disposição de resíduos em áreas urbanas e rurais exigem o monitoramento das áreas. A falta de conhecimento e de conscientização e a resistência a medidas mais técnicas fazem com que sejam necessárias fiscalizações mais intensas para as determinações já em vigor.

Recursos atmosféricos

Uma das preocupações principais com relação aos recursos atmosféricos é a qualidade do ar, uma vez que os organismos vivos, em sua grande maioria, dependem dele para sobreviver. Deve-se observar que o uso indiscriminado ou abusivo do ar, em áreas geograficamente limitadas ou confinadas, gera a poluição. A poluição do ar se caracteriza pela presença ou lançamento ao ambiente atmosférico de substâncias em concentrações suficientes para interferir direta ou indiretamente na saúde, segurança e bem-estar do homem ou no pleno uso e gozo de sua propriedade (Derisio, 2000).

O principal uso do recurso natural ar serve à manutenção da vida. Todos os outros usos devem sujeitar-se à manutenção de uma qualidade de ar que não degradará aguda ou cronicamente a saúde ou bem-estar humano. Aspectos estéticos e o impacto econômico da poluição do ar e seu controle também são fatores importantes a serem focalizados (Derisio, 2000).

Para a manutenção da qualidade do ar são conhecidos sistemas de avaliação das concentrações de poluentes na atmosfera. Essas avaliações têm como propósito conhecer e comparar a atual qualidade do ar na área sob avaliação, além de subsidiar ações voltadas para o controle da poluição.

Os veículos em grande número nos grandes centros urbanos, as emissões de indústrias e as atividades que adotam sistemas de combustão são os principais responsáveis por altos teores de gases que contribuem para a poluição. A poluição poderá ser agravada pela quantidade e pela frequência de gases emitidos nas áreas ocupadas e relacionadas às atividades antrópicas. As indústrias constituem-se em fontes fixas de emissão de gases e devem adotar programas de redução de emissão e instalar equipamentos adequados aos padrões legais. Os veículos, como fontes móveis, devem ser fiscalizados em fase de licenciamento, o que atualmente percebe-se incipiente em termos de controle de poluição.

Há requisitos legais para o controle da poluição do ar e programas emergenciais para situações de alto grau de concentração de gases prejudiciais à saúde. Observa-se que os padrões são bastante conhecidos, porém há dificuldades nas medições. É necessário que os sistemas sejam verificados com frequência e que haja medidas emergenciais para o controle da poluição.

O fato de uma unidade emissora de gases, que contribua para a poluição, continuar em operação até que haja a adequação do sistema acarreta a poluição permitida e pode significar áreas com grande concentração de fontes fixas, um descontrole e muitos prejuízos para a qualidade do ar.

Nos grandes centros urbanos, há tentativas de reduzir a circulação de veículos, como o sistema de rodízios ou de limitação de acesso às áreas centrais através de cobrança de taxa ou de proibição. Com o mesmo objetivo, em áreas de saturação do ar, existem programas de melhoria da condição do ar por meio de análises periódicas de componentes gasosos e particulados. Porém, essas são medidas regionais e não resolvem ainda aos problemas de forma duradoura.

AVALIAÇÃO DE IMPACTO AMBIENTAL

A avaliação de impacto ambiental é um procedimento importante para a implantação de atividades que possam trazer riscos ao meio ambiente, incluindo não somente fauna, flora e meio físico, como também o meio antrópico. Dessa forma, deve-se determinar a área de influência do empreendimento e de suas atividades, para se avaliar todos os riscos nessa delimitação.

A avaliação de impacto ambiental é conhecida por *Environmental Impact Assessment* (EIA) e, no Brasil, é realizada pela ferramenta Estudo de Impacto Ambiental (EIA), a partir da Resolução Conama 001, de 23 de janeiro de 1986 (Conama, 1986). Nela são estabelecidas definições, responsabilidades, diretrizes e critérios para elaboração e implementação da avaliação de impacto ambiental.

O objetivo mais imediato do EIA, diretamente decorrente de sua função, é fornecer aos decisores uma indicação das prováveis consequências ambientais de suas ações (Jay et al., 2007).

De acordo com o art. 1º da referida Resolução (Conama, 1986), considera-se impacto ambiental:

> qualquer alteração das propriedades físicas, químicas e biológicas do meio ambiente, causada por qualquer forma de matéria ou energia resultante das atividades humanas que, direta ou indiretamente, afetam:

I. a saúde, a segurança e o bem-estar da população; II. as atividades sociais e econômicas; III. a biota; IV. as condições estéticas e sanitárias do meio ambiente; V. a qualidade dos recursos ambientais.

O EIA deve abranger todas as fases de um empreendimento, ou seja, planejamento, implantação, operação e desativação. Também deverá propor medidas mitigadoras e compensatórias para a área afetada. O material final deve ser composto de todas as informações que foram levantadas e analisadas, o que pode levar a um conjunto significativo de material, como textos, mapas, fotografias, gráficos e demais ilustrações, suficiente para elencar as informações mais relevantes sobre todas as fases de um empreendimento.

O Relatório de Impacto Ambiental (Rima) deverá condensar as conclusões do EIA, em "linguagem objetiva e acessível" (Braga et al., 2006, p. 253). Deve conter texto e ilustrações de forma concisa, visando facilitar a identificação das consequências ambientais e suas alternativas, comparando suas vantagens e desvantagens. O Rima é disponibilizado aos participantes da audiência pública que avaliarão o empreendimento, pois favorece a compreensão pelos menos esclarecidos, o que seria difícil na linguagem do EIA.

Para a elaboração do EIA-Rima, é necessária a formação de uma equipe multidisciplinar, treinada em aplicação de técnicas como Sistemas de Informação Geográfica, métodos quantitativos e projetos gráficos, o que geralmente torna o seu custo elevado.

Segundo Jay et al. (2007), o EIA se tornou uma ferramenta internacionalmente aceita e reconhecida para a gestão ambiental, há pelo menos 35 anos; ela possibilitou uma maior consciência ambiental dentro de um padrão de desenvolvimento sustentável.

Complementando os itens anteriormente abordados, é importante salientar o papel do EIA-Rima dentro do Princípio da Precaução, de acordo com a Declaração do Rio na Conferência Rio-92, como comentam Cunha et al. (2013, p. 66): "[...] os estudos de impacto ambiental utilizam o Princípio da Precaução para preservar o meio ambiente, quando se depara com o imprevisível dentro do atual conhecimento científico".

INSTRUMENTOS DE GESTÃO AMBIENTAL

Empresas que investem em capacidade tecnológica estão mais aptas a adotar o gerenciamento ambiental, porém há diferenças entre os países desenvolvidos e os países em desenvolvimento. Para Rohrich e Cunha (2004, p. 82), "no Brasil, prevalecem as tecnologias *end-of-pipe* ou fim de tubo, que tratam os resíduos e efluentes no final do processo produtivo, consideradas tecnologias de controle".

Porém, apesar de prevalecerem ações corretivas na política ambiental brasileira, com a finalidade de cumprir a legislação, Rohrich e Cunha (2004) indicam que a gestão ambiental das empresas brasileiras está se desenvolvendo e alcançando níveis de controle que podem superar as tecnologias de controle. Uma das mudanças é o crescimento do número de organizações em busca de um Sistema de Gestão Ambiental (SGA).

Para suprir as deficiências da gestão dos recursos naturais existem ferramentas ou instrumentos que contribuem em diferentes níveis. Sobre esses instrumentos, Fiori e Montaño (2007) afirmam que alguns se sobressaem em virtude de sua aceitação pelo meio empresarial, na medida em que contribuem para o desempenho econômico e ambiental das organizações.

As ferramentas de gestão ambiental podem ser classificadas em conceituais e instrumentais. Entre as conceituais estão a contabilidade corporativa, as funções de controle, marketing, gestão da cadeia de fornecimento, gestão social, qualidade total, *sustainability balanced scorecard* e ainda sistemas de informações e gestão ambiental. Entre as instrumentais estão as ferramentas específicas de análise e avaliação de gestão de recursos humanos e as de comunicação, como a contabilidade ambiental, a auditoria ambiental e a avaliação do ciclo de vida (ACV) (Hrdlicka, 2009).

Quando existir o problema, destacam-se as situações em que cabem medidas preventivas e corretivas, como o estabelecimento de padrões de qualidade ambiental, o zoneamento ambiental, a avaliação de impactos ambientais, o licenciamento ambiental, a revisão de atividades efetiva ou potencialmente poluidoras, os incentivos à produção e instalação de equipamentos e a criação ou absorção de tecnologia, voltados para a melhoria da qualidade ambiental (Medauar, 2002).

Há também a criação de espaços territoriais especialmente protegidos pelo poder público federal, estadual e municipal, tais como áreas de proteção ambiental, de relevante interesse ecológico, e reservas extrativistas. Existem medidas de caráter administrativo que podem ser consideradas, como o Sistema Nacional de Informações sobre o Meio Ambiente e o Cadastro Técnico Federal de Atividades e Instrumentos de Defesa Ambiental. Como medidas punitivas podem ser consideradas as penalidades disciplinares ou compensatórias ao não cumprimento das medidas necessárias à preservação ou à correção de degradação ambiental (Medauar, 2002).

Esses instrumentos podem ser utilizados em diversas esferas, ou seja, federal, estadual e municipal, ou em caráter regional, diante de necessidades específicas. Nada mais são do que os instrumentos da Política Nacional do Meio Ambiente, estabelecidos através da Lei n. 6.938, de 31 de agosto de 1981.

Essa política pública tem por objetivo preservação, melhoria e recuperação da qualidade ambiental propícia à vida – visando assegurar no País condições de desenvolvimento socioeconômico –, aos interesses da segurança nacional e à proteção da dignidade da vida humana. Para isso, deve-se atender a princípios como ação governamental na manutenção do equilíbrio ecológico, considerando o meio ambiente como patrimônio público.

Princípios relativos ao uso dos recursos naturais, os incentivos ao estudo e à pesquisa de tecnologias orientadas para o uso racional e a proteção dos recursos ambientais, e o acompanhamento do estado da qualidade ambiental são também desejáveis. Há um princípio em destaque, que pode ser aplicado em todos os níveis: a educação ambiental. Dessa forma, a comunidade poderá ter participação ativa na defesa do meio ambiente.

Percebe-se que, se adotados todos esses instrumentos, estabelecidos desde a década de 1980, poderíamos ter uma qualidade ambiental superior, em função do desenvolvimento do País. As dificuldades estão ligadas a aspectos já citados na gestão dos recursos naturais, como desrespeito à legislação ambiental, fiscalização incipiente e morosidade no julgamento das ações ambientais, entre outros. Percebe-se ainda que, até hoje, as medidas, de forma geral, são corretivas, tendo-se pouco avanço em programas preventivos.

Todos os instrumentos poderiam ser utilizados e implementados no país. Para isso, seria necessário estruturar os organismos regionais para o estabelecimento de diretrizes de desenvolvimento não apenas socioeconômico como ambiental. Tais instrumentos poderiam ser aplicados no país por meio dos Planos Diretores Municipais, definindo-se medidas para o crescimento direcionado ao território municipal. No Brasil, há legislação em vigor determinando a elaboração desses planos; ao longo dos anos, poderão ser percebidos seus efeitos.

Dificuldades maiores serão encontradas para o estabelecimento de medidas corretivas em relação a problemas já existentes. Essa é uma tarefa que deve ser tomada como essencial para as instituições públicas e privadas, além da conscientização das gerações que já percebem os efeitos dos impactos ambientais pelas atividades humanas.

IMPLANTAÇÃO DA GESTÃO AMBIENTAL

Para que se possa adotar a gestão ambiental propriamente dita, em processos produtivos e atividades desenvolvidas pelo homem, deve-se aplicar o seu conceito: "um instrumento plural para regrar a relação sociedade-natureza e possui inúmeras possibilidades de ações e de resultados, dependendo da missão e dos valores do sujeito que o propõe" (Uehara et al., 2010, p. 166). Trata-se da inclusão da variável ecológica no empreendimento, objetivando harmonizar crescimento econômico, percepção dos resultados sociais decorrentes e equilíbrio na utilização dos recursos naturais (Donaire, 1999).

Para caracterizar dois extremos de um *continuum*, Uehara et al. (2010) explicam que, por um lado, a gestão ambiental pode ser conduzida à promoção de equidade pautada por uma reconciliação entre seres humanos e natureza. Por outro lado, pode ser uma ferramenta de responsabilidade socioambiental ou de "marketing verde" de uma organização, para que esta se sustente e continue a concentrar lucros àqueles que a possuem. Não se questiona a conveniência de implementação ou não da gestão ambiental, mas como implementá-la.

A estratégia deve estar presente na implantação da gestão ambiental que inicialmente visa a ganhos ambientais, mas que poderá trazer recursos posteriormente. As ações a serem adotadas para a implantação da gestão ambiental fazem parte de um programa ambiental a ser realizado por período definido. Estão distribuídas em fases de elaboração de uma política ambiental, desenvolvimento de um planejamento, implementação, medição e avaliação, análise crítica dos resultados e mensuração das melhorias.

Uma vez implantado o programa e cumpridas as metas ambientais, há uma fase de revisão do programa que enfocará a melhoria contínua do desempenho ambiental. Ao desenvolver um programa de gestão ambiental, os responsáveis pela atividade ou empreendimento irão se preocupar com todos os impactos ambientais relacionados a ele, discutindo e aplicando estratégias para a sua minimização ou eliminação.

Os impactos ambientais são alterações provocadas pelas atividades desenvolvidas pelo homem, em um ambiente considerado. Eles estão associados a aspectos ambientais, que são elementos que podem interagir com o ambiente. Entre eles podem ser citados os usos dos recursos naturais abordados em itens anteriores.

Considerando-se estes dois itens, aspectos e impactos ambientais, medidas são definidas para reduzir os impactos dentro das necessidades legais e da viabilidade técnica e econômica, em prazo condizente com a estrutura organizacional disponível. O desafio da gestão ambiental, portanto, é fazer com que o ambiente produtivo seja respeitado em termos ambientais, administrando as demandas relacionadas à produção econômica. Isso requer mudança de visão estratégica e ações de conscientização das pessoas envolvidas. Para isso, é essencial o estabelecimento de metas ambientais e de cronogramas de implementação do projeto para acompanhamento administrativo.

Outro fator determinante nesse processo é o desenvolvimento de um sistema de responsabilidades para a condução do programa, dentro de prazos estabelecidos. A conscientização é feita através de treinamentos direcionados a diferentes níveis de conhecimento ambiental das pessoas envolvidas. Há necessidade de adoção de sistemas de registro de informações que facilitem o monitoramento e a cobrança em relação aos resultados. Associado a esse item está a comunicação entre setores ou áreas que participam do programa.

Os resultados serão mensurados por meio de indicadores de desempenho ambiental, que permitirão avaliar qualquer etapa do sistema produtivo quanto às metas ambientais preestabelecidas. Os indicadores são geralmente relacionados ao uso dos recursos naturais, à geração de resíduos, ao cumprimento de restrições ambientais estabelecidas em leis e normas de controle ambiental. Assim, todas as informações descritas sobre os recursos naturais serão utilizadas na implementação do projeto de gestão ambiental.

Finalmente, deve-se considerar que a gestão ambiental está intimamente ligada ao cumprimento das restrições ambientais e aos impactos ambientais conhecidos. Os projetos ambientais voltados à gestão deverão enfocar a adequação das atividades e sistemas produtivos, com base nas políticas públicas de controle ambiental, verificando a sintonia dessas políticas com o desenvolvimento econômico. Em geral são necessários investimentos, e esse é um dos motivos que levam muitas empresas a relutar no momento da decisão.

Espera-se, porém, que em tempo breve haja maior divulgação da importância e dos benefícios que podem ser obtidos com a adoção da gestão ambiental e que essa seja uma ferramenta que valorize atividades e empresas que decidam aplicá-la.

CONSIDERAÇÕES FINAIS

Como pôde ser visto nesse capítulo, a gestão do meio ambiente, por meio da gestão ambiental, pode trazer contribuições fundamentais para a sustentabilidade, tanto do ambiente externo quanto do ambiente interno das organizações.

As atividades do ser humano precisam receber atenção em todo o seu processo, com vistas a redução de impactos ambientais, minimização do uso de recursos, substituição de recursos com foco nos renováveis e menos poluentes, conservação ambiental e redução de todos os tipos de emissões para não ser necessário tratá-las posteriormente.

O planejamento é essencial para que a gestão ambiental tenha sucesso. Somada a ele, deve-se ter uma visão do todo e sempre buscar a melhoria contínua. Essas indicações são a base do Sistema de Gestão Ambiental (SGA).

EXERCÍCIOS

1. Qual a diferença conceitual entre "preservar" e "conservar" o meio ambiente, dentro dos preceitos do desenvolvimento sustentável?

2. Para uma gestão sustentável dos recursos hídricos, quais seriam os principais focos que devem ser abordados para minimizar os danos ambientais mantendo a saúde pública e ambiental?

3. Descreva o Estudo de Impacto Ambiental, abordando sua necessidade, suas características e sua abrangência.

REFERÊNCIAS

ALIGLERI, L.M. *Adoção de ferramentas de gestão para a sustentabilidade e a sua relação com os princípios ecológicos nas empresas*. São Paulo, 2011, 179 f. Tese (Doutorado) – Faculdade de Economia, Administração e Contabilidade, Universidade de São Paulo. Disponível em: <http://www.teses.usp.br/teses/disponiveis/12/12139/tde-21062011-163621/pt-br.php>. Acessado em: 18 maio 2012.

AMARAL, S.P. *Sustentabilidade ambiental, social e econômica nas empresas: como entender, medir e relatar*. São Paulo: Tocalino, 2004.

BONONI, V.L.R. Controle ambiental de áreas verdes. In: PHILIPPI JR, A. et al. *Curso de gestão ambiental*. Barueri: Manole, 2004. p. 213-256.

BRAGA, B. et al. *Introdução à engenharia ambiental: o desafio do desenvolvimento sustentável*. São Paulo: Pearson/Prentice Hall, 2006.

BRASIL. Lei n. 6.938, de 31/08/1981. Dispõe sobre a Política Nacional de Meio Ambiente, seus fins e mecanismos de formulação e aplicação, e dá outras providências. Diário Oficial da União, Brasília, DF, 31 ago. 1981. Disponível em: <http://www.planalto.gov.br/ccivil_03/leis/L6938.htm>. Acessado em: 18 maio 2012.

_____. Lei n. 9.985, de 18/07/2000. Regulamenta o art. 225, § 1º, incisos I, II, III da Constituição Federal, institui o Sistema Nacional de Unidades de Conservação da Natureza e dá outras providências. Diário Oficial da União, Brasília, DF, 18 jul. 2000. Disponível em: <http://www.planalto.gov.br/ccivil_03/leis/L9985.htm>. Acessado em: 18 maio 2012.

_____. Lei n. 11.284, de 02/03/2006. Dispõe sobre a gestão de florestas públicas para a produção sustentável; institui, na estrutura do Ministério do Meio Ambiente, o Serviço Florestal Brasileiro (SFB); cria o Fundo Nacional de Desenvolvimento Florestal (FNDF); altera as Leis n. 10.683, de 28/05/2003, 5.868, de 12/12/1972, 9.605, de 12/02/1998, 4.771, de 15/09/1965, 6.938, de 31/08/1981, e 6.015, de 31/12/1973; e dá outras providências. Brasília: Diário Oficial da União, Brasília, DF, 02 maio 2006a. Disponível em: <http://www.planalto.gov.br/ccivil_03/_ato2004-2006/2006/lei/l11284.htm>. Acessado em: 18 maio 2012.

_____. Ministério do Meio Ambiente. Secretaria de Recursos Hídricos e Ambiente Urbano. *Ciranda das águas*. Brasília: Ministério do Meio Ambiente, 2006b. Disponível em: <www.mma.gov.br/estruturas/161/_publicacao/161_publicacao07102011101118.pdf>. Acessado em: 22 maio 2012.

_____. *Anuário estatístico: Setor metalúrgico*. Ministério de Minas e Energia. Secretária de Geologia, Mineração e Transformação Mineral. Brasília: SGM, 2010. Disponível em: <http://www.mme.gov.br/sgm/galerias/arquivos/publicacoes/Anuarios/LIVRO_Metalxrgico_WEB.pdf>. Acessado em: 24 maio 2012.

_____. Lei n. 12.651, de 25/05/2012. Institui o novo Código Florestal. Diário Oficial da União, Brasília, DF, 28 maio 2012. Disponível em: <http://www.planalto.gov.br/ccivil_03/_ato2011-2014/2012/lei/l12651.htm>. Acessado em: 24 maio 2014.

[CONAMA] CONSELHO NACIONAL DO MEIO AMBIENTE. Resolução Conama n. 001, de 23 de janeiro de 1986. Avaliação de Impacto Ambiental. Disponível em: <http://www.mma.gov.br/port/conama/res/res86/res0186.html>. Acessado em: 24 set. 2016.

_____. Resolução n. 357, de 17/03/2005. Dispõe sobre a classificação dos corpos de água e diretrizes ambientais para o seu enquadramento, bem como estabelece as condições e padrões de lançamento de efluentes, e dá outras providências. Ministério do Meio Ambiente: Brasília, 18 mar. 2005. Disponível em: <http://www.mma.gov.br/port/conama/res/res05/res35705.pdf>. Acessado em: 21 maio 2012.

CUNHA, G.F. et al. Princípio da precaução no Brasil após a Rio-92: impacto ambiental e saúde humana. *Ambiente & Sociedade* [online]. v. 16, n. 3, p. 65-82, 2013.

DERISIO, J.C. *Introdução ao controle de poluição ambiental*. São Paulo: Signus, 2000.

DONAIRE, D. *Gestão ambiental na empresa*. São Paulo: Atlas, 1999.

FIORI, D.; MONTAÑO, M. A avaliação de desempenho ambiental aplicada à gestão ambiental de empresas. *Olam Ciência & Tecnologia* [online]. v. 7, n. 2, p. 8-18, 2007. Disponível em: <http://www.periodicos.rc.biblioteca.unesp.br/index.php/olam/article/view/879>. Acessado em: 18 maio 2012.

HRDLICKA, H. *As boas práticas de gestão ambiental e a influência no desempenho exportador: Um estudo sobre as grandes empresas exportadoras brasileiras*. São Paulo, 2009, 275 f. Tese (Doutorado) – Faculdade de Economia, Administração e Contabilidade, Universidade de São Paulo. Disponível em: <http://www.teses.usp.br/teses/disponiveis/12/12139/tde-11092009-102253/pt-br.php>. Acessado em: 18 maio 2012.

[IBGE] INSTITUTO BRASILEIRO DE GEOGRAFIA E ESTATÍSTICA. *Vocabulário básico de recursos naturais e meio ambiente*. 2.ed. Rio de Janeiro: IBGE, 2004. Disponível em: <http://www.ibge.gov.br/home/presidencia/noticias/vocabulario.pdf>. Acessado em: 15 maio 2012.

JAY, S. et al. Environmental impact assessment: Retrospect and prospect. *Environmental Impact Assessment Review*. v. 27, p. 287-300, 2007.

MEDAUAR, O. (Org.). *Coletânea de legislação de Direito ambiental*. São Paulo: Revista dos Tribunais, 2002.

MOTA, C.R. As principais teorias e práticas de desenvolvimento. In: BURSZTYN, M. (Org.). *A difícil sustentabilidade: política energética e conflitos ambientais*. Rio de Janeiro: Garamond, 2001.

POL, E. A gestão ambiental, novo desafio para a psicologia do desenvolvimento sustentável. *Estudos de Psicologia*. v. 8, n. 2, p. 235-243, 2003.

QUINTAS, J.S. *Introdução à gestão ambiental pública*. Brasília: Ibama, 2006.

ROHRICH, S.S.; CUNHA, J.C. A proposição de uma taxonomia para análise da gestão ambiental no Brasil. *RAC*. v. 8, n. 4, p. 81-97, out./dez. 2004.

UEHARA, T.H.K. Pesquisas em gestão ambiental: análise de sua evolução na Universidade de São Paulo. *Ambiente & Sociedade* [online]. v. 13, n. 1, p. 165-185. 2010.

PARTE II

GESTÃO AMBIENTAL NAS ORGANIZAÇÕES

4 Sustentabilidade e empreendedorismo

Paulo Roberto Benegas de Morais
Antonio Sérgio Torres Penedo

INTRODUÇÃO

O desenvolvimento pode ser entendido como um processo dinâmico de melhoria, processo esse que implica mudanças, evolução, crescimento e avanço. O progresso gerado pelo desenvolvimento das ciências e tecnologias pode ser percebido nos mais diversos setores da economia e da vida social, como na inovação de produtos, nas redes de comunicações, na produção de combustíveis e na geração de energia. Por outro lado, todo esse progresso não evita o surgimento dos diversos impactos sociais e ambientais dele decorrentes e não impede que o modelo atual de desenvolvimento se torne simplesmente insustentável.

De acordo com Rattner (2003), a experiência das duas últimas décadas evidencia amplamente que não é o maior crescimento econômico, mas a qualidade deste, que determina a medida do aumento do bem-estar. Para discutir e propor meios de harmonizar os objetivos de desenvolvimento econômico e social e de conservação ambiental, a Comissão Mundial sobre Meio Ambiente e Desenvolvimento, criada pelas Nações Unidas em 1983 e presidida pela médica Gro Harlem Brundtland, que empresta o nome ao relatório de 1987, propôs uma definição para o chamado desenvolvimento sustentável (DS). Segundo ela, é o desenvolvimento capaz de suprir as necessidades da geração atual, sem comprometer a capacidade de atender as necessidades das futuras gerações (WCED, 1987).

Para Calder e Clugston (2003), a necessidade de edificação desses pilares colocou a educação no centro das discussões sobre a sustentabilidade de forma que a Organização das Nações Unidas para a Educação, a Ciência e a Cultura (Unesco) lançou o programa Década da Educação para o Desenvolvimento Sustentável 2005-2014. O Projeto de Implementação Internacional (PII) proposto fundamenta sociedade, ambiente, economia e cultura como os quatro elementos principais do DS. Para a Unesco (2005), cada um desses elementos pode ser analisado da seguinte maneira:

- Sociedade: uma compreensão das instituições sociais e seu papel na transformação e no desenvolvimento.
- Ambiente: a conscientização da fragilidade do ambiente físico e os efeitos sobre a atividade humana e as decisões.
- Economia: sensibilidade aos limites e ao potencial do crescimento econômico e seu impacto na sociedade e no ambiente, com o comprometimento de reavaliar os níveis de consumo pessoais e da sociedade.
- Cultura: valores, diversidade, conhecimento, línguas e visões de mundo associados à cultura formam um dos pilares do DS e uma das bases da Educação para o Desenvolvimento Sustentável. Geralmente a cultura é um elemento omitido como parte do DS.

O compartilhamento da visão entre os líderes das principais nações do mundo sobre os problemas e as possíveis alternativas de enfrentamento, que poderiam ser adotadas para se buscar uma sociedade mais sustentável, contribuiu para o processo de difusão de um nível de consciência que extrapolaria as instâncias governamentais para alcançar outros setores da sociedade e envolver governos, empresas, organizações não governamentais, entidades representativas de trabalhadores, órgãos de classes, comunidades e pessoas.

Nesse esteio, em 2012 foi realizada novamente no Brasil a Conferência das Nações Unidas para o Desenvolvimento Sustentável, vinte anos após a Eco-92, batizada desta vez como Rio+20. Entre suas principais propostas figurava a necessidade de avaliar e reforçar compromissos assumidos anteriormente, além de tentar estabelecer novos compromissos com base nas questões emergentes. O eixo central proposto foi o de estabelecer uma transição das economias verdes para as sociedades verdes em uma clara alusão à necessidade de se construir sociedades que sejam realmente sustentáveis (Unesco, 2012). Irina Bokova, diretora-geral da Unesco, afirmou:

> O desenvolvimento sustentável genuíno demanda mais que investimento verde ou tecnologias de baixo consumo de carbono. Além das dimensões econômica e ecológica, as dimensões social e humana são fatores centrais para o sucesso. Acima de tudo, devemos concentrar nossos esforços na criação de sociedades sustentáveis. (Unesco, 2012, p. 81)

SOCIEDADES SUSTENTÁVEIS E O CAPITAL SOCIAL

Mediante o desafio de promover o DS, cresce a relevância de se repensar as formas de organização social, política, econômica e empresarial diante da perspectiva de que a natureza do problema exige uma abordagem ampla e integradora dos diferentes setores da sociedade.

Esse desafio convida a sociedade a construir ferramentas e técnicas visando novas alternativas a fim de promover o seu próprio desenvolvimento, inovando em termos de tecnologias sociais, geração de emprego e renda, criação de novas formas de inserção social, acesso à terra, moradia e aos demais serviços sociais básicos rumo ao caminho para a sustentabilidade (Milani, 2003; Rattner, 2003). Esse caminho envolve a mobilização e a participação dos diversos atores sociais, como o poder público, as empresas, os trabalhadores e as organizações sociais, em torno de ações sustentáveis, no intuito de aumentar o chamado capital social e o desenvolvimento local das comunidades que compõem essa sociedade. O conjunto da sociedade emerge, então, como elemento fundamental na solução dos problemas de geração e de acesso aos benefícios sociais, ambientais e econômicos produzidos (Putnam, 1995; Grootaert e Bastelaer, 2001).

As formas associativas que tecem as redes sociais e os mecanismos de participação e exercício cívico e comunitário representam fatores de grande importância na construção coletiva do desenvolvimento local. Essa construção é influenciada ainda por diversos outros fatores como os sociais, econômicos, políticos, religiosos, comportamentais e culturais, que interferem diretamente na forma do convívio e na interação dos diversos atores sociais (Rattner, 2003).

Como resultado da atuação e interação dos atores sociais, o desenvolvimento local surge como o conjunto das atividades sociais, culturais, políticas e econômicas que compõem o trabalho de transformação da realidade local, de forma consciente e projetada. Essa atuação configura o principal papel dos agentes de transformação social, que é o de empreender atividades transformadoras da realidade local para produzir benefícios econômicos, ambientais e sociais (Morais, 2005).

O capital social refere-se a aspectos da organização social, como redes, normas e confiança, que facilitam a coordenação e a cooperação dos indivíduos para benefício mútuo. Ou seja, comunidades que apresentam um maior grau de desenvolvimento do capital social podem apresentar melhores condições de produzir e compartilhar benefícios econômicos e sociais sustentáveis (Putnam, 1995). Portanto, o capital social trata do acúmulo de experiências participativas e organizacionais que ocorrem na base de uma comunidade ou sociedade, reforçando os seus laços de solidariedade, cooperação e confiança entre pessoas, grupos sociais e entidades que buscam a melhoria e, em última análise, a sustentabilidade (Mascarenhas, 2005).

A investigação sobre o capital social ganhou maior projeção a partir dos estudos do Banco Mundial, que resultaram na elaboração de conceitos e proposituras em torno da natureza do capital social e das formas práticas de desenvolvê-lo como forma de direcionar os projetos do próprio banco em prol do DS. O estudo reforça que o capital social se refere às normas e às redes que permitem a ação coletiva. Ele engloba instituições, relacionamentos e costumes que formam a qualidade e a quantidade das interações sociais de uma sociedade. O mesmo estudo afirma que o capital social é fundamental para que as sociedades prosperem economicamente e para que haja DS. Para o Banco Mundial, o capital social deve ampliar a eficácia dos projetos por meio da capacitação dos atores sociais visando atender às suas necessidades comuns, expandindo a inclusão e aumentando a transparência (Grootaert e Bastelaer, 2001).

Políticas de combate à fome e à pobreza organizadas pelos entes públicos e inovações geradas pelos diversos atores sociais são apontadas como formas de inovação social e que figuram juntamente com outros tipos de inovações (Casanova et al., 2011). A Figura 4.1 apresenta a visão sobre a relação entre inovação e os diferentes atores sociais em função dos objetivos primários buscados e reforça a perspectiva de que existem áreas de interseção, e consequente potencial de interação, entre os diversos atores.

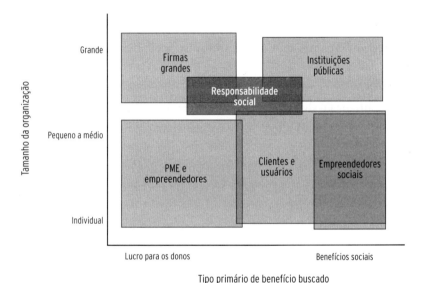

Figura 4.1: Inovações e atores sociais.
Fonte: adaptada de Casanova et al. (2011).

A partir da figura, é possível imaginar os diferentes projetos que podem ser desenvolvidos por diferentes atores sociais ou pela combinação de esforços de alguns deles. Pode-se citar como exemplo pequenos empresários promovendo ações de desenvolvimento sustentável com seus clientes e fornecedores, por meio de parcerias com organizações não governamentais ou de uma grande corporação, somando esforços com o poder público, por intermédio de seu departamento de responsabilidade social, para oferecer alternativas sustentáveis a determinado projeto social. Seguindo essa visão mais pragmática de Grootaert e Bastelaer (2001) sobre o desenvolvimento do capital social, o estudo do Banco Mundial apontou algumas dimensões que compõem um quadro de implementação de ações que visam esse desenvolvimento. São elas:

- Grupos e redes. Suporte organizacional e atividades sociais são cruciais para criar pontes e conexão do capital social. O compromisso das pessoas em se organizar e mobilizar recursos para resolver problemas de interesse comum representa algumas das saídas de grupos sociais que aumentam ou constroem o capital social. A eficácia dos grupos ocorre na medida em que eles podem ajudar a divulgar informações, reduzir o comportamento oportunista e facilitar a tomada de decisão coletiva, porém isso depende de muitos aspectos desses grupos, que refletem sua estrutura, composição e funcionamento.
- Confiança e solidariedade. Estes elementos informais e subjetivos do comportamento interpessoal influenciam o pensamento e as atitudes das pessoas sobre o processo de interagir com os outros. Quando os indivíduos em comunidade confiam uns nos outros e nas instituições que operam entre eles, pode-se chegar a acordos e regras de conduta com mais facilidade.
- Ação coletiva e cooperação. A prestação de muitos serviços requer a ação coletiva de um grupo de indivíduos. Os efeitos da ação coletiva podem diferir amplamente entre as comunidades. Em alguns lugares, a ação coletiva consiste principalmente de comunidades organizadas em atividades para construção e manutenção de infraestrutura e para a prestação de serviços relacionados ao público. Em outros lugares, a ação coletiva é importante para alcançar uma melhor governança e divisão de responsabilidades para, por exemplo, pressionar os funcionários eleitos a oferecer mais serviços à comunidade.
- Coesão e inclusão social. A coesão social se manifesta em pessoas que estejam dispostas e capacitadas a trabalhar juntas para atender às necessidades comuns, superar as restrições e considerar a diversidade de interesses. Elas são capazes de resolver as diferenças de forma negociada e não conflituosa. A inclusão promove a igualdade de oportunidades e remove os obstáculos formais e informais de participação.

- Informação e comunicação. Formam o cerne das interações sociais. A informação flui de cima para baixo a partir do campo da política, e de baixo para cima a partir do âmbito local, que são componentes críticos do processo de desenvolvimento. Fluxos de informação horizontais reforçam a capacidade de articulação, fornecendo à sociedade civil um meio de conhecimento e de troca de ideias. Um diálogo aberto promove um senso de comunidade, enquanto o contrário gera desconfianças. Uma melhor divulgação das informações de interesse comum pode quebrar a influência do capital social negativo, bem como construir confiança e coesão.

A inserção do tema nos círculos educacionais e sociais contribui também para o crescimento do nível de consciência das pessoas sobre o assunto não só em termos de preservação do meio ambiente, mas também em educação para o consumo sustentável (MEC, 2005). O papel dos consumidores ganha espaço importante nessa discussão, pois não há como se falar em sustentabilidade sem que se alterem alguns padrões predatórios de consumo.

Diante desse contexto, as empresas e organizações sociais, inseridas diretamente na questão do desenvolvimento como atores protagonistas, se deparam com novos desafios. Se antes a geração de produtos, renda e riqueza eram os objetivos exclusivos para as empresas e a atuação social era uma ação quase individual de altruísmo, agora a questão que se coloca é a geração de negócios e organizações sociais que sejam economicamente viáveis, ambientalmente corretas e socialmente justas. Esse novo paradigma exige outro perfil de ator para empreender, de forma sustentável, esses negócios e organizações sociais, o que torna premente o entendimento da intersecção entre o empreendedorismo e a sustentabilidade.

EMPREENDEDORES E EMPREENDEDORISMO

Para empreender transformações que gerem DS, os indivíduos podem se dedicar às mais variadas atividades, nos mais diversos aspectos da vida de uma comunidade, como os sociais, políticos e econômicos, conforme anteriormente exposto. Para alguns autores, os diversos agentes do processo de transformação da realidade local podem ser classificados de acordo com o seu foco de atuação, ou seja, podem ser caracterizados pelas atividades que empreendem. Para essa abordagem existem diversos tipos de empreendedores e não somente os empreendedores empresários, aqueles que se dedicam a um negócio ou empresa (Morais, 2009).

Segundo Drucker (2004), o trabalho específico do empreendedorismo em uma empresa de negócios é transformar os negócios de hoje em negócios diferentes, enquanto para Schumpeter (1961) a essência do empreendedorismo está na percepção e no aprimoramento de novas oportunidades no âmbito dos negócios. Embora o conceito clássico do termo empreendedorismo esteja intimamente ligado à criação de novas empresas, a expressão tem ganhado outras vertentes.

Empreendedores privados são, portanto, aqueles que se dedicam ao estudo das oportunidades e à criação de inovações, empresas e negócios com foco nas necessidades do mercado e na geração de lucro. Pela iniciativa desses atores, as comunidades ganham com a geração de empregos e renda e com novos ou melhorados produtos e serviços, mas ganham também com a possibilidade de uma atuação mais participante dessas empresas e negócios na vida e na solução dos problemas das comunidades locais e regionais (Morais, 2009).

Para Pellman e Pinchot (2004), o *intrapreneur*, que resultou em livre tradução no termo "intraempreendedor", é aquele que assume a responsabilidade de promover a inovação dentro de uma organização por meio da criação e aplicação de novos projetos. Para Wunderer apud Hashimoto (2006), o intraempreendedor é o colaborador que inova, identifica e cria oportunidades, monta e coordena novas combinações ou arranjos de recursos para agregar valor.

Esse tipo de empreendedor interno está inserido nas empresas que visam lucro, mas também pode ser encontrado nas organizações que desenvolvem negócios sociais, trabalhando com projetos de identificação e aproveitamento de oportunidades e de desenvolvimento de inovações e melhorias em processos e produtos. Seu foco é na geração de valor para a empresa ou organização onde atua (Angelo, 2003).

Para Hashimoto (2006) e Pellman e Pinchot (2004), as características e as principais diferenças entre o empreendedor empresário e o intraempreendedor dizem respeito aos seguintes aspectos:

- Risco. O empreendedor assume os riscos normalmente de forma integral, o que pode transformar o fracasso em falência. No caso do intraempreendedor, a corporação assume o risco financeiro, o que torna o fracasso menos grave.
- Investimento. O intraempreendedor normalmente encontra a infraestrutura do negócio pronta; em termos de investimentos, o empreendedor precisa montá-la.
- Cultura. O empreendedor concebe o negócio e desenvolve sua cultura em termos de visões e valores; o intraempreendedor precisa se adaptar à cultura existente, alinhando suas aspirações pessoais com a visão corporativa.
- Motivação. O intraempreendedor é motivado, predominantemente, por um sentimento de realização, ao passo que o empreendedor é motivado pela independência.

Para Froes e Melo (2002), existe ainda outra forma de atuação empreendedora relacionada à visão do empreendedorismo na condição de uma política de ação do governo, das empresas e da comunidade como alternativa de promoção do desenvolvimento econômico e social local. Esse enfoque coloca o indivíduo e a sociedade como protagonistas do processo de desenvolvimento, sobretudo o sustentável.

Para a organização não governamental Ashoka, o que caracteriza o empreendedorismo social é a ação visionária, criativa e empreendedora que promove mudanças sociais (Ashoka, 2014). Para Froes e Melo (2002), o empreendedor social representa o paradigma do negócio do social que tem, na sociedade, seu foco de atuação e, na parceria com os atores envolvidos, sua estratégia.

Em síntese, seguindo por um caminho diferente daquele que propõe o conceito de que existem diversos tipos de empreendedores, o empreendedorismo pode ser abordado, por outro lado, como a competência humana de transformar a própria realidade e a realidade a sua volta, gerando benefícios sociais, ambientais e econômicos (Morais, 2005). A competência para empreender, portanto, pode ser traduzida, independentemente do tipo de atividade transformadora que o empreendedor decida desenvolver, seja ela econômica, política, cultural, social ou outra qualquer. A existência de empreendedores, segundo essa visão, favorece a geração e ampliação do capital social que, por sua vez, favorece a construção de uma sociedade sustentável. Assim se estabelece uma conexão entre empreendedorismo, capital social e sociedades sustentáveis, conforme se observa na Figura 4.2.

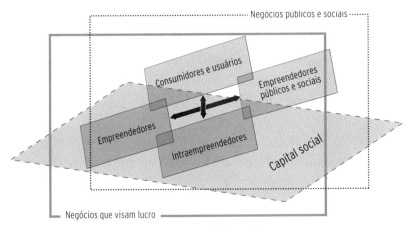

Figura 4.2: Empreendedorismo e capital social.

Quanto maior é o estoque de empreendedores (sociais, empresariais e internos) em uma sociedade, maior é a chance de desenvolvimento do capital social local, uma vez que esses agentes de transformação possuem condições de liderar os processos de comunicação, mobilização, articulação e execução que normalmente aplicam em suas atividades e projetos pessoais. Seguindo essa visão, o investimento na formação da competência para empreender entre os diversos atores locais, assim como a criação de espaços para a articulação conjunta desses atores, são fatores de grande potencial para a geração de ações e projetos de sustentabilidade local e para o favorecimento da construção de uma sociedade mais sustentável.

SUSTENTABILIDADE EMPRESARIAL

Uma preocupação histórica das empresas diz respeito a seu crescimento e, principalmente, à manutenção de sua viabilidade econômica. No empreender de suas atividades, as empresas, ao gerar lucro, que é a remuneração do esforço empresarial, proporcionam a geração de emprego e renda, que é um elemento decisivo para o desenvolvimento local. Mas por força de lei, das exigências do mercado ou mesmo em função da conscientização dos gestores, as empresas e negócios passaram a incorporar gradualmente em suas missões e visões postura e atuação mais responsáveis do ponto de vista social e ambiental.

Essas transformações socioeconômicas ocorridas nas últimas décadas têm afetado profundamente o comportamento das empresas em direção a uma intrínseca responsabilidade perante a sociedade e o meio que a cerca. As questões que afetam empresas e organizações envolvem decisões que sejam sustentáveis de um ponto de vista amplo (Rocha et al., 2005). Isso significa que as empresas passam a se preocupar não só com o nível de emissão de gases ou resíduos poluentes e o impacto causado por suas operações ao meio ambiente, mas também com a inserção de um planejamento que as torne sustentáveis desde o projeto de produtos ou negócios até a destinação dos resíduos finais, gerados após a utilização pelos consumidores, conforme se observa na Figura 4.3.

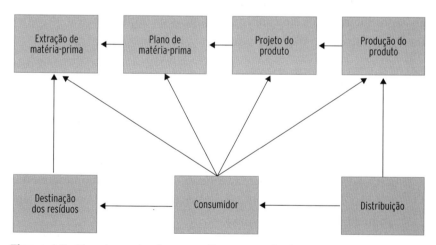

Figura 4.3: Planejamento de operações sustentáveis.
Fonte: adaptada de Rocha et al. (2005).

Incorpora-se aí o conceito de ecoeficiência, ou seja, a empresa precisa ser economicamente rentável e ecologicamente correta (Rocha et al., 2005). A busca por essa ecoeficiência pode trazer benefícios em diversos aspectos, como:

- Redução da necessidade de materiais na elaboração de bens e serviços (matérias-primas, embalagens primárias, secundárias etc.).
- Aumento do reúso e reciclagem de materiais e uso de matérias-primas alternativas.
- Redução do uso de água e energia e de emissão de gases e resíduos tóxicos.
- Uso de combustíveis alternativos e reúso de materiais residuais.
- Desenvolvimento e implementação de tecnologias e práticas inovadoras no desenvolvimento de produtos e processos.

Na direção de se estabelecer um conjunto de ações para o DS, mesmo que mediante adesão voluntária das empresas, surgiram iniciativas importantes no Brasil. Um exemplo é a criação, em 2010, do Protocolo de Intenções da Economia Verde (Piev) pelo governo do estado de São Paulo, que reuniu signatários interessados em concentrar esforços na implementação de ações para, de acordo com o Piev (Piev, 2010):

- Direcionar os investimentos para projetos com qualificação ambiental e impacto social positivo.
- Monitorar a criação de empregos verdes por capital investido e realizar tal comunicação.
- Incluir ferramentas e métricas da economia verde nos sistemas de gestão, desde que possível e adequado, considerando monitoramento ambiental completo, análise de ciclos de vida, indicadores de sustentabilidade e outros instrumentos.
- Elaborar inventários das emissões de gases de efeito estufa e do Protocolo de Montreal, em consonância com as políticas públicas paulistas e movimento empresarial voluntário em curso.
- Adotar medidas de eficiência no uso dos recursos naturais, com aplicação de tecnologias mais limpas, buscando agregar valor ao produto.

- Buscar tecnologias mais limpas nacionais e internacionais para a melhora contínua dos processos produtivos.
- Investir em pesquisa e desenvolvimento e buscar no capital intelectual brasileiro soluções tecnológicas adequadas às condições locais para melhora da qualidade ambiental.
- Elaborar relatórios de sustentabilidade, buscando dar transparência às atividades empresariais e melhorando o nível de informações disponíveis ao mercado.
- Realizar junto ao corpo de funcionários ações para mudança de comportamento do consumidor em expressar sua preferência por produtos sustentáveis.
- Realizar ações junto ao corpo de funcionários para a educação ambiental e mudança comportamental, especialmente com relação à reciclagem, uso racional da água e utilização do transporte coletivo.

Outro aspecto emergente e de extrema importância no que tange à sustentabilidade empresarial diz respeito ao aumento da exigência da sociedade quanto à adoção e manutenção de padrões éticos e de responsabilidade social na atuação das empresas e organizações. No Brasil, o movimento que se fortaleceu com o advento do Código de Defesa do Consumidor, instituído em 1990 pela Lei federal n. 8.078, já mostrou sinais de que os consumidores estão mais conscientes e atentos ao nível de responsabilidade em que as empresas e organizações têm pautado suas ações.

Ainda um pouco confundida com o conceito de filantropia ou empreendedorismo social, a responsabilidade social corporativa envolve o interesse pelo bem-estar social, juntamente com um melhor desempenho nos negócios, e, consequentemente, maior lucratividade. A busca da responsabilidade social corporativa possui alguns fatores que a caracterizam. Preocupadas com todos os agentes envolvidos e não apenas com seus acionistas, as empresas buscam também observar os interesses de funcionários, clientes, fornecedores e governo das comunidades onde estão inseridas. Mais do que uma mudança de comportamento das empresas, uma maior participação e preocupação com o bem comum representam também maior legitimidade do ponto de vista social (Froes e Melo, 2002; Oliveira, 2004).

Todos os aspectos produtivos devem ser avaliados sob a ótica das questões ambientais e sociais. A responsabilidade social nos negócios é um conceito que se aplica a toda a cadeia produtiva e não somente ao produto final. Assim como os consumidores finais, as empresas também são responsáveis por seus fornecedores e devem fazer valer seus códigos de ética aos produtos e serviços usados ao longo de seus processos produtivos. Respeito e responsabilidade com relação ao ambiente e à sociedade garantem preservação de recursos, parcerias duráveis e transparentes, melhoria na imagem da empresa e DS, além de prevenir riscos futuros, como impactos ambientais ou processos judiciais. DS e responsabilidade social são, portanto, dois conceitos muito próximos (Froes e Melo, 2002; Oliveira, 2004).

A demanda por transparência é crescente em muitas partes do globo. Além das informações contábeis auditadas, as empresas são chamadas a divulgar sua atuação social e ambiental, os impactos de suas atividades e as medidas preventivas e compensatórias aos danos socioambientais. Um exemplo importante nesse sentido foi a criação, em 2005, no Brasil, do Índice de Sustentabilidade Empresarial, projeto originalmente financiado pela International Finance Corporation (IFC), braço financeiro do Banco Mundial, que teve seu desenho metodológico desenvolvido pelo Centro de Estudos em Sustentabilidade (GVces), da Escola de Administração de Empresas de São Paulo da Fundação Getúlio Vargas (FGV/EAESP) (BM&FBovespa, 2014).

O índice foi idealizado para permitir a análise comparativa da performance das empresas listadas na bolsa de valores de São Paulo, a BM&FBovespa, sob o aspecto da sustentabilidade corporativa com base em eficiência econômica, equilíbrio ambiental, justiça social e governança corporativa. O mesmo índice possibilita observar nas organizações o nível de compromisso com o desenvolvimento sustentável, transparência e prestação de contas, além do desempenho nas dimensões econômicas, socioambiental e de alterações climáticas (ISE, 2014).

Muitas empresas já o fazem em caráter voluntário, mas é possível que, em um futuro próximo, os relatórios socioambientais façam parte das demandas da sociedade ou, até mesmo, das obrigações legais das empresas.

As novas demandas pela sustentabilidade não têm gerado apenas exigências às empresas, mas também inúmeras oportunidades de negócios da chamada economia verde. A publicação *Economia Verde*, da Secretaria do Meio Ambiente do Estado de São Paulo, lista dezenas de oportunidades de negócios em tecnologias verdes, como produção de células fotovoltaicas para geração de energia elétrica; produção de equipamentos e de energia solar térmica; reciclagem de plásticos e bioplásticos; reciclagem de lixo tecnológico; parques tecnológicos para tecnologias verdes e iniciativas pró-ecologia industrial (Smasp, 2010).

Notadamente, as empresas representam papel importante na geração de emprego e renda e no acesso aos suprimentos para as necessidades e comodidades humanas, mas há que se registrar a importância dos produtos e serviços sociais produzidos e fornecidos por organizações comandadas por empreendedores sociais.

EMPREENDEDORISMO SOCIAL

Vários trabalhos já foram publicados sobre o tema empreendedorismo social, mas não seria exagero afirmar que os contornos teóricos ainda estão sendo delineados. De forma a permitir uma aproximação desses conceitos, o Quadro 4.1 traça um paralelo entre os fatores que caracterizam o empreendedorismo, a responsabilidade social e o empreendedorismo social.

Quadro 4.1: Empreendedorismo privado, responsabilidade social e empreendedorismo social.

Empreendedorismo privado	Responsabilidade social	Empreendedorismo social
Individual	Individual com possíveis parcerias	Coletivo e integrado
Produz bens ou serviços para o mercado	Produz bens ou serviços para si e a comunidade	Produz bens ou serviços para a comunidade
Foco no mercado	Foco no mercado, atendendo a comunidade conforme a sua missão	Foco na busca por soluções para os problemas sociais e as necessidades da comunidade
Desempenho medido pelo lucro	Desempenho medido pelo retorno aos *stakeholders*	Desempenho medido pelo impacto e transformação social
Busca a satisfação de clientes e a ampliação do negócio	Busca a adição de valor e melhoria na imagem	Busca gerar capital social

Fonte: adaptado de Froes e Melo (2002).

Como já abordado, as organizações sociais passaram de meras coadjuvantes para a condição de verdadeiras protagonistas do processo de desenvolvimento e transformação social. Isso significa que alguns segmentos da sociedade civil não se contentaram em trabalhar para o bem social apenas nas lacunas deixadas pelo poder público, por exemplo, e onde ele se mostrou incapaz de preencher em termos de saúde, educação, meio ambiente etc., a participação empreendida se mostrou muito mais ampla e abrangente.

Para Leadbetter (1997), os empreendedores que criam negócios sociais são inspirados por objetivos sociais e não por benefícios materiais. Criam produtos, serviços e processos que promovem o bem-estar dos atores sociais envolvidos.

Esses empreendedores sociais mobilizam pessoas a participar, em suas comunidades, de projetos sociais voltados a soluções ambientalmente corretas e socialmente justas, mantendo a condição elementar de serem economicamente viáveis. Além do respeito a essas premissas básicas, o empreendedorismo social é delineado também pela participação das comunidades na solução de seus próprios problemas com foco no desenvolvimento local, nas relações de solidariedade e cooperação, no desenvolvimento autônomo e autogestionário de cada pessoa e da comunidade e no estabelecimento de parcerias e alianças com todos os demais atores sociais, como empresas, governos e demais organizações sociais, para elaboração e condução dos projetos propostos (Froes e Melo, 2002).

A necessidade de uma abordagem profissional no planejamento, execução e acompanhamento dos projetos propostos implica a questão do desenvolvimento do capital humano dessas comunidades não só em ferramentas de gestão, na fase de racionalização dos projetos, mas também em todos os outros aspectos, em especial, o de capacitar para empreender. A comunidade que reunir pessoas capazes de empreender empresas, projetos, processos e negócios que geram empregos e renda, melhoram ou criam novos produtos que agregam benefícios sociais, certamente terá melhores condições para promover o DS local (Oliveira, 2004).

Além de todos os desafios legais e culturais, o empreendedorismo social e o DS devem superar ainda outros desafios tão importantes quanto aqueles que dizem respeito às questões de educação, organização social, infraestrutura local e financiamento. A organização social é, ao mesmo tempo, um pilar para o desenvolvimento e um desafio para os empreendedores sociais. Mobilizar um amplo contingente de pessoas com diversas origens, crenças e valores, assim como estabelecer uma base de infraestrutura local para que o empreendimento possa ser concretizado ou ainda conseguir linhas de financiamento e suporte financeiro para que ele seja mantido, são exemplos de desafios que devem ser superados (Morais, 2009).

Diante do desafio de gerar capital humano e social para o desenvolvimento local sustentável, é inevitável passar pela questão de educar para empreender. O papel das crianças e jovens é relevante nas construções do presente e indispensável para o futuro. Para que o efeito da construção do DS local seja duradouro, a preparação de pessoas capazes de empreender soluções no futuro é tão importante quanto capacitá-las no presente.

Nesse aspecto, a escola e a educação têm um papel decisivo no processo de construir sociedades sustentáveis, não só inserindo a problemática da sustentabilidade nas salas de aula como também dando uma contribuição efetiva para a formação de futuros empreendedores privados e sociais.

EDUCAÇÃO EMPREENDEDORA

Como um dos principais pensadores da relação existente entre o empreendedorismo e a educação, Dolabela (2003) defende que a educação empreendedora deve começar na mais tenra idade, porque diz respeito à cultura que delineia um modo de vida. Assim, cabe ao professor, em grande medida, a tarefa de construir essa cultura específica, denominada cultura empreendedora, impedindo que as crianças se tornem prisioneiras de valores sociais não relacionados ao empreendedorismo, ao contrário da abordagem da educação empreendedora para adultos, que busca libertá-los desses valores, já arraigados. O empreendedorismo não pode ficar fora do processo educacional.

Acúrcio (2005) propõe que a educação deve incorporar ações como saber identificar, aproveitar ou criar oportunidades e elaborar projetos para a consecução de metas, sonhos e objetivos. A construção do desenvolvimento humano e social, includente e sustentável, se apresenta como o eixo central dessa educação, considerando que a essência do empreendedorismo está na emoção do indivíduo, na energia que o leva a transformar a si próprio e a todos que estão ao seu redor. O Quadro 4.2 apresenta a correlação entre três modelos de ensino.

Quadro 4.2: Modelos de ensino de referência à educação empreendedora.

Aspectos	Pedagogia Diferenciada de Perrenoud	Pedagogia Empreendedora de Dolabela	Pedagogia da Competência
Conhecimentos	Saber analisar situações, relações e campos de forma sistêmica. Saber gerenciar e superar conflitos.	Saber conhecer: conhecimento sobre o sonho e seu ambiente.	Saber: o conteúdo propriamente dito.
Habilidades	Saber formar e conduzir projetos e desenvolver estratégias individualmente ou em grupo. Saber construir e estimular organizações e sistemas de ação coletiva do tipo democrático. Saber construir normas negociadas de convivência que superem diferenças culturais.	Saber fazer: específico e individual, dirige-se ao sonho e ao que é necessário para a sua realização. Capacidade incomum de trabalho. Orientação para o futuro.	Saber fazer relacionado com a prática do trabalho, transcendendo a mera ação motora.
Valores/ atitudes	Saber identificar, avaliar e valorizar suas possibilidades, seus direitos, seus limites e suas necessidades. Saber cooperar, agir em sinergia, participar de uma atividade coletiva e partilhar liderança. Saber conviver com regras, servir-se delas e elaborá-las.	Saber conviver: rede de relações. Saber ser: fecunda a pulsão empreendedora. Perseverança, iniciativa, criatividade, protagonismo, comprometimento, liderança.	Saber ser, atitude relacionada com julgamento, qualidade no trabalho, ética no comportamento, convivência participativa e solidária, iniciativa, criatividade etc.

Fonte: Morais (2005).

Com isso surge a necessidade de traçar estratégias educacionais próprias que levem em conta o desenvolvimento das potencialidades humanas locais, a capacidade de associação dos membros da comunidade e a superação do desafio de encontrar os variados recursos necessários à realização de empreendimentos. Nesse aspecto, a necessidade de aumentar a capacidade empreendedora é mais do que uma resposta aos problemas de desemprego, é uma consequência direta de novos padrões de relações sociais e políticas que englobam questões como a viabilização de formas não hierárquicas de concepção e organização da sociedade (estrutura em forma de rede) e o incentivo à inovação de indivíduos e grupos.

Em função da importância do conjunto que engloba identificação de oportunidades e geração de novos conhecimentos que possam produzir bens sociais e econômicos, o sistema educacional deve rever seu currículo e suas formas de lidar com o conteúdo, considerando que o espírito empreendedor é um potencial presente em qualquer ser humano e que esse potencial se materializa e produz efeitos diante de condições indispensáveis, como um ambiente de democracia e cooperação. O espírito empreendedor na qualidade de capital humano se desenvolve como uma competência humana e um componente relevante do capital social.

Perrenoud (2000, p. 32) propõe que "para desenvolver competências é preciso, antes de tudo, trabalhar por projetos, propor tarefas complexas e desafios que incitem os alunos a mobilizar seus conhecimentos e, em certa medida, completá-los". Segundo Machado (1996, p. 3), "a capacidade de elaborar projetos pode ser identificada como a característica mais verdadeiramente humana; apenas o homem é capaz não só de projetar como também, e primordialmente, de viver sua própria vida como um projeto".

Concordando com essas visões sobre a importância da prática ou da mobilização das competências e da contribuição dos projetos como meio de ensino e aprendizado empreendedor, Benson apud Leite (2002, p. 4) afirma que "uma educação empreendedora requer que os alunos tenham exposição substancial com a 'mão na massa' e tenham experiência com Empreendedorismo e o mundo dos empreendedores", o que ressalta a importância da prática na formação dos empreendedores.

Segundo Leite (2002), apesar dessas visões, tem-se observado que a maioria das escolas não oferece essa oportunidade prática. Ao contrário, a ênfase é maior no conhecimento ou na informação e insuficiente na competência, quando deveria ser voltada para a experimentação ativa em relação à observação reflexiva, ou seja, gerar um conflito entre a experiência concreta e a conceituação abstrata.

A importância da inclusão da educação empreendedora na análise das interações entre sustentabilidade, empreendedorismo e capital social se apoia no fato de que o pensamento sustentável é, por excelência, um pensamento de longo prazo e não há como pensar em longo prazo, em termos de sociedade, sem se pensar em educação. Assim como é importante identificar e capacitar os empreendedores atuais, talvez seja ainda mais importante pensar nos empreendedores que darão sustentação ao futuro.

CONSIDERAÇÕES FINAIS

Se por um lado é notória a necessidade de incorporar a discussão da sustentabilidade nos mais diversos segmentos da sociedade civil, empresarial e governamental, é possível afirmar também que muitas ações devem ser realizadas. A sociedade civil emerge como protagonista desse processo de construção dos pilares para um desenvolvimento mais responsável e abrangente. O aspecto econômico é de suma importância, mas as questões sociais e ambientais não podem ser colocadas em segundo plano. A mudança do paradigma de desenvolvimento influencia todos os principais atores da sociedade e é impactada por eles. O novo cenário implica a assunção de responsabilidades, porém resulta também em um descortinar de inúmeras oportunidades e possibilidades.

Nesse novo paradigma, o DS passa necessariamente pelo desenvolvimento e pela consolidação dos capitais humanos e sociais. Comunidades fortalecidas em seus laços de cooperação e solidariedade e amplamente voltadas à criação de parcerias e alianças com todos os atores sociais oferecem melhores condições para a geração de um DS. As sociedades precisam de todo o capital social disponível para fazer a transição entre o modelo atual e o DS. Empresários, governos, organizações não governamentais, sindicatos, órgãos de classe, representantes da sociedade civil e demais atores sociais desempenham aí papel decisivo. A participação civil na criação e condução de projetos ou de empreendimentos sociais é elemento fundamental na geração de capital social, que só se concretiza na existência de capital humano ou, em última análise, com a participação de empreendedores privados e sociais.

Para o alcance desse modelo sustentável, não apenas novos padrões de produção e distribuição de bens e serviços e do uso dos recursos naturais devem ser almejados, mas os padrões de consumo das próprias pessoas devem ser repensados; não só o esforço das organizações que desenvolvem e oferecem seus produtos e serviços sociais, mas também um posicionamento firme do poder público. Apoiar, capacitar, acompanhar e financiar a geração atual e futura dos empreendedores sociais e privados é crucial para o aumento do estoque de capital social local. Assim, o principal ponto de convergência dos três pilares principais desse trabalho – empreendedorismo, sustentabilidade e capital social – se chama educação.

Estimular, em todos os níveis da educação, a formação de empreendedores privados mais conscientes de suas responsabilidades e do papel extremamente relevante das empresas para uma sociedade sustentável; empreendedores sociais que mobilizem e articulem a sociedade civil em torno das soluções para os problemas que afligem a sociedade; e cidadãos mais conscientes, atuantes e influenciadores é desafiador. Mas, nessa perspectiva, a educação empreendedora pode trazer uma grande contribuição para a construção de uma sociedade economicamente viável, ambientalmente correta e socialmente justa.

EXERCÍCIOS

1. Defina o conceito de empreendedorismo e como ele pode ser aplicado nas empresas.
2. O que é empreendedorismo social? Como ele pode contribuir para a sustentabilidade tendo em vista os diversos públicos envolvidos?
3. O que deve ser considerado em um planejamento sustentável para que a empresa realmente alcance uma visão ecoeficiente e socialmente responsável?

REFERÊNCIAS

ACÚRCIO, M. R. B. *O empreendedorismo na escola*. São Paulo: Pitágoras, 2005.

ANGELO, E. B. *Empreendedor corporativo: a nova postura de quem faz a diferença*. São Paulo: Negócio, 2003.

ASHOKA. Ashoka Empreendedores Sociais. Disponível em: <www.ashoka.org.br>. Acesso em: 22 jun. 2014.

BM&FBOVESPA. Índice de Sustentabilidade Empresarial. Disponível em: <http://www.bmfbovespa.com.br/indices/ResumoIndice.aspx?Indice=ISE&idioma=pt-br>. Acesso em: 24 jun. 2014.

BRASIL. Lei n. 8.078, de 11 de setembro de 1990. Estabelece Normas de Proteção e Defesa do Consumidor. Diário Oficial da União, Brasília, DF, 12 set. 1990. Disponível em: <http://www.planalto.gov.br/ccivil_03/Leis/L8078.htm>. Acesso em: 24 jun. 2014.

CALDER, W.; CLUGSTON, R. M. *Progress toward sustainability in higher education*. Environmental law institute: news & analysis. Washington, DC: Environmental Law Institute, 2003.

CASANOVA, L.; DAYTON-JOHNSON, J. E. F. F.; FONSTAD, N. O.; PIETIKÄINEN, A. *Innovation in Latin America: recent insights*. The Global Inovation Index 2011. p.65-75. 2011.

DOLABELA, F. *Pedagogia empreendedora*. São Paulo: Editora de Cultura, 2003.

DRUCKER, P. F. *Inovação e espírito empreendedor*. 5.ed. São Paulo: Thompson Pioneira, 2004.

FROES, C.; MELO, F. P. *Empreendedorismo social*. São Paulo: Qualitymark, 2002.

GROOTAERT, C.; BASTELAER, T. *Understanding and measuring social capital: a synthesis of findings and recommendations from the social capital initiative*. Social Capital Initiative Working Paper, n. 24, abr. 2001.

HASHIMOTO, M. *Espírito empreendedor nas organizações: Aumentando a competitividade através do intra-empreendedorismo*. São Paulo: Saraiva, 2006.

[ISE] ÍNDICE DE SUSTENTABILIDADE EMPRESARIAL. Disponível em: <http://isebvmf.com.br/index.php?r=site/conteudo&id=1>. Acesso em: 24 jun. 2014.

LEADBETTER, C. *The rise of the social entrepreneur*. Londres: Demos, 1997.

LEITE, V. F. Crescente demanda pela educação empreendedora com métodos apropriados e o caso Unifei. In: Encontro da Associação Nacional dos Cursos de Graduação em Administração, 2002. Rio de Janeiro. Anais... Rio de Janeiro, 2002.

MACHADO, N. J. *Anotações para a elaboração de uma ideia de cidadania*. Instituto de Estudos Avançados da Universidade de São Paulo. IEA/USP. 1996. Disponível em: <http://www.iea.usp.br/publicacoes/textos/machadoideiadecidadania.pdf>. Acesso em: 29 set. 2016.

MASCARENHAS, C. R. *O capital social em Apuarema, Nova Ibiá, Piraí do Norte e Presidente Tancredo Neves (Bahia): Análise das dimensões cívica e institucional*. Dissertação (Mestrado) - Universidade Federal da Bahia, Salvador, 2005.

[MEC] MINISTÉRIO DA EDUCAÇÃO. *Consumo sustentável: Manual de educação*. Brasília: Consumers International/MMA/MEC/Idec, 2005. 160p.

MILANI, C. Teorias do capital social e desenvolvimento local: lições a partir da experiência de Pintadas (Bahia, Brasil). In: IV Conferência Regional ISTR-LAC San Jose, Costa Rica, 8-10 de outubro de 2003.

MORAIS, P. R. B. *Contribuições pedagógicas para o ensino de empreendedorismo*. Limeira: Faculdade de Administração e Artes de Limeira, 2005. 24p.

_____. *Estruturação de produtos educacionais para a capacitação empreendedora de alunos da Educação Básica: um estudo de casos múltiplos*. Ribeirão Preto, 2009. 160p.

OLIVEIRA, E. M. Empreendedorismo Social no Brasil: atual configuração, perspectivas e desafios. *Revista da FAE*, Curitiba, v. 7, n. 2, p. 9-18, 2004.

PELLMAN, R.; PINCHOT, G. *Intra-empreendedorismo na prática: Um guia de inovação*. São Paulo: Campus, 2004.

PERRENOUD, P. *Pedagogia diferenciada: das intenções à ação*. Porto Alegre: Artes Médicas Sul, 2000.

[PIEV.] PROTOCOLO DE INTENÇÕES DA ECONOMIA VERDE. Secretaria do Meio Ambiente do Estado de São Paulo. 2010. Disponível em: <http://www.ambiente.sp.gov.br/economiaverde2/Download/protocolo_intencoes.pdf>. Acesso em: 13 abr. 2012.

PUTNAM, R. Bowling Alone: America's Declining Social Capital. *Journal of Democracy*, v. 6, n. 1, p. 65-78, 1995.

RATTNER, H. Prioridade: construir capital social. *Revista Espaço Acadêmico*, v. 2, n. 21, 2003.

ROCHA, M. T.; HANS, D.; GONTIJO, M. J. *Empreendedorismo em negócios sustentáveis: plano de negócios como ferramenta do desenvolvimento*. São Paulo, Peirópolis, Brasília, DF, 2005.

SCHUMPETER, J. *Teoria do desenvolvimento econômico*. Fundo de Cultura, 1961.

[SMASP] SECRETARIA DO MEIO AMBIENTE DO GOVERNO DO ESTADO DE SÃO PAULO. Economia Verde: desenvolvimento, meio ambiente e qualidade de vida no Estado de São Paulo. São Paulo: SMA/CPLA, 2010. 144p.

UNESCO. *Década da educação das Nações Unidas para um desenvolvimento sustentável, 2005-2014: documento final do esquema internacional de implementação*. Brasília: Unesco, 2005. 120p.

_____. *De economias verdes a sociedades verdes: compromisso da Unesco com o desenvolvimento sustentável*. Brasília: Unesco, 2012. 78p.

[WCED] WORLD COMISSION ON ENVIRONMENT AND DEVELOPMENT. *Report of the WCED: Our Common Future*. 1987. 300p.

5 Finanças sustentáveis

Alexandre Bevilacqua Leoneti
Luciana Campos
Renato Moraes Chamma

INTRODUÇÃO

Desde a concepção da abordagem sistêmica, o ambiente e a sociedade vêm sendo considerados importantes variáveis na definição do planejamento estratégico das organizações. Cada vez mais os administradores têm considerado como objetivos organizacionais as ações positivas no ambiente em que atuam, preenchendo espaços deixados pelo governo nas políticas públicas. Essas ações são chamadas de responsabilidade social. Além da preocupação com as ferramentas de marketing e de estratégia, outros mecanismos ligados à sustentabilidade são utilizados pelas organizações para influenciar a visão externa perante a sociedade.

Essas atitudes evitam várias reações dos mercados, pois o controle dos processos que podem resultar em danos ao meio ambiente impede reações negativas dos consumidores, de seu padrão de consumo e, logicamente, de punições advindas dos órgãos governamentais, como multas ou mesmo fechamento de sua unidade produtiva.

No entanto, a organização surge para satisfazer alguma necessidade da sociedade e precisa estar preocupada com sua perenidade, ou seja, os investimentos em ações ambientais devem ser norteados por estudos da relação custo/benefício e da viabilidade em seu fluxo de caixa. Os resultados financeiros favoráveis são fundamentais para que a organização cumpra o seu objetivo. Assim, o desafio das organizações atualmente é conciliar seus objetivos e os da sociedade, isto é, "deve, necessariamente, buscar trazer benefícios para a sociedade, propiciar a realização profissional dos empregados, promover benefícios para os parceiros e para o meio ambiente e trazer retorno para os investidores" (Ethos, 2013).

Este capítulo versa sobre a temática da sustentabilidade, bem como da consideração da gestão ambiental na função econômica das organizações. Também serão discutidos os indicadores de sustentabilidade que utilizam os critérios dos índices de ações de empresas com adesão às condutas de governança ou de sustentabilidade, com metodologia definida pela Bovespa, cujo objetivo principal é a busca de maior valorização das ações, atrativo não apenas para seus acionistas, mas também para novos investidores e demais *stakeholders*. Nesse contexto, finanças sustentáveis podem ser definidas pela capacidade de uma organização alcançar o desenvolvimento utilizando adequadamente os recursos ambientais, sociais e econômicos disponíveis.

SUSTENTABILIDADE E CRIAÇÃO DE VALOR PARA A ORGANIZAÇÃO

As organizações são partes integrantes da sociedade contemporânea. São entidades legais, análogas à pessoa física, estão em toda parte e se fazem presentes na vida cotidiana de qualquer indivíduo, todos inseridos em ambientes organizacionais. As organizações constituem a resposta para problemas ou novos negócios (Hall, 2004).

Existem diferentes formas de organização. Neste momento, serão tratadas as que estão presentes nos três setores sociais: Estado, organizações privadas e terceiro setor.

As organizações privadas possuem em seus objetivos o conceito de lucro[1]; tem-se por obrigação auferir lucratividade para se fazer parte do "mundo dos negócios", de acordo com a Constituição brasileira. Para alcançar o lucro é

---

1 Lucro como definição econômica.

preciso ser eficiente e possuir resultados financeiros favoráveis. Conforme anteriormente exposto, é necessário que essas organizações não se preocupem apenas com os aspectos econômicos, pois a sustentabilidade é intrínseca aos objetivos internos.

As organizações do terceiro setor são aquelas de capital privado com objetivos públicos; por exemplo, as organizações não governamentais sem fins lucrativos (ONG). O termo refere-se a associações do terceiro setor[2], da sociedade civil, com finalidades públicas e sem fins lucrativos, que desempenham atividades em diferentes áreas e que, geralmente, mobilizam a opinião pública e a população com objetivos de alavancar alguns setores de maneira a melhorar a qualidade de vida da sociedade. Essas organizações têm como finalidade atuar no ambiente, mudando as realidades, e desempenhar alguns papéis em que o Estado está ausente. Elas podem também ser consideradas um tipo específico de modelo de gestão para atividades voltadas para a sociedade, autorizadas a receber financiamento e doações do governo, bem como de instituições privadas.

Por fim, temos as chamadas organizações governamentais, que são as entidades públicas responsáveis pela execução das diretrizes do Estado.

Considerando os diferentes tipos de organizações, seria razoável afirmar que existe uma inter-relação entre as organizações, o que deve ser considerado nos objetivos de cada uma, pois os aspectos de desenvolvimento sustentável devem considerar a organização como um sistema aberto, que interage com o meio atuando de forma holística (Branco, 1989). Segundo Branco (1989, p. 90):

> a economia se fundamenta no aumento incessante e ilimitado de produtividade, a qual é produto do trabalho e, portanto, envolve um gasto contínuo de energia e a geração constante de entropia. Essa entropia pode ser denominada impacto ambiental, degradação do ambiente, esgotamento dos recursos naturais [...] fator condicionante da economia.

---

[2] O terceiro setor não é público nem privado, mas sim sua união para suprir as falhas do Estado e do setor privado no atendimento às necessidades da população, composto por organizações sem fins lucrativos, criadas e mantidas pela participação voluntária, de natureza privada, não submetidas ao controle direto do Estado, dando continuidade às práticas tradicionais da caridade, da filantropia.

Dessa forma, segundo Martine (1996, p. 27), "o principal problema ambiental global a ser enfrentado pela civilização no século XXI advém do seu próprio modelo de desenvolvimento – e não do volume ou ritmo de crescimento demográfico".

Nesse cenário, torna-se importante relembrar que o conceito de sustentabilidade possui visões distintas em sua origem, mas com semelhanças em seus objetivos. No âmbito das finanças, conforme Matias (2007), 25% das receitas das empresas estão previstas em lei para o pagamento de dividendos aos proprietários e acionistas. Portanto, a maior parte dos recursos econômicos, 75%, é direcionada a outros setores, tais como governo (através de impostos), funcionários (salários e participação nos lucros) e bancos (juros pagos). O autor enfatiza que a falência de uma empresa gera prejuízos a todos os setores da sociedade. Então, a capacidade de sobrevivência de uma empresa em longo prazo é um fator positivo, pois, tanto para os sócios-proprietários como para os colaboradores, a continuidade da empresa gera benefícios sociais. Essa é a sustentabilidade financeira, isto é, a perpetuidade de uma empresa.

Como visto no Capítulo 1, sustentabilidade é a capacidade de a organização atuar no ambiente e atingir seus objetivos sem prejudicar as condições de vida da comunidade humana e a capacidade de recuperação dos insumos ambientais. Assim, para se alcançar a sustentabilidade, há a necessidade de que todos os departamentos da organização estejam envolvidos, ou seja, deve existir uma coesão horizontal dentro da organização. No entanto, as iniciativas podem surgir a partir de aspecto financeiro, social ou, ainda, ambiental.

As organizações do primeiro setor (Estado), por exemplo, de acordo com seu objetivo principal, podem priorizar o aspecto social, enquanto as organizações do segundo setor (empresas) priorizariam o aspecto econômico e as do terceiro setor (ONG), o aspecto ambiental. É prudente ressaltar que essa ordem não é necessariamente uma característica dos setores. No entanto, tomamos por exemplo as missões definidas pelas organizações do Quadro 5.1, para analisar as diferentes formas de atuação que podem resultar em um desenvolvimento sustentável da organização.

Quadro 5.1: Comparação entre a missão de organizações pertencentes a diferentes setores sociais.

Primeiro setor (Estado brasileiro)	Segundo setor (Empresa Petrobras)	Terceiro setor (ONG WWF-Brasil)
Estado democrático, destinado a assegurar o exercício dos direitos sociais e individuais, a liberdade, a segurança, o bem-estar, o desenvolvimento, a igualdade e a justiça como valores supremos de uma sociedade fraterna, pluralista e sem preconceitos, fundada na harmonia social e comprometida, na ordem interna e internacional, com a solução pacífica das controvérsias.	Atuar de forma segura e rentável, com responsabilidade social e ambiental, nos mercados nacional e internacional, fornecendo produtos e serviços adequados às necessidades dos clientes e contribuindo para o desenvolvimento do Brasil e dos países onde atua.	Contribuir para que a sociedade brasileira conserve a natureza, harmonizando a atividade humana com a conservação da biodiversidade e com o uso racional dos recursos naturais, para o benefício dos cidadãos de hoje e futuras gerações.
Característica principal	**Característica principal**	**Característica principal**
Zelar pelo bem-estar social.	Garantir a rentabilidade.	Conservar os recursos naturais.

Fonte: elaboração dos autores com base em Brasil (1988); Petrobras (2016); WWF (2016).

Devemos lembrar que, de acordo com Benakouche (1994), as ações desenvolvidas em um dos aspectos necessários para se atingir a sustentabilidade – a saber: econômico, social e ambiental – podem influenciar outros aspectos. Podemos, então, comparar a união desses três fatores a um triângulo, devido a sua interdependência. A Figura 5.1 demonstra a relação entre os três elementos que compõem o chamado tripé da sustentabilidade.

Devemos ponderar que, geralmente, a adoção de posturas favoráveis diante das questões ambientais começa pela necessidade de atender a legislação (Cotrin e Martinelli, 1999). No entanto, devido ao fato de que em um ambiente econômico se faz necessária a tradução de custos e benefícios em unidades monetárias (Benakouche, 1994), neste capítulo são enfocadas as ações econômicas (ações que se iniciam pela questão financeira/econômica) realizadas pelas organizações visando à sustentabilidade, que, consequentemente, irão influenciar nas áreas sociais e ambientais.

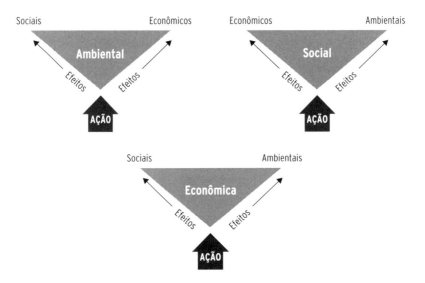

Figura 5.1: As diferentes visões do tripé da sustentabilidade.

No próximo item, discutiremos primeiro a questão da gestão ambiental nas organizações e os custos envolvidos para depois discutir sua abordagem quanto ao valor das organizações em termos financeiros.

GESTÃO AMBIENTAL E FINANÇAS

Como apresentado em outros capítulos do livro, as organizações estão se conscientizando de que a implementação de um sistema de gestão ambiental (SGA), detalhado no Capítulo 12, alinhará as melhorias de processos produtivos com a preservação do meio ambiente. Os SGA tentam oferecer às organizações formas de administrar todos os seus aspectos e impactos ambientais mais expressivos, identificando-os, priorizando-os e, em seguida, projetando um esquema de melhoria contínua. As inovações tecnológicas devem estar alinhadas às características da natureza com o objetivo de ampliação do desenvolvimento e com maior benefício social e ecológico.

Dessa forma, a gestão ambiental constitui uma ferramenta fundamental do administrador para o planejamento estratégico, sendo um conjunto de medidas que visam controlar o impacto socioambiental de uma atividade. A gestão ambiental tem o potencial de gerar benefícios econômicos e estratégicos, conforme apresentado no Quadro 5.2.

Quadro 5.2: Benefícios econômicos e estratégicos da gestão ambiental.

Benefícios econômicos
Economia de custos
Redução do consumo de água, energia e outros insumos. Reciclagem, venda e aproveitamento de resíduos, e diminuição de efluentes. Redução de multas e penalidades por poluição.
Incremento de receita
Aumento da contribuição marginal de "produtos verdes", que podem ser vendidos a preços mais altos. Aumento da participação no mercado em virtude da inovação dos produtos e da menor concorrência. Linhas de novos produtos para novos mercados. Aumento da demanda para produtos que contribuam para a diminuição da poluição.
Benefícios estratégicos
Melhoria da imagem institucional. Renovação da carteira de produtos. Aumento da produtividade. Alto comprometimento do pessoal. Melhoria nas relações de trabalho. Melhoria da criatividade para novos desafios. Melhoria das relações com os órgãos governamentais, comunidade e grupos ambientalistas. Acesso assegurado ao mercado externo. Melhor adequação aos padrões ambientais.

Fonte: adaptado de Kraemer (2002).

Assim, a contabilidade ambiental é introduzida na gestão das organizações como forma sistemática de registro e controle, contribuindo positivamente para a proteção ambiental, com dados econômicos e financeiros resultantes das interações organizacionais. O registro do patrimônio ambiental (bens, direitos e obrigações ambientais) deve ser descrito monetariamente, de maneira a auxiliar o gestor na informação sobre o balanço da empresa, bem como nas tomadas de decisão. De acordo com o contabilista Júlio César Zanluca (2007), a contabilidade desses itens, conhecida como contabilidade ambiental, tem inúmeras vantagens, entre as quais estão identificar e alocar custos ambientais, de maneira que as decisões de investimentos sejam baseadas em custos e benefícios adequadamente mensurados; permitir contabilizar as reduções de recursos naturais; informar e demonstrar a eficácia e a viabilidade econômica das ações ambientais; manter a transparência da publicação do balanço ambiental a fim de gerar uma imagem politicamente correta da organização; manter as ações ambientais a fim de contribuir para a contínua melhora do meio ambiente e da sociedade.

Dessa forma, podemos dizer que o primeiro passo para a sustentabilidade financeira é a correta identificação das variáveis envolvidas. Como exemplo, em um estudo de caso, Bertoli e Ribeiro (2006) analisaram os efeitos causados pelos passivos ambientais demonstrados em balanços da Petrobras referentes aos acidentes ocorridos durante o período de 2000 a 2001 envolvendo a empresa. As autoras enfatizam que investimentos na área ambiental poderiam ter evitado a deterioração ambiental, social e, consequentemente, os custos financeiros que acometeram a empresa:

> [...] verifica-se que, durante o período em que houver o investimento na área ambiental, o lucro poderá ficar reduzido; mas, em períodos futuros, tais gastos possivelmente evitarão outros ainda maiores. (Bertoli e Ribeiro, 2006, p. 120)

Assim, a internalização (contabilização financeira) de possíveis danos ou inserção de campanhas preventivas poderiam, por exemplo, ter evitado resultados negativos ocorridos, como os da Petrobras, relativos aos derramamentos de óleo na Baía da Guanabara, nos rios Birigui e Iguaçu. A empresa, provavelmente, teria tido gastos menores com a prevenção do que com os prejuízos inerentes ao reparo dos danos ambientais e sociais produzidos.

Segundo Ferreira (2002), se o uso dos recursos naturais não afetasse as relações econômicas, bem como o patrimônio das organizações, não seria necessário registrar os lançamentos pertinentes àquele uso. Todavia, essa má utilização dos recursos pode ser contabilizada no balanço patrimonial como passivo ambiental. De acordo com o Instituto de Desenvolvimento Gerencial (IDG), o passivo ambiental pode ser entendido como o conjunto de obrigações, contraídas de forma voluntária ou involuntária, que exigem a adoção de ações de controle, preservação e recuperação ambiental e, conforme a Resolução n. 750/93 do Cadastro Federal de Contabilidade (CFC), deve ser classificado no passivo circulante ou realizável em longo prazo, em contas contábeis específicas.

O passivo ambiental também pode ser contabilizado como os efeitos econômico-financeiros das atitudes ambientalmente corretas e medidas preventivas para evitar impactos ao meio ambiente. Ainda, segundo a ONU, o passivo ambiental passará a existir quando a entidade precisar prevenir, reduzir ou retificar um dano ambiental, quando a organização não possui condições para evitar tal obrigação ou quando o valor da exigibilidade pode ser razoavelmente estimado. Assim, o passivo ambiental tem como objetivo controlar e reverter os impactos das atividades da organização que envolvem danos ambientais a recursos hídricos, à atmosfera, ao solo e ao subsolo, perda da biodiversidade, prejuízos à saúde e à qualidade de vida e impactos sociais. A utilização dessa contabilização também se faz importante nas negociações entre organizações para compra e venda, pois, segundo a legislação, as responsabilidades e obrigações ambientais podem incidir sobre os proprietários. Dessa forma, a contabilização do passivo ambiental seria uma estratégia para promover a sustentabilidade da organização.

Para mensurar o passivo ambiental, é necessário identificar aspectos econômicos, financeiros e físicos que afetam ou podem afetar o patrimônio da organização. Como visto, as questões ambientais terão papel fundamental nesse processo. Além desses fatores, devem-se levar em consideração as complexas variáveis envolvidas, o que dificulta a contabilização. Essas dificuldades de mensuração estão ligadas, principalmente, a inexistência de técnicas adequadas; não identificação de quem os gerou efetivamente; inexistência de tecnologia adequada para a recuperação dos danos provocados pelo homem; e falta de definição do montante de insumos que seria utilizado para combater a degradação. Um método de mensuração se dá pela utilização do Estudo de Impacto Ambiental (EIA) e do Relatório de Impacto Ambiental (Rima), como visto no Capítulo 2. O objetivo do EIA-Rima é de identificar os impactos ao meio ambiente e os causadores dos passivos ambientais e, a partir desses documentos, identificar os feitos ambientais e mensurar seus custos.

Um outro lado da contabilidade ambiental é o ativo ambiental, que pode ser definido como bens ambientais – como mananciais, encostas, reservas, áreas de proteção ambiental etc. – e bens e direitos destinados ao controle, preservação, proteção e recuperação do meio ambiente. Trata-se da provisão para perda de potencial de serviço dos ativos em função de causas ambientais. Esses bens, de acordo com Ribeiro e Gratão (2000), recebem classificação de estoques e podem ser compostos por insumos que serão utilizados diretamente no processo de produção, para que sejam eliminados durante este processo os resíduos poluentes.

Entretanto, a identificação dos ativos ambientais vem causando polêmica. Segundo Ribeiro e Gratão (2000), devido ao surgimento de "tecnologias limpas", elas se tornaram os novos meios de produção, com mecanismos que impedem os refugos, que devem ser classificados como ativos operacionais e não ativos ambientais.

De forma geral, os ativos possuem características diferentes para cada organização, pois há vários processos operacionais produtivos. Todavia, sua classificação deverá ser a mesma nas organizações, diferenciada apenas a conta contábil, identificando os estoques ambientais, o ativo permanente imobilizado ambiental e o diferido ambiental. Como todo tipo de bens, estão sujeitos à depreciação, com exceção dos bens com vida útil menor que doze meses. Por exemplo, os ativos operacionais podem ser desgastados pela exposição ao meio ambiente degradado. Assim, esses desgastes devem ser identificados e classificados como custo ambiental.

Entretanto, alguns relatórios financeiros ainda são incompletos. Muitos aspectos relevantes não são abordados, como planos, previsões, riscos e incertezas. É conveniente procurar espelhar o que é relevante, útil, e conferir credibilidade aos relatórios. A Comissão de Valores Mobiliários (CVM) sugere uma nota no relatório da administração a respeito dos investimentos ambientais realizados. Nesse sentido, surgem necessidades de medidas gerenciais que ressaltem de maneira mais adequada a contabilidade gerencial e as vantagens competitivas empreendidas.

O conceito *economic value added* (EVA) é um dos importantes índices financeiros de agregação de valor. O EVA contempla todos os fatores de produção, desde os custos operacionais até o capital, o que auxilia na gestão operacional da organização. Trata-se de um indicador para medir se a empresa está criando ou destruindo valor (Assaf, 2007). Para o cálculo do EVA, apresentado nos Quadros 5.3 e 5.4, é necessário conhecimento prévio do custo total de capital da empresa (WACC). Seria, assim, o custo de oportunidade do capital aplicado por acionistas e credores para compensar o risco do negócio.

Quadro 5.3: Cálculo do EVA.

Lucro operacional líquido (líquido do IR)
(-) Custo total de capital
(WACC x Investimento)
(=) Valor Econômico Agregado (EVA)

Fonte: Assaf (2007).

Ou ainda:

Quadro 5.4: Resumo do cálculo do EVA.

EVA = (ROI - WACC) x Investimento

ROI: retorno sobre investimento, formado pelo produto do giro do investimento e margem operacional.
Fonte: Assaf (2007).

Um outro índice, segundo Assaf (2007), é o valor agregado pelo mercado (MVA), que indica o quanto uma empresa vale adicionalmente ao que se gastaria para repor todos os seus ativos a preços de mercado. Trata-se uma avaliação do futuro, calculada com base nas expectativas do mercado em relação à criação do valor das organizações.

Nesse contexto, destacam-se três formas de criação de valor para uma empresa:

- Simples manutenção ou aumento de sua participação de mercado. Já constitui um fator positivo para a geração de caixa e lucro; cada vez mais a empresa precisa controlar seus processos, produtos e ações perante a sociedade, além do controle também sobre seus fornecedores.
- Reflexo no preço das ações, pela percepção dos investidores de que as empresas com maior sustentabilidade socioambiental podem gerar maiores lucros aos acionistas.
- Prevenção da perda de valor. Ações voluntárias ou involuntárias podem causar danos aos consumidores e ao meio ambiente, o que imputa perda de mercado, processos judiciais contra a empresa, multas ou

outras sanções que resultam em perda de receitas e comprometem seu fluxo de caixa.

A forte conotação dos impactos negativos derivados das atividades realizadas pelas empresas, além de dificultar o acesso a crédito por parte de instituições financeiras, pode afetar os preços dos seus ativos, principalmente os negociáveis em bolsas de valores. Isso pode acarretar piores condições para receber de crédito, visto que as ações terão menor liquidez e menores preços.

A AVALIAÇÃO DO RISCO AMBIENTAL NA CONCESSÃO DE FINANCIAMENTOS

No item anterior foram discutidos os aspectos da gestão ambiental na sustentabilidade financeira das organizações. Neste item, enfatizaremos a importância da adoção dessas práticas, utilizando exemplo de custos envolvidos em financiamentos.

Para iniciar, Bergamini Junior et al. (2003) apresentaram uma metodologia para integração de fatores ambientais na avaliação de risco de crédito em projetos de investimento submetidos a bancos de desenvolvimento ou comerciais. Nela, a instituição financeira deve elevar a taxa de juros de seu crédito se não forem obedecidas certas normas ambientais, e, assim, as empresas tomadoras de financiamentos têm interesse em adotar e cumprir as exigências desses bancos. Nesse modelo deve ser ponderado o risco ambiental, que contempla a mensuração do montante de custos e de passivos ambientais da empresa e a avaliação de sua efetiva capacitação em administrá-los gerencial e financeiramente.

As abordagens para o risco ambiental podem ser de três tipos: avaliação de risco ambiental (*environmental risk rating*), que considera o impacto ambiental no risco global das empresas; sistemas de ordenação de risco ambiental (*environmental ranking systems*), que envolvem listagens de empresas em ordem relativa e de acordo com os escores que teriam atingido com relação a um ou mais critérios específicos de avaliação; e abordagem dos métodos de ordenação, ou de *ranking*, que abrangem desde escalas numéricas simples com atribuição de notas entre −5 e 5, em que zero equivale ao nível de *compliance* (conformidade com a legislação ambiental), a comentários descritivos, sistemas de "passa/não passa" e sistemas paralelos ao de classificação de risco de crédito, com atribuição de níveis de risco entre AAA e C.

O Banco Nacional do Desenvolvimento Econômico e Social (BNDES) é o principal alocador de recursos para financiamento de longo prazo no Brasil, seja por meio de operações diretas ou por meio de bancos credenciados. O apoio financeiro do BNDES está estabelecido nas suas políticas operacionais, que definem as condições básicas de apoio financeiro. As etapas para concessão de financiamento basicamente são análise prévia; recomendações; avaliação preliminar dos aspectos ambientais do projeto; classificação da categoria ambiental do empreendimento; análise das operações; aprovação e contratação das operações; e acompanhamento das operações.

A atuação do BNDES se dá por intermédio de linhas, programas e fundos. Além das chamadas linhas ambientais, que oferecem condições especiais, qualquer financiamento deve obedecer a certas exigências legais, como o caso da licença ambiental, caso seja obrigatória. Outras linhas também colocam objetivos ou condicionantes relacionados ao meio ambiente.

Vale ressaltar ainda que o BNDES também assinou, em 1995, o Protocolo Verde – Carta de Princípios para o Desenvolvimento Sustentável, junto com Banco do Brasil, Caixa Econômica Federal, Banco do Nordeste e Banco da Amazônia. Os bancos podem utilizar recursos do BNDES ou de outras fontes, seguindo princípios de sustentabilidade. No primeiro caso, os financiamentos são concedidos por meio das operações indiretas; já no segundo caso, as fontes de recursos podem ser recursos dos depósitos à vista ou da poupança. É imperativo que as instituições observem as exigências legais que envolvam impacto socioambiental e não apenas as questões pertinentes ao risco financeiro do empreendimento.

Por se tratar de uma instituição oficial de crédito, o Banco do Brasil também contribui para a execução das políticas governamentais, com destaque para sua atuação nos financiamentos para a agricultura familiar por intermédio do Programa Nacional da Agricultura Familiar (Pronaf). Tal programa contempla a concessão de crédito aos agricultores familiares, com pequenas áreas e com exploração caracterizada pelo envolvimento da mão de obra familiar, entre outros aspectos. As linhas de créditos do Pronaf têm como grande atrativo as taxas de juros reduzidas e os bons prazos de carência e vencimento, e buscam a inserção do homem do campo na sociedade por meio da geração de emprego e renda. O banco também tem outras ações no intuito de responsabilidade social ambiental, incluindo uma Agenda 21 própria e pactos de combate ao trabalho escravo; tem ainda os princípios do Equador[3], além de ações no IGC da Bovespa.

O banco Bradesco destaca-se por possuir ações no *Dow Jones Sustainability World Index* e no IGC da Bovespa, abordado a seguir. Além dos critérios de sustentabilidade para concessão de créditos, possui programas de ecofinanciamento de veículos[4] e política corporativa de responsabilidade socioambiental, com o apoio à criação de produtos sustentáveis, que conciliam seus objetivos aos interesses da comunidade.

O banco Itaú também possui ações listadas no *Dow Jones Sustainability World Index* e no IGC da Bovespa e aderiu aos Princípios do Equador. Já realizou uma campanha sobre o uso consciente do crédito e sobre como utilizar as linhas de crédito disponíveis no mercado financeiro brasileiro.

Governança corporativa

Considerando a questão dos financiamentos, nos últimos anos várias empresas têm buscado formas de dar transparência aos seus modelos de gestão, resultados contábeis e financeiros. Além disso, a maior participação aos acionistas minoritários cada vez mais vem colocando em destaque o assunto da governança corporativa, termo este que, segundo Bertucci, Bernardes e Brandão (2006), representa uma forma de gestão para que as companhias

---

3 Os Princípios do Equador são um conjunto de políticas e diretrizes quando da análise de projetos de investimento de valor igual ou superior a US$ 50 milhões, em que devem ser ponderadas avaliações ambientais, proteção a hábitats naturais, gerenciamento de pragas, segurança de barragens, populações indígenas, reassentamento involuntário etc.
4 Para cada veículo financiado pelo banco – via crédito direto ao consumidor (CDC) ou *leasing* –, inclusive com redução das taxas, mudas de árvores serão plantadas pela Fundação SOS Mata Atlântica.

abertas sejam mais confiáveis para os investidores e socialmente mais responsáveis, por meio de desenvolvimento de mecanismos que confiram mais visibilidade e transparência ao processo decisório. Tais mecanismos auxiliam também os pequenos investidores ou acionistas minoritários.

Nesse sentido foi construído o Índice de Governança Corporativa (IGC) e, partir dessa criação, muitos estudos foram realizados buscando entender seu comportamento do índice e associação com diversas variáveis de uma empresa, tais como controle da empresa e política de dividendos, perspectiva dos grupos de *stakeholders* na implantação de políticas e práticas de governança, assimetria da informação e o conflito de agência[5], o que torna difícil generalizar o desempenho deste índice para suas empresas componentes (Silva, 2004; Bertucci et al., 2006; Kimura, 2002).

Um estudo sobre adoção de práticas de governança corporativa e o comportamento das ações comparou observações anteriores à implantação do Nível 1 de Governança Corporativa (N1GC) com outras posteriores. Segundo os autores, havia expectativa da Bovespa de que as variáveis quantidade média, volume médio em reais e preço médio das ações negociadas dessas empresas sofressem aumento ou valorização significativa após a migração das empresas (Aguiar et al., 2004).

De acordo com Andrade (2003), o risco não afeta o lucro por ação de empresas sem governança. À medida que o risco aumenta, o lucro por ação dessas empresas também aumenta, e a rentabilidade do ativo das empresas com governança corporativa é mais elevada. Essa rentabilidade é positivamente correlacionada com o lucro por ação. A rentabilidade do ativo ou taxa de retorno sobre o ativo (lucro/ativo) é superior para empresas que migraram para o modelo de governança corporativa. Outros trabalhos apontaram que o retorno propiciado pelo IGC tem sido maior que o Ibovespa (Securato, 2006). O IGC tem por objetivo medir o desempenho de uma carteira composta por ações de empresas que apresentem bons níveis de governança corporativa. Tais empresas devem ser negociadas no Novo Mercado ou estar classificadas nos Níveis 1 ou 2 da Bovespa. O índice foi criado

---

5   Extrapolou seu conceito original de conflito entre proprietários e administradores e passou a ocorrer, nas companhias nacionais, entre os acionistas majoritários (controladores) e os minoritários.

em junho de 2001, composto pelas ações emitidas por companhias que se comprometeram, de forma voluntária (via assinatura de contrato junto à Bovespa), com a adoção de práticas mais abrangentes de governança corporativa e transparência.

O principal objetivo foi proporcionar um ambiente de negociação que estimulasse o interesse dos investidores e a valorização das empresas, com a melhoria na qualidade das informações prestadas e ampliação dos direitos societários (equilibrar os direitos de todos os acionistas), que reduziriam as incertezas no processo de avaliação, do investimento e do risco. Além disso, trata-se de empresas com responsabilidade socioambiental.

CONSIDERAÇÕES FINAIS

O debate sobre sustentabilidade econômica, social e ambiental vem crescendo em ritmo acelerado no âmbito mundial, com influência na gestão das organizações. A preocupação com os recursos naturais e como lidar com eles faz parte da realidade das organizações, independentemente do porte.

A importância do controle dos investimentos em prevenção e a análise dos custos com práticas adequadas do uso do meio ambiente são, hoje, imprescindíveis para o administrador como tomador de decisão, bem como investidor. Conforme relatado neste capítulo, as empresas que possuem responsabilidade socioambiental conseguiram, junto às entidades de fomento, agregar valor a suas ações. Além disso, as empresas conseguem gerir sua organização de maneira responsável e economicamente eficiente.

EXERCÍCIOS

1. Como a questão do lucro é vista sob o olhar da sustentabilidade nas diferentes organizações?
2. Qual o papel da contabilidade na adoção de práticas sustentáveis pela empresa?
3. A prática da análise das questões ambientais na decisão de investimentos pode contribuir para aumentar a sustentabilidade dos projetos?

REFERÊNCIAS

ASHOKA. Ashoka Empreendedores Sociais. Disponível em: <www.ashoka.org.br>. Acesso em: 22 jun. 2014.

ASSAF, N. A. *Finanças corporativas e valor*. São Paulo: Atlas, 2007.

AGUIAR, A.B. et al. Adoção de práticas de governança corporativa e o comportamento das ações na Bovespa: evidências empíricas. *Revista de Administração da USP (Rausp)*. São Paulo. v. 39, n. 4, p. 338-347, 2004.

ANDRADE, G.A.R. Estudo econométrico dos efeitos da migração para o IGC (Índice de Ações com Governança Corporativa Diferenciada) da Bovespa. Universidade Cândido Mendes, 2003.

BENAKOUCHE, R. *Avaliação monetária do meio ambiente*. São Paulo: Makron Books, 1994.

BERGAMINI JUNIOR, S. et al. Modelo de avaliação de risco de crédito em projetos de investimento quanto aos aspectos ambientais. In: Ibea Annual Congress Puerto Vallarta. México, 2003. Disponível em: <http://www.bndes.gov.br/conhecimento/especial/risco.pdf>. Acesso em: 20 out. 2007.

BERTOLI, A.L.; RIBEIRO, M.S. Passivo ambiental: estudo de caso da Petróleo Brasileiro SA-Petrobras. A repercussão ambiental nas demonstrações contábeis, em consequência dos acidentes ocorridos. *Revista de Administração Contemporânea*, v. 10, n. 2, p. 117-136, 2006.

BERTUCCI, J.L.O.; BERNARDES, P.; BRANDÃO, M.M. Políticas e práticas de governança corporativa em empresas brasileiras de capital aberto. *Revista de Administração da USP (Rausp)*, São Paulo. v. 41, n. 2, p. 183-196, 2006.

BRANCO, S.M. *Ecossistêmica: uma abordagem integrada dos problemas do Meio Ambiente*. São Paulo: Edgard Blücher, 1989

BRASIL. *Constituição da República Federativa do Brasil de 1988*. Lex: legislação federal e marginália. Brasília, DF, p. 1966, out./dez. 1988a. Disponível em: <http://www.planalto.gov.br/ccivil_03/constituicao/constituicao.htm>. Acesso em: 09 dez. 2014.

_____. Lei n. 8.078, de 11/09/1990. Estabelece Normas de Proteção e Defesa do Consumidor. Diário Oficial da União, Brasília, DF, 12 set. 1990. Disponível em: <http://www.planalto.gov.br/ccivil_03/Leis/L8078.htm>. Acesso em 24: jun. 2014.

COTRIN, V.B.; MARTINELLI, D.P. Integrando a variável ambiental à estratégia de negócios. In: V Encontro Nacional sobre Gestão Empresarial e Meio Ambiente. São Paulo, 1999.

ETHOS. Ethos Instituto de Pesquisa Aplicada e Instituto Ethos de Responsabilidade Social. Disponível em: <http://www.ethos.com.br>. Acesso em: 29 maio 2009.

FERREIRA, A.C.S. Contabilidade ambiental - uma informação para o desenvolvimento sustentável. In: DAMODARAN, A. *Finanças corporativas aplicadas*. Porto Alegre: Bookman, 2002.

HALL, R.H. *Organizações: estruturas, processos e resultados*. Pearson, 2004.

KIMURA, H. Ferramentas de análise de riscos em estratégias empresariais. *Revista de Administração de Empresas de São Paulo* [eletrônica] v. 1, n. 2, 2002. Disponível em: <http://www.rae.com.br/eletronica/index.cfm?FuseAction=Artigo&ID=1825&Secao=PWC&Volume=1&Numero=2&Ano=2002>. Acesso em: 13 abr. 2007.

KRAEMER, M.E.P. *A contabilidade como instrumento de gestão ambiental*. Santa Catarina, v. 20, 2002. Disponível em: http://www.gestaoambiental.com.br/recebidos/maria_kraemer. Acesso em: nov. 2016.

MARTINE, G. *População, Meio Ambiente e Desenvolvimento*. Campinas: Unicamp, 1996.

MATIAS, A.B. *Finanças corporativas de curto prazo*. São Paulo: Atlas, 2007.

PETROBRAS. Estratégia. Disponível em: http://www.petrobras.com.br/pt/quem-somos/estrategia/. Acesso em: nov. 2016.

RIBEIRO. M.S.; GRATÃO, A.D. Custos ambientais – o caso das empresas distribuidoras de combustíveis. In: VII Congresso Brasileiro de Custos. Recife, 2000.

SILVA, A.L.C. Governança corporativa, valor, alavancagem e política de dividendos das empresas brasileiras. *Revista de Administração da USP (Rausp)*, v. 39, n. 4, p. 348-361, 2004.

SECURATO, J.C. *Governança corporativa: estudo de médias de retornos entre IGC e Ibovespa no período de Jun/01 a Mar/06*. Campinas, 2006. Dissertação (Mestrado em Administração) – Pontifícia Universidade Católica de São Paulo. Disponível em: <http://dominiopublico.mec.gov.br/>. Acesso em: 13 abr. 2007.

[WCED] WORLD COMMISSION ON ENVIRONMENT AND DEVELOPMENT. *Our Common Future*. Londres: Oxford University Press, 1987. Disponível em: <http://en.wikipedia.org/wiki/Brundtland Commission>. Acesso em: 14 maio 2009.

[WWF] WORLD WIDE FUND FOR NATURE. Disponível em: http://www.wwf.org.br/wwf_brasil/. Acesso em: nov. 2016.

PARTE III
ESTRATÉGIAS AMBIENTAIS PARA A SUSTENTABILIDADE

6 Educação ambiental

Janaína Siegler
Lara Bartocci Liboni
Luciana Oranges Cezarino

INTRODUÇÃO

A sobrevivência da humanidade está intrinsecamente ligada ao avanço do conhecimento e à formação educacional propiciada por instituições de ensino (Foo, 2013; Lozano et al., 2013). Sem conhecimento, ciência, tecnologia e inovação não é possível sustentar os bilhões de seres humanos que consomem os limitados recursos do globo terrestre, ou administrar e prover de serviços essenciais uma sociedade urbana, na qual milhões de pessoas convivem em espaços cada vez mais limitados.

De forma adicional, um dos elementos fundamentais do avanço do conhecimento é a formação de uma comunidade capacitada a fazer escolhas tecnológicas, ambientais e sociais corretas. Nesse sentido, a educação, de forma interdisciplinar assumirá um papel cada vez mais ativo na formação da consciência ambiental (Marcovitch, 2006). É necessário que haja avanço da consciência ecológica, desenvolvimento da cidadania, solidariedade, respeito ao próximo, obrigação de ser útil e uma reflexão sobre o papel de cada um de nós, em todos os âmbitos da sociedade: governantes, empreendedores e cidadãos em geral.

O desenvolvimento sustentável baseia-se em ações humanas, modificação de comportamentos e culturas. São valores novos ainda, relativamente escassos no universo corporativo atual. Por isso, a participação de pessoas preparadas para o envolvimento com projetos socioambientais na sociedade tem um significado extremamente importante. É preciso despertar uma consciência para o todo. A incompreensão da complexidade faz com que se tenha uma percepção ilusória, uma visão especulativa do tempo (Morin, 1997). As pessoas acreditam que é possível realizar coisas em períodos muito menores do que o ambiente, a sociedade e os processos efetivamente permitem.

Para isso é preciso educar. Não apenas a educação oficial ou formal oferecida dentro das escolas, mas também aquela voltada ao exercício da cidadania e que se constrói e se desenvolve por meios amplos e difusos: na escola, no convívio social, na família, no trabalho.

GÊNESE DA EDUCAÇÃO AMBIENTAL

Do verbo "educar", a educação pode ser definida como o aperfeiçoamento das faculdades humanas, por meio do desenvolvimento das atividades intelectuais e morais. Importante para o indivíduo, a educação é um fenômeno social que permite passar às gerações que se seguem os meios culturais necessários à manutenção da convivência social. Esse fenômeno é tão antigo quanto a história do homem.

Nas sociedades primitivas, formadas pelos remotos antepassados do homem contemporâneo, a educação já consistia em um processo para a solução da continuidade social; iniciava-se no interior do núcleo familiar e prosseguia nas atividades desempenhadas pelo grupo social, transmitindo os conhecimentos necessários para que aquela sociedade fosse mantida. Nas grandes civilizações do Oriente Médio, as diferenças internas da sociedade, com seus interesses próprios e antagônicos, encontraram na educação um dos meios mais eficazes para perenizar as classes sociais. A transmissão do conhecimento era apenas admitida para uma minoria que se perpetuava no poder, o que fazia da educação um forte instrumento de soberania. Na Grécia do século V a.C. a educação moldou-se em uma visão utilitarista com os jovens sofistas, que a utilizavam para ensinar o sucesso nos negócios, por meio da retórica e da verdade relativa. Ganhou terreno com a dialética de Sócrates (May, 2000).

O século XVIII trouxe um novo espírito otimista, baseado na ideia de progresso. Esse período foi marcado pelo Iluminismo, um grande movimento ideológico e cultural. Jean-Jacques Rousseau foi um dos grandes pensadores dessa época. Seu modelo de educação exerceu forte influência na pedagogia. Os iluministas acreditavam na reforma da educação e na sua disseminação para toda a sociedade.

No final do século XIX a maior parte dos países industrializados tinha conseguido atrair para a escola quase toda a população infantil, o que se refletiu diretamente na taxa de analfabetismo (Gatti, 2004).

De importância irrefutável, a educação sempre foi alvo de muitos estudos. São inúmeras as áreas do conhecimento que se debruçam sobre esse tema; psicólogos, sociólogos, pedagogos, matemáticos, entre vários outros campos de pesquisadores. São igualmente muitas as modificações que têm sido incorporadas nos modelos educacionais vigentes. Essas mudanças são reflexos de importantes transformações sociais, como a limitação do autoritarismo na escola e o aumento da liberdade de ação da criança, para que se dê livre curso à criatividade; o fomento da atividade física para a boa saúde física da criança e para a sociabilidade; a introdução das novas tecnologias computacionais; e, agora, não menos importante do que antes, a incorporação da consciência ambiental.

Em um contexto global, que estreita as relações, aproxima povos e culturas, encurta distâncias e exige uma busca ininterrupta pela atualização das informações, observa-se também nos ambientes organizacionais a mesma necessidade de readequação, inserção e administração das mudanças. Essa mudança foi trazida com a necessidade de se incutir em nossa sociedade um novo pensamento com relação ao futuro do planeta. O discurso do desenvolvimento sustentável e, mais tarde, a descoberta dos efeitos das alterações climáticas ocasionadas pelos homens apenas evidenciaram aquilo a que se assiste em nossa sociedade, de forma passiva e irrefletida: o relacionamento da humanidade com a natureza de maneira utilitarista em uma forte pressão exercida sobre os recursos naturais.

Modificar comportamentos e desenvolver valores será necessário em uma sociedade que traz, historicamente, inúmeros vícios comportamentais que prejudicam e inviabilizam o desenvolvimento sustentável, processo que assegura uma gestão responsável dos recursos do planeta, de forma a preservar os interesses das gerações futuras e, ao mesmo tempo, atender às necessidades das gerações atuais. Nesse contexto, a educação necessariamente deveria sofrer modificações, para abrigar tais transformações e preparar as gerações para um novo estilo de vida. Surge então o conceito de educação ambiental.

EDUCAÇÃO AMBIENTAL NO BRASIL

A educação ambiental, que se tornou lei no Brasil em 27 de abril de 1999 (Lei n. 9.795), constitui-se em forma abrangente de educação, que se propõe a atingir todos os cidadãos por meio de um processo pedagógico participativo permanente, buscando incutir no educando uma consciência crítica sobre a problemática do meio ambiente em que vive, incorporando fortemente a proposta de construção de sociedades sustentáveis, do ponto de vista não apenas econômico, mas social e ambiental. Tenta, assim, superar a visão antropocêntrica – que fez com que o homem se sentisse sempre o centro de tudo, esquecendo a importância da natureza – e despertar a consciência de que o ser humano é parte do meio ambiente.

Em dezembro de 2002, reconhecendo que o desenvolvimento sustentável é uma urgente necessidade social e ecológica e que a educação é indispensável para isso, a Assembleia Geral das Nações Unidas (ONU) declarou a abertura da Década da Educação para o Desenvolvimento Sustentável (Deds) por meio da Resolução n. 57/254 e designou a Organização das Nações Unidas para a Educação, a Ciência e a Cultura (Unesco) como a principal agência para sua promoção. Essa foi uma oportunidade valiosa para os educadores de todos os tipos colaborarem para a criação de um futuro sustentável.

A estratégia da Deds está em consonância com os princípios da sustentabilidade, ao afirmar que a educação é instrumento de aprendizado sobre o processo de tomada de decisões considerando o ponto de vista econômico, ecológico e de igualdade entre as comunidades. É reforçada, então, a noção de que a melhor forma de progresso requer uma educação que cultive o respeito pela diversidade, maior preocupação nas relações entre seres humanos e mundo animal e mais responsabilidade ecológica e social (Clugson, 2004).

EDUCAÇÃO AMBIENTAL CONCEITUADA

O termo "educação ambiental" pode causar confusão, pois a educação ambiental não é apenas educação pela natureza. A educação ambiental engloba o meio ambiente em que vivemos: natureza, sociedade, instituições, pessoas. É, portanto, uma educação sistêmica. Não é apenas a educação no ambiente (educação experiencial), nem mesmo a educação sobre o ambiente (educação informacional), mas a educação para o ambiente, que educa de forma crítica e política. Já a educação pela natureza é uma ferramenta da educação ambiental, que utiliza uma pedagogia em que a natureza é um dos pilares para ensinar e desenvolver no educando o respeito pelos recursos naturais e a compreensão da importância daquilo que, até há pouco tempo, imaginávamos que estaria à disposição e em eterna abundância.

A educação ambiental, portanto, também desenvolve o valor do respeito ao próximo e a cidadania. Forma homens conscientes de suas responsabilidades e engajados com o desenvolvimento sustentável de suas sociedades. A palavra "ambiental" está mais relacionada a "meio ambiente" do que a "natureza". Por isso, não está restrita à natureza e possui também forte apelo social. Assim, para não restringir o verdadeiro conceito da educação ambiental, utilizaremos ao longo deste capítulo o termo educação integral. Essa é uma forma de não simplificarmos algo que é de extrema importância: o significado e o conceito daquilo que estamos tratando. Entender o significado e o conceito das coisas é o primeiro passo para podermos desenvolver uma discussão crítica ou reflexiva sobre elas.

Assim, ao optarmos por utilizar o termo educação integral e não educação ambiental, estamos tratando de ajustar esse entendimento e de proporcionar ao leitor a possibilidade de realmente compreender o conceito por meio de uma nomenclatura mais adequada a nossa compreensão.

PILARES DA EDUCAÇÃO INTEGRAL: A EDUCAÇÃO INTEGRAL NAS ORGANIZAÇÕES

Vivemos, neste início do século XXI, o que pode ser chamado de novo ciclo histórico, considerado como "Era do Conhecimento". A importância desse novo ciclo dá-se pela força do princípio da ação e reação – sem ela não é possível corrigir os percursos errados que temos seguido há séculos. Nesse contexto, educação é a palavra do momento.

Nessa nova fase, o homem tem a oportunidade de reaprender a valorizar aquilo que utilizava sem critérios. Não se refere apenas aos recursos naturais, mas também às pessoas e à sociedade que as circundam. Mas, afinal, a quem cabe essa tarefa? A quem cabe esse educar? A educação deve ocorrer onde há convivência sistemática entre pessoas: na escola, no lar e no ambiente de trabalho. O ambiente de trabalho, representado pelas organizações, não tem menos importância, apenas papel diferente nesse processo educativo. É, portanto, um dos pilares para a educação do homem.

As empresas vivem em um ritmo acelerado e não conseguem mais, na maioria das vezes, esperar que a escola ou o lar eduque o homem para ser cidadão consciente, preparado para trabalhar em organizações que buscam o desenvolvimento sustentável. Portanto, cada vez mais, é preciso que elas se responsabilizem por parte dessa educação. Surge, então, dentro das empresas, a educação integral.

As organizações possuem conjuntos de preocupações, de curto, médio e de longo prazo. As preocupações de curto prazo dizem respeito à manutenção das atividades da empresa; são preocupações relacionadas a lucro, rentabilidade, operações. Essas preocupações estarão sempre presentes, pois a organização terá que se concentrar nas questões relacionadas à sobrevivência do negócio, à sua viabilidade. Essas preocupações e pressões de curto prazo causam certo grau de imediatismo nas corporações.

O outro conjunto de preocupações, de longo prazo, diz respeito à sustentabilidade da organização. A sustentabilidade não deve ser uma filosofia no sentido teórico da palavra, mas, sim, completamente aplicável à vida cotidiana para que não perca seu sentido mais amplo de aplicabilidade. Entre esses investimentos, o mais importante é o que se faz para que os recursos humanos estejam alinhados com essa visão de sustentabilidade. A empresa é um complexo de pessoas engajadas em um mesmo objetivo e, se essas pessoas forem preparadas para o longo prazo, elas terão chances de manter a empresa viva e competitiva no futuro, respeitando a sociedade e os recursos naturais, buscando ser justa, viável e correta.

Isso significa que a sustentabilidade depende dos seres humanos envolvidos nos processos decisórios das corporações. Como decidimos o tempo todo, em última análise a sustentabilidade depende de todos nós. Dentro da organização, em resumo, a sustentabilidade depende de seus colaboradores. Nesse contexto, o investimento em educação não deveria ser considerado apenas um custo adicional, mas um investimento para um grupo mais bem preparado para enfrentar momentos em que novas variáveis se apresentarão como surpresa para muitos outros grupos que não lhe anteciparam os efeitos. O investimento na educação integral das pessoas dentro da organização visa, além do aprendizado da cultura organizacional ou do desenvolvimento de novas aptidões e conhecimentos, criar bases para o desenvolvimento da cidadania e para a modificação do comportamento humano no trabalho, por meio da conscientização e da conquista de novos valores.

TREINAR, DESENVOLVER, EDUCAR, EDUCAR INTEGRALMENTE

Como visto, cabe às empresas assumir parcela cada vez maior na educação e na formação de recursos humanos, a exemplo do que ocorre em outros países e do que está sendo feito por algumas empresas brasileiras. Dentro das organizações, a área responsável pelo comportamento e desenvolvimento dos indivíduos é a área de recursos humanos ou gestão de pessoas. Enquanto a empresa define seus objetivos e almeja crescimento e desenvolvimento de seus processos, a área de recursos humanos é responsável por alocar as pessoas em seus respectivos lugares de acordo com suas funções e movimentá-las efetivamente para que possam alcançar esses objetivos, atingindo o sucesso. As pessoas fazem a organização acontecer e, normalmente, elas estão relacionadas diretamente a seu sucesso ou a seu fracasso (Pacheco e Siegler, 2007).

De acordo com Dessler (2003, p. 2),

> [...] a Administração de Recursos Humanos refere-se às práticas e às políticas necessárias para conduzir os aspectos relacionados às pessoas no trabalho de gerenciamento, especificamente à contratação, ao treinamento, à avaliação, à remuneração e ao oferecimento de um ambiente bom e seguro aos funcionários da empresa.

O conceito e o papel da área de recursos humanos denotam uma clara evolução com o passar do tempo, revelando visões bastante diferenciadas dos diversos autores ao longo da história.

Para que possa atuar eficiente e eficazmente, e reforçar a importância dos recursos humanos e sua modelagem nas organizações voltando-se especificamente para o desenvolvimento do fator humano, Fleury (2002, p. 11) comenta que "toda e qualquer organização depende, em maior ou menor grau, do desempenho humano para seu sucesso. Por esse motivo, desenvolve e organiza uma forma de atuação sobre o comportamento que se convencionou chamar de modelo de gestão de pessoas".

Para muitos autores, as empresas deveriam se concentrar em sua capacidade de aprendizagem e procedimentos de fomento ao desenvolvimento e inovação, muito mais do que em procedimentos de relações industriais. Com isso, surgiram no decorrer do tempo inúmeras técnicas e procedimentos para melhorar ou ampliar habilidades, conhecimentos e competências das pessoas na organização. Do treinamento à educação corporativa, foram grandes as conquistas nesse campo do conhecimento em administração.

O treinamento surgiu para promover a aquisição de habilidades, conceitos ou atitudes que resultassem em uma melhoria dentro do ambiente de trabalho, com resultados positivos para a empresa. Já o desenvolvimento conquistou espaço como processo de longo prazo para aperfeiçoar as capacidades e motivações dos colaboradores. O desenvolvimento inclui não apenas o treinamento, mas também a carreira e ou outras experiências. A educação continuada ou educação corporativa surgiu como um processo de aperfeiçoamento e atualização de conhecimentos, visando melhorar a capacitação técnica e cultural do profissional; é o conjunto de práticas educacionais planejadas para promover oportunidades de desenvolvimento do funcionário, com a finalidade de ajudá-lo a atuar mais efetiva e eficazmente na instituição (Dessler, 2003). Assim, o treinamento, o desenvolvimento e a educação corporativa funcionam como processos capazes de promover no colaborador uma ampliação das suas técnicas, de seu conhecimento específico no que diz respeito a seu trabalho e de seus valores organizacionais.

Mais recentemente surgiu o conceito de cidadania organizacional. Esse conceito trouxe um novo paradigma de avaliação de comportamento no universo corporativo. A cidadania organizacional nada mais é do que um valor incorporado em alguns indivíduos que permite que trabalhem de modo a cooperar com as pessoas da organização, por meio de uma vontade ativa. Esse conceito faz parte de um valor de meio ambiente. Faz parte de saber que o mundo não gira ao redor das necessidades individuais, por isso faz com que se desenvolva o olhar para o outro e para o todo.

Além dos conceitos de treinamento, de desenvolvimento, de educação corporativa e de cidadania organizacional, há ainda o conceito de educação integral. Educar é mais do que formar o indivíduo para que seja capaz de agir de acordo com as técnicas e os procedimentos da organização. É necessário lançar mão da utilização de meios que permitam assegurar a formação e o desenvolvimento de um ser humano, indo muito além da aprendizagem técnica. É possível, por meio de discussões e reflexões, promover o senso ético, o compromisso, as noções de justiça e igualdade, valores esses que devem permear a organização como um todo. Essa é a proposta e o papel da educação integral, como discutido neste capítulo.

Dos arsenais metodológicos para uma pedagogia educacional dentro das organizações, é importante e urgente desenvolver a capacidade de observar a realidade, em uma educação pautada na observação constante, na percepção e na reflexão lógica, em um conhecimento inteligente e aplicável. O educar integralmente dentro das organizações possibilita o desenvolvimento de aprendizagens individuais e organizacionais, promovendo novas formas de conduta e comportamento.

A EDUCAÇÃO INTEGRAL NO ENSINO DE ADMINISTRAÇÃO

O método formal de educação, especialmente nas escolas de negócios, reforça a visão utilitarista do nosso meio, na perspectiva da sociedade industrial de consumo ainda sem os valores da sustentabilidade. Todavia, as escolas de negócios podem ser grandes formadoras de agentes de mudanças sociais. Os administradores devem ser capazes de examinar os aspectos sociais, políticos e econômicos, já que possuem importante papel como agentes para o desenvolvimento sustentável. São esses importantes profissionais, líderes dos negócios de amanhã, que precisam receber inevitavelmente os valores da educação integral.

É possível perceber a introdução de disciplinas sobre estratégias ambientais no currículo dos cursos de Administração. Elas são importantes, pois demonstram os impactos ambientais dos meios de produção e como as empresas podem minimizar esse efeito. A dúvida é: como desejamos viver e o que as organizações devem fazer nesse sentido?

Como organismos vivos e conglomerados de trabalhadores ativos, as organizações possuem grande responsabilidade no processo de reestruturar uma nova sociedade, com uma nova consciência. Para isso é necessário preparar melhor aqueles que estarão à frente dessas empresas, discutir mais ética, política e reflexão no estudo da Administração e sair do foco único de produção *versus* consumo.

A apresentação de aspectos isolados do aproveitamento do meio e de seus materiais, no âmbito de outras disciplinas, gera uma ideia muito imediatista e utilitária da natureza, do que seria o desejável com vistas à construção de uma atitude menos destrutiva com relação ao ambiente. A educação integral, organizada de forma interdisciplinar e complexa, permite uma consciência reflexiva diferente daquilo que tem sido ensinado nas escolas de negócios ou até em qualquer outro universo.

Nesse contexto, o administrador de empresas deveria atuar como um cientista social e não apenas como um técnico que aprende a utilizar aquilo que está disponível. Devem ser críticos e construtores, criadores de novos sistemas e instituições. Assim, esses profissionais precisam receber estímulos para desenvolver o discurso dialético, em que novos construtos são revelados, a verdade é apresentada com argumentos racionais, e são analisadas novas perspectivas, mediante novos desafios. Essas mudanças de valores institucionais e pessoais são essenciais para que haja uma contabilidade ecológica e social positiva e equitativa em nossa sociedade. Conhecer o meio físico, social e econômico permitirá que estratégias empresariais corretas possam desenvolver não só as organizações, mas o planeta de forma equilibrada e sustentável.

CONSIDERAÇÕES FINAIS

A educação ambiental tem sido amplamente estudada e discutida. Porém, a palavra "ambiental" é trazida do termo meio ambiente e não apenas natureza. Por isso, não está restrita à natureza e tem também forte veia social. Assim, para não restringir o verdadeiro conceito da educação ambiental, a sugestão é a utilização do termo *educação integral*.

A educação integral possui uma pedagogia própria, que estimula a formação de seres capazes de interagir com o meio, tomar decisões justas e corretas e, além de tudo, formar seres com referências de cidadania e ética. Educar para que conheçam suas identidades, potencialidades e para que se sintam seguros do papel que possuem como cidadãos. É preciso estimular a sensibilidade e a criatividade. Criar ideias é um trabalho de articulação entre observar e analisar. A análise desses contrastes amplia o estado sensorial e a percepção. É importante que haja estímulos sensoriais fortes. O contato mais direto com a natureza, ao ar livre, promove o entendimento do que seja equilíbrio, harmonia e simplicidade. O meio ambiente tem um papel fundamental no desenvolvimento do pensamento ao estimular os verdadeiros mecanismos do aprendizado.

Nesse contexto, o papel das organizações é fundamental. A educação também deve ser promovida no ambiente organizacional.

Finalmente, a educação ambiental (integral) desperta a consciência crítica sobre a problemática do meio ambiente em que vivemos, incorporando fortemente a proposta de construção de sociedades sustentáveis, do ponto de vista não apenas econômico, mas social e ambiental. A reflexão é essencial para o melhor entendimento do todo, do meio, para que se possa participar, interagir com o meio e refletir sobre tudo aquilo que nos rodeia.

EXERCÍCIOS

1. Qual o papel da educação na visão de longo prazo da empresa para atingir a sustentabilidade?
2. A cidadania organizacional é uma habilidade inerente ao indivíduo ou poderia ser desenvolvida no âmbito do ensino?
3. Qual a sua visão sobre o tripé da educação integral?

REFERÊNCIAS

CLUGSON, R.A. The UN Decade of Education for Sustainable Development. SGI Quarterly, out. 2004. Disponível em: <http://www.sgiquarterly.org/feature2004Oct-1.html>. Acesso em: 28 out. 2016.

DESSLER, G. Administração de recursos humanos. São Paulo: Prentice Hall, 2003.

FLEURY, M.T.L. *As pessoas nas organizações.* São Paulo: Gente, 2002.

FOO, K. Y. A vision on the role of environmental higher education contributing to the sustainable development in Malaysia. *Journal of Cleaner Production*, v.61, p.6-12, 2013. (doi:10.1016/j.jclepro.2013.05.014)

LOZANO, R.; LOZANO, F. J.; MULDER, K.; HUISINGH, D.; WAAS, T. Advancing higher education for sustainable development: international insights and critical reflections. *Journal of Cleaner Production*, v.48, p.3-9, 2013. (doi:10.1016/j.jclepro.2013.03.034)

GATTI, B. A. Estudos quantitativos em educação. *Educação e Pesquisa*, São Paulo, v.30, p.11-30, 2004.

MARCOVITCH, J. *Para mudar o futuro.* São Paulo: Saraiva/Edusp, 2006.

MAY, H. *On Socrates.* Wadsworth: Thomson Learning, 2000.

MORIN, E. *O paradigma perdido – a natureza humana.* 5 ed. (Trad. Hermano Neves). Portugal: Publicações Europa, 1997.

PACHECO, M. S.; SIEGLER, J. B. Outdoor training: um tipo de treinamento e desenvolvimento das empresas aplicado com seus executivos – uma prática considerada inovadora e tardia no Brasil. In: SIMPÓSIO DE EXCELÊNCIA EM GESTÃO E TECNOLOGIA, 4., 2007, Resende-RJ. *Anais eletrônicos...* Resende: Associação Educacional Dom Bosco, 2007. Disponível em: <http://www.aedb.br/seget/arquivos/artigos07/1433_OUTDOOR%20TRAINING_SEGeT.pdf>. Acesso em: 28 out. 2016.

7 | O mercado de créditos de carbono

Érico Moreli
Mariana Amaral Fregonesi

INTRODUÇÃO

O mercado de créditos de carbono passou a existir com a ratificação do Protocolo de Quioto em 1997, cujo objetivo é a redução das emissões de gases de efeito estufa (GEE), bem como a sua captura na atmosfera por meio de reflorestamento ou manejo florestal. A preocupação com a redução dessas emissões surgiu à luz do aquecimento global, que vinha (e vem) se agravando exponencialmente em virtude do efeito desses gases na atmosfera.

Os princípios básicos do protocolo envolvem a responsabilidade comum, porém diferenciada. Esse princípio mostra que todos os países têm sua responsabilidade com relação aos GEE. Os países chamados desenvolvidos possuem elevado nível de industrialização, consequentemente maiores emissões de poluentes. Por isso, no período inicial, a responsabilidade de redução de GEE recairia exclusivamente sobre os países desenvolvidos. Outro princípio do Protocolo é que deveriam ser tomadas ações imediatas para solucionar ou pelo menos minimizar o problema das emissões de GEE, no período de 2008 a 2012, com a posterior extensão para 2020. Os países deveriam incentivar mecanismos de desenvolvimento sustentável visando atender a esse princípio.

O documento que formaliza o Protocolo de Quioto possui cinco listagens: Anexos A e B; Anexos I e II e Não Anexo I. O Anexo A lista os tipos de GEE e as atividades que os geram; o Anexo B relaciona os países signatários do acordo que deverão reduzir as emissões de GEE e a quantificação de seus compromissos de reduções. As outras listagens classificam os países (não só os signatários) em três tipos: o Anexo I lista os países desenvolvidos e industrializados, sendo eles os membros da Organização de Cooperação e Desenvolvimento Econômico (OECD, na sigla em inglês) e os países com economias em transição em 1992; o Anexo II lista os países desenvolvidos e industrializados que poderiam ser financiadores dos investimentos necessários para as reduções, sendo eles os países da OECD que não se configuravam como economias em transição. Por fim, o Não Anexo I lista os países em desenvolvimento que se comprometeram com o Protocolo, mas não estariam obrigados a reduzir suas emissões. Nesse último estão listados, entre outros, Brasil, China e Índia.

Para que os países do Anexo B pudessem atingir suas metas no período do primeiro compromisso (2008-2012), o Protocolo de Quioto estabeleceu três mecanismos que permitiam o cumprimento das exigências de reduções de emissões de GEE (Ribeiro, 2005):

- Implementação conjunta (*joint implemention*). Países do Anexo I poderiam se unir para pesquisar, desenvolver e implementar novas tecnologias que beneficiassem igualmente as partes envolvidas em seu objetivo de reduzir emissões.
- Comércio de emissões (*emission trading*). Países do Anexo I poderiam comercializar entre si o excedente de redução de emissões (reduções superiores ao compromisso assumido).
- Mecanismo de desenvolvimento limpo (*clean development mechanism*). Países do Anexo I poderiam financiar projetos em países em desenvolvimento (Não Anexo I) com o objetivo de adquirir créditos que seriam usados para atingir as metas de redução (são os chamados créditos de carbono).

MECANISMOS DE DESENVOLVIMENTO LIMPO (MDL)

O MDL permite aos países em desenvolvimento participar do processo de redução de emissões, criando-se uma consciência mundial quanto às mudanças climáticas. Os países no Não Anexo I podem gerar créditos de carbono e vender para os países do Anexo I. O comércio das suas reduções deveria ser realizado mediante certificação técnica auferida pela comissão executiva do MDL. As reduções certificadas de emissões (RCE) são resultados de projetos cuja existência permite a geração de créditos de carbono.

Uma unidade de RCE é igual a uma tonelada métrica de dióxido de carbono equivalente, calculada de acordo com o Potencial de Aquecimento Global (*Global Warming Potencial* - GWP), índice divulgado pelo Intergovernmental Panel on Climate Change (IPCC) e utilizado para uniformizar as quantidades dos diversos GEE em termos de dióxido de carbono equivalente, possibilitando que reduções de diferentes gases sejam somadas. O GWP que foi utilizado para o primeiro período de compromisso é o publicado no segundo *Relatório de Avaliação do IPCC* (Lopes, 2002).

Os projetos para redução das emissões são considerados elegíveis no âmbito do MDL, caso satisfaçam alguns critérios fundamentais:

- Contribuir para o objetivo primordial preconizado pela convenção, ou seja, a redução das emissões de GEE.
- Atender ao princípio da adicionalidade, em que o projeto comprovadamente deve resultar na redução de emissões de GEE e/ou remoção de CO_2 da atmosfera, adicional ao que ocorreria na ausência do projeto.
- Contribuir para o desenvolvimento sustentável do país onde foi implementado, demonstrando benefícios reais, mensuráveis e de longo prazo inerentes às mudanças climáticas.

Portanto, as empresas estabelecidas nos países signatários que não conseguissem alcançar os objetivos firmados para reduções de emissões de GEE poderiam fazê-lo por meio da compra de RCE, com o propósito de atingir a meta final de redução. O MDL permite uma flexibilização para os países, possibilitando que eles atinjam suas metas mesmo não fazendo os ajustes internos necessários.

Conejero e Neves (2007, p. 114) ressaltam que a

> [...] decisão da escolha da estrutura de governança da transação gira em torno dos custos necessários para a realização de contratos de compra de RCE em um mercado, comparados com os custos necessários à internalização das atividades de redução de emissões no âmbito da própria empresa.

Assim, o administrador da empresa fará uma comparação dos custos para aquisição e implementação de tecnologia que permita redução das emissões dentro da própria empresa com os custos correntes para aquisição de RCE de outras empresas. A empresa deverá optar pelo menor custo, respeitando as regras estabelecidas no Protocolo de Quioto. Portanto, o baixo custo dos RCE no mercado de carbono podem restringir investimentos internos que reduziriam a poluição.

A participação empresarial em projetos de MDL com RDE não é um processo simples. Esse processo que requer uma série de competências e algumas etapas para sua viabilização, conforme apresentado por Conejero (2006).

- Contratação de consultoria técnica especializada para elaboração em conjunto do projeto.
- Cálculo das emissões a serem reduzidas e transacionadas.
- Aprovação da metodologia utilizada para redução dos GEE e também de monitoramento junto ao comitê executivo do MDL (órgão executivo da ONU).
- Aprovação pela autoridade nacional (Comissão Interministerial de Mudança Global do Clima – CIMGC).
- Validação por entidade certificadora.
- Monitoramento da quantidade de redução dos GEE.
- Verificação e certificação pela entidade certificadora.
- Emissão de RCE pelo comitê executivo do MDL.

Além de toda essa regulamentação específica, que dificulta a viabilização de projetos de MDL, existem ainda riscos específicos inerentes ao mercado de carbono (Lecocq e Capoor, 2005), como o término desse mercado de RCE após 2020 (data estendida); o de países proponentes de projetos MDL possuírem metas de redução de emissões após 2020, quando as reduções auferidas servirão para cumprir suas metas e não mais para comercialização; o da não obtenção do registro junto ao comitê executivo de MDL; ou da não aprovação da metodologia; e o de o projeto não ter o rendimento esperado para obtenção das reduções inicialmente planejadas. Conejero (2006, p. 19) complementa as incertezas aos projetos de MDL com relação ao aspecto temporal, afirmando que o "projeto de MDL tem ciclos básicos de 7 ou 10 anos para projetos energéticos, e de 20 ou 30 anos para projetos florestais".

Outro ponto que merece destaque com relação às incertezas em projetos de MDL diz respeito aos riscos inerentes às atividades de inovação tecnológica, uma vez que os projetos são inéditos, criados a partir de pesquisa e desenvolvimento para um objetivo específico. Porto (2000) e o Manual de Oslo (2005) complementam que os principais riscos inerentes à inovação tecnológica incluem fatores econômicos, como custos elevados e deficiências de demanda; fatores específicos a uma empresa, como a carência de pessoal especializado ou de conhecimentos; e fatores legais, como regulamentações ou regras tributárias.

FINANCIAMENTOS DE PROJETOS DE MDL

Observando as dificuldades para criação de um projeto de MDL e obtenção de RCE aliadas aos seus baixos preços correntes, as empresas proponentes de projetos procuraram as empresas compradoras de RCE, propondo o recebimento de investimentos iniciais das compradoras ou mesmo parceria nos projetos para viabilização dos negócios. Com isso, as empresas compradoras precisariam dividir os riscos do negócio. Mas houve poucos casos de financiamento inicial, uma vez que as empresas compradoras de RCE quiseram um mercado *spot*, sem assumir riscos e pagar somente no ato do recebimento das RCE (Lecocq e Capoor, 2005).

Guimarães (2006, p. 8) justificou a necessidade de investimento para as atividades de inovação como "uma resposta à existência de falhas de mercado que impediriam que a empresa se apropriasse integralmente do benefício gerado pelos resultados de seus investimentos em P&D". Tais "falhas de mercado" se referem às dificuldades inerentes às atividades de pesquisa, como alto risco e alto grau de incerteza. O que se tentou assegurar foi uma oferta de tecnologia que atendesse às necessidades do processo de crescimento econômico.

Nessa perspectiva, coube às empresas proponentes de RCE a busca por investimentos para evolução desse mercado, tendo como opções a busca de incentivos e financiamento público – como a linha de financiamento para MDL do Ministério de Ciências e Tecnologia (MCT), administrada pela Financiadora de Estudos e Pesquisas (Finep) –, ou ainda a negociação com organizações multilaterais – como o Banco Mundial, que atuou como intermediário entre compradores e vendedores de RCE.

O Banco Mundial, por meio do programa *Carbon Finance Business*, teve participação de destaque na compra de RCE. Seu volume de compra foi de 24% do total de reduções certificadas comercializadas, ficando atrás somente do Japão, que auferiu volume de 41%.

Quando uma empresa tem o interesse na venda de RCE para o Banco Mundial (Carbon Finance Unit – CFU), ela deve inicialmente preencher uma proposta para análise do banco. Em caso de interesse na aquisição das RCE, é realizada uma análise financeira, em que será definida a forma de financiamento inicial (*upfront payment*), cujas informações serão descritas em outro documento (*carbon finance document*). Assim, se houver liberação do capital, as empresas podem utilizá-lo para viabilização do projeto que irá proporcionar as RCE. E, em uma última fase de negociação, será firmado um contrato de compra das reduções pelo banco, finalizando a operação. Com isso, o banco tem um papel de catalisador para o desenvolvimento e fortalecimento desse mercado e, em contrapartida, adquire as RCE por valores inferiores ao mercado corrente (Conejero e Neves, 2007).

Há que se ressaltar a existência de outras organizações, que também atuam como canais de comercialização para o mercado de RCE. A Finep, por exemplo, elaborou uma política de redução dos juros para projetos cuja abrangência e formas de gestão estejam em consonância com a atual Política Industrial, Tecnológica e de Comércio Exterior (PITCE). Já os financiamentos não reembolsáveis do Ministério de Ciência e Tecnologia (MCT), também conhecidos como financiamento a fundo perdido, visam à criação de uma sinergia entre empresas, institutos de pesquisa e universidades para desenvolvimento de pesquisas em tecnologia para projetos de MDL. Esse modelo de gestão de projetos é difundido em empresas situadas nos países da OECD e se mostra eficiente para aumento dos resultados em inovações tecnológicas.

COMÉRCIO DOS CRÉDITOS DE CARBONO

Apesar de não participarem do Protocolo de Quioto, os EUA foram os primeiros a comercializar créditos de carbono em uma bolsa de valores. Em 2003, foi criada a Bolsa de Clima de Chicago (CCX) como um mercado de carbono alternativo ao Protocolo de Quioto. A CCX foi a primeira bolsa a negociar RCE no mercado voluntário. As empresas associadas à CCX se comprometeram a reduzir em 4% as emissões de GEE até o ano de 2006, com base nos padrões vigentes em 1998. Se elas alcançassem essa meta, receberiam créditos de carbono para serem negociados com outras empresas. Vale ressaltar que o Banco Mundial e a CCX já comercializavam créditos de carbono antes mesmo de o Protocolo de Quioto entrar em vigor. Além deles, outros programas de comércio de permissão de emissões de GEE já existiam, como o Fundo Protótipo de Carbono e o Erupt (Emission Reduction Units Purchase Tender).

No Brasil, foi criado, em 2004, o Mercado Brasileiro de Reduções de Emissões (MBRE), em uma iniciativa conjunta da Bolsa de Mercadorias e Futuro (BM&F) e do Ministério do Desenvolvimento, Indústria e Comércio Exterior (MDIC). O objetivo do MBRE era desenvolver um sistema eficiente de negociação de certificados ambientais coerente com os princípios do Protocolo de Quioto. A primeira etapa desse mercado consistiu em registrar projetos e intenções de projetos (possibilidade de geração de RCE) na BM&F. Foi uma maneira de atrair investidores e possíveis compradores dos potenciais créditos de carbono. O Banco de Projetos da BM&F, criado nessa etapa do processo, também foi aberto para o registro de intenções de compra; ou seja, os investidores estrangeiros interessados em adquirir créditos de carbono poderiam registrar seu interesse. A segunda etapa do MBRE consistia no desenvolvimento e implantação de sistema eletrônico de leilões de créditos de carbono. O objetivo do sistema foi possibilitar a negociação (no mercado à vista) de créditos de carbono já gerados por projetos de MDL.

PROJETOS MDL NO MUNDO

Conforme já especificado, um projeto só é cadastrado no sistema do MDL quando o seu documento de concepção de projeto (DCP) é submetido a validação a uma entidade operacional designada (EOD), e a sua efetivação ocorre somente após o ciclo de validação, aprovação e registro.

A Figura 7.1 apresenta o *ranking* de países com participação em projetos de MDL até 31 de janeiro de 2016. Segundo o Ministério da Ciência, Tecnologia e Inovação (MCTI, 2016), há um total de 7.690 atividades de projeto registradas na Convenção-Quadro das Nações Unidas sobre a Mudança do Clima (UNFCCC na sigla em inglês), estando o Brasil em terceiro lugar com 339 atividades de projeto registradas. Segundo o mesmo documento, a China está em primeiro lugar, com 3.764 atividades (48,9%) e a Índia em segundo lugar, com 1.598 atividades (20,8%).

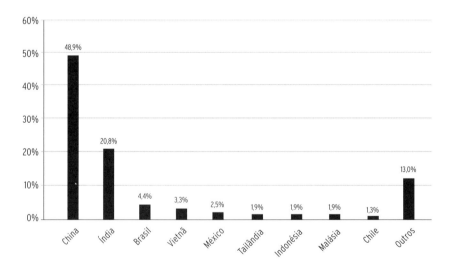

Figura 7.1: Distribuição do total de atividades de projeto MDL registradas por país até 31 de janeiro de 2016.
Fonte: MCTI (2016).

A estimativa de redução de emissões de gases de efeito estufa dos projetos de MDL registrados até 31 de janeiro de 2016 mostrou que o Brasil seria responsável pela redução de cerca de 375 milhões de t $CO_{2\,eq}$. Essa redução equivale a 4,9% do total mundial, sendo que a China estaria em primeiro lugar com reduções representando 59,9%, seguida pela Índia, com 11,5% (MCTI, 2016).

A China apresentou uma forte redução das emissões uma vez que seus projetos se concentram na redução do HFC-23, um tipo de hidrofluorcarbono (um dos seis gases incluídos no Anexo A do Protocolo de Quioto) que oferece maiores lucros porque tem um potencial poluente cerca de 11.700 vezes maior que o carbono, considerado para um período de 100 anos; os valores dos créditos de carbonos são relativos à tonelada equivalente de carbono (Tabela 7.1). No Brasil, a tendência foi direcionada a projetos de eficiência energética e energias renováveis.

Tabela 7.1: Potencial de aquecimento global dos GEE.

Espécies	Fórmula química	Tempo de vida (anos)	Potencial de aquecimento global (horizonte de tempo)		
			20 anos	100 anos	500 anos
Dióxido de carbono	CO_2	Variável	1	1	1
Metano	CH_4	12±3	56	21	6,5
Óxido nitroso	N_2O	120	280	310	170
Ozônio	O_3	0,1-0,3	n.d.	n.d.	n.d.
HFC-23	CHF_3	264	9.100	11.700	9.800
HFC-32	CH_2F_2	5,6	2.100	650	200
HFC-41	CH_3F	3,7	490	150	45
HFC-43-10mee	$C_5H_2F_{10}$	17,1	3.000	1.300	400
HFC-125	C_2HF_5	32,6	4.600	2.800	920
HFC-134	$C_2H_2F_4$	10,6	2.900	1.000	310
HFC-134a	CH_2FCF_3	14,6	3.400	1.300	420
HFC-152a	$C_2H_4F_2$	1,5	460	140	42
HFC-143	$C_2H_3F_3$	3,8	1.000	300	94
HFC-143a	$C_2H_3F_3$	48,3	5.000	3.800	1.400
HFC-227ea	C_3HF_7	36,5	4.300	2.900	950
HFC-236fa	$C_3H_2F_6$	209	5.100	6.300	4.700
HFC-145ca	$C_3H_3F_5$	6,6	1.800	560	170
Hexafluoreto de enxofre	SF_6	3.200	16.300	23.900	34.900
Perfluorometano	CF_4	50.000	4.400	6.500	10.000

(continua)

Tabela 7.1: Potencial de aquecimento global dos GEE. *(continuação)*

Espécies	Fórmula química	Tempo de vida (anos)	Potencial de aquecimento global (horizonte de tempo)		
			20 anos	100 anos	500 anos
Perfluoroetano	C_2F_6	10.000	6.200	9.200	14.000
Perfluoropropano	C_3F_8	2.600	4.800	7.000	10.100
Perfluorociclobutano	$c\text{-}C_4F_8$	3.200	6.000	8.700	12.700
Perfluoropentano	C_5F_{12}	4.100	5.100	7.500	11.000
Perfluoro-hexano	C_6F_{14}	3.200	5.000	7.400	10.700

Fonte: IPCC (1996).

PROJETOS MDL DO BRASIL

De acordo com o MCTI (2016), das atividades de projeto desenvolvidas no Brasil registradas na UNFCCC, 210 atividades se referem à redução de gás carbônico (CO_2), 122 à redução de metano (CH4) e 5 à redução de óxido nitroso (N_2O).

Com uma estimativa total de redução de emissões de 314.155.112 t CO_{2eq}, as atividades com maior estimativa foram a energia hidrelétrica, de gás de aterro, de decomposição de N_2O e de usina eólica (MCTI, 2016). A distribuição das atividades de projeto no Brasil por tipo de projeto, mostrando as quantidades e respectiva redução estimada pode ser vista na Tabela 7.2.

Tabela 7.2: Distribuição das atividades de projeto no Brasil por tipo de projeto.

Tipos de atividades de projeto	Atividades de projeto de MDL		Redução estimada de emissão GEE por tipo de atividade de projeto	
	Quantidade	% em relação ao total	tCO_2eq	% em relação ao total
Hidrelétrica	94	27,7	138.510.546	37
Biogás	63	18,6	25.072.484	6,7
Usina eólica	56	16,5	42.665.988	11,4
Gás de aterro	50	14,8	88.066.690	23,5
Biomassa energética	41	12,1	16.091.394	4,3
Substituição de combustível fóssil	9	2,6	2.664.006	0,7
Metano evitado	9	2,6	8.221.417	2,2
Decomposição de N_2O	5	1,5	44.911.888	11,9

(continua)

Tabela 7.2: Distribuição das atividades de projeto no Brasil por tipo de projeto. *(continuação)*

Tipos de atividades de projeto	Atividades de projeto de MDL		Redução estimada de emissão GEE por tipo de atividade de projeto	
	Quantidade	% em relação ao total	tCO$_2$eq	% em relação ao total
Utilização e recuperação de calor	4	1,2	2.986.000	0,8
Reflorestamento e florestamento	3	0,9	2.363.010	0,6
Uso de materiais	1	0,3	199.959	0,1
Energia solar fotovoltaica	1	0,3	6.594	0
Eficiência energética	1	0,3	382.214	0,1
Substituição de SF$_6$	1	0,3	1.923.005	0,5
Redução e substituição de PFC	1	0,3	802.860	0,2
Total	339	100	374.868.055	100

Fonte: MCTI (2016).

O estado de São Paulo é o primeiro colocado em número de projetos de MDL até 31 de janeiro de 2016, com 75 projetos, seguido de Minas Gerais, com 58 e Rio Grande do Sul, com 43. A distribuição completa pode ser vista no gráfico da Figura 7.2. Quanto à distribuição relativa das atividades de projeto do MDL no Brasil por região, verificar a Figura 7.3.

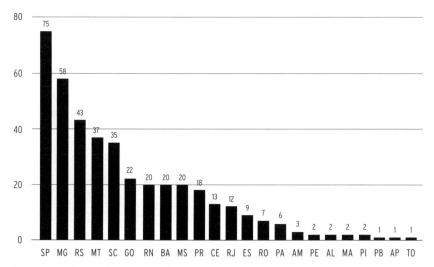

Figura 7.2: Distribuição do total de atividades de projeto MDL no Brasil por estado.
Fonte: MCTI (2016).

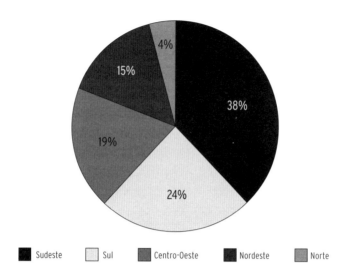

Figura 7.3: Distribuição do número de atividades de projeto MDL no Brasil por região.

Fonte: MCTI (2016).

MDL para aterro sanitário

Há muito tempo o lixo é um dos grandes problemas das áreas metropolitanas, que produzem toneladas de resíduos todos os dias. A maioria das cidades brasileiras não trata nem destina adequadamente esses detritos, que acabam sendo jogados em lixões a céu aberto, ocasionando diversos riscos à saúde humana, além da degradação ambiental com a contaminação do solo, contaminação da água de rios, lagos e lençóis freáticos e contaminação do ar, em virtude do lançamento direto de diversos gases tóxicos na atmosfera, que contribuem para o aumento do efeito estufa.

Os resíduos sólidos urbanos que vão para os aterros sanitários possuem uma grande quantidade de matéria orgânica biodegradável, que, para sua decomposição, sofre um processo anaeróbio[1], em virtude da ação de digestão pelos microrganismos, liberando para a atmosfera grandes quantidades de biogás, constituído pelos gases metano (CH_4), dióxido de carbono (CO_2),

---

1   O processo anaeróbio é caracterizado pelo processo de decomposição na ausência de oxigênio.

nitrogênio (N_2), hidrogênio (H_2), oxigênio (O_2) e gás sulfídrico (H_2S). Desses gases constituintes do biogás, a predominância é do gás metano (55%), seguido do dióxido de carbono (30%) – estes gases possuem propriedades para geração de efeito estufa, porém, o gás metano possui um maior potencial de aquecimento global, cerca de 21 vezes em relação ao dióxido de carbono, considerando um período de 100 anos (Johannessem, 1999).

Para que um projeto de aterro sanitário seja elegível no âmbito do MDL, os gases gerados devem ser drenados e queimados para mitigação dos efeitos causados pelo seu lançamento na atmosfera, notadamente no que concerne ao efeito estufa. A queima do metano libera dióxido de carbono e vapor d'água. O dióxido de carbono também é um gás que contribui para o efeito estufa, porém, conforme já citado, possui um potencial de geração de efeito estufa bastante inferior ao metano. A simples queima do metano já é suficiente para que o projeto seja elegível no âmbito do MDL, porém há que se ressaltar que se trata de um gás com elevado poder calorífico, constituindo grande oportunidade para geração de energia.

Para geração de energia a partir do biogás, é preciso que se realize um estudo, por técnicos qualificados, utilizando metodologia adequada, a fim de determinar a sua viabilidade econômica, uma vez que serão necessários substanciais investimentos para montagem de um biogerador e toda sua interface para geração de energia. Deve-se comparar os custos ao potencial energético do aterro sanitário, que varia muito conforme suas dimensões, aliado aos preços correntes de energia elétrica pagos pelas concessionárias locais (Johannenssem, 1999). No entanto, toda a iniciativa de um projeto dessa natureza deve resultar exclusivamente de um estudo de viabilidade econômica.

Apesar da elevada especificidade de ativos requeridos para esse tipo de projeto e do alto custo de produção, a maioria dos projetos MDL no Brasil envolvem geração de energia por meio de aterros sanitários, que já possuem uma metodologia bem definida e difundida entre as empresas, facilitando o processo de registro do projeto junto ao comitê executivo do MDL (MCT, 2007). No Brasil, a primeira empresa a ter projeto aprovado pelo governo e registro no executivo do MDL foi a Novagerar, especializada em gestão ambiental e gerenciamento de resíduos, criada na divisão de Meio Ambiente do Grupo S.A. Paulista, companhia brasileira atuante desde 1951 no segmento de construção pesada. A experiência bem-sucedida do Projeto Novagerar, implantado na central de tratamento de resíduos Nova Iguaçu, para garantir a redução do metano gerado no aterro sanitário, tornou-se mundialmente conhecida, pois foi a primeira do mundo no âmbito do MDL, aprovada pela ONU de acordo com Protocolo de Quioto.

Em geral, os projetos MDL voltados à geração de energia por meio do biogás produzido nos aterros sanitários devem gerar, além de lucro, investimentos e empregos, sem contar, é claro, os benefícios preponderantes no âmbito social, pois os efeitos do lixo jogado a céu aberto não se limitam aos GEE. Esses efeitos afetam o solo e a água da região e comprometem diretamente as camadas mais pobres da sociedade que vive nas proximidades dos lixões e que dele sobrevivem, recolhendo sucatas para comercialização para conseguir seu sustento.

MDL para captação do CO_2 na atmosfera

A fotossíntese é o primeiro e principal processo de transformação de energia na biosfera. É o processo em que ocorre a absorção de energia luminosa nos cloroplastos, a degradação (fotólise) da água para obtenção de hidrogênio e oxigênio gasoso e o uso de íons hidrogênio para reduzir o dióxido de carbono. Nesse processo, os organismos fotossintetizantes retiram o dióxido de carbono da atmosfera e incorporam-no em seus compostos orgânicos, liberando oxigênio. Esses compostos orgânicos formam a biomassa florestal, alvo de discussão de projetos de redução de emissão de carbono.

A partir da ratificação do Protocolo de Quioto surgiu o termo "sequestro de carbono", que consiste em, por meio do reflorestamento e manejo florestal, gerar um aumento das áreas verdes e consequente conservação de estoques de carbono nos solos, florestas e outros tipos de vegetação. Para o cálculo das quantidades de carbono "sequestradas" é realizada uma estimativa da biomassa da planta acima e abaixo do solo; assim, tem-se o cálculo de carbono nos produtos madeireiros e a quantidade de CO_2 absorvido no processo de fotossíntese.

As atividades de uso da terra, mudança do uso da terra e reflorestamento (*land use, land-use change and forestry* – LULUCF) são aquelas relacionadas às reduções de emissões de GEE, para atividades de florestamento e reflorestamento, que devem atender a alguns critérios para que os projetos sejam elegíveis no âmbito do MDL: as atividades devem ser comprovadas cientificamente; deve ser utilizada metodologia consistente para cálculo e período das atividades; e a implementação das atividades LULUCF deve contribuir para a biodiversidade e o uso sustentável de recursos naturais. As atividades LULUCF podem ser empregadas somente em terras que, desde 31 de dezembro de 1989, sejam pastagens ou abandonadas, sem a presença de florestas. Essa barreira surgiu para que se evitasse o desmatamento de áreas para o emprego de reflorestamento e, posteriormente, a participação no MDL.

Quanto ao debate sobre o "sequestro de carbono", tanto no plano nacional como internacional, as ONG ambientalistas, entre elas o Greenpeace, opõem-se à inclusão do sequestro florestal do carbono no MDL, tanto em relação ao reflorestamento quanto à conservação florestal, uma vez que o cômputo de carbono florestal envolve incertezas, com dificuldades de garantir resultados mensuráveis, e baixo nível de confiabilidade. Outro aspecto recorrente é que essa medida não teria o mesmo impacto que o desenvolvimento de tecnologias limpas para controle das emissões (Chang, 2004). Todavia, apesar da assertividade sobre a eficácia dos projetos energéticos em detrimento dos projetos florestais, vistos como uma medida paliativa e não permanente, esses projetos podem trazer benefícios ecológicos secundários, bem como o desenvolvimento rural e da promoção do uso sustentável dos recursos florestais e da terra.

Ademais, os projetos florestais no âmbito do MDL têm baixa representatividade, em virtude do elevado custo para aquisição de terras, aquisições de mudas, plantio e posterior acompanhamento; a dificuldade aumenta em virtude da falta de uma metodologia definida para cálculo dos créditos de carbono correspondentes. Dessa forma, os preços correntes de créditos de carbono tendem a assumir valores relativamente inferiores por conta da incerteza que permeia a redução de GEE utilizando projetos florestais.

MDL a partir da geração de energia pelo bagaço de cana

A maioria das usinas de açúcar e álcool brasileiras é autossuficiente com relação ao consumo de energia elétrica, e grande parte delas tem realizado consideráveis investimentos para ampliar a geração interna de energia com o propósito de obter energia excedente para venda às concessionárias locais, o que produz uma receita adicional tanto pela venda da energia como pela venda dos créditos de carbono, caso o projeto seja certificado pelo comitê executivo do MDL. O projeto é elegível no âmbito do MDL, uma vez que a energia gerada pelas usinas ocorre pela queima do bagaço da cana, que, além de renovável, tem um potencial de poluição muito inferior às formas tradicionais de geração de energia e não produz nenhum tipo de impacto ambiental conhecido.

A metodologia utilizada para o cálculo dos créditos de carbono pela geração de energia a partir da queima do bagaço da cana utiliza uma fórmula, chamada fator de emissão (supõe a geração de energia por uma termelétrica a gás) para a rede, como a informação-chave a ser determinada no cenário de linha de base. Logo, para o cálculo das não emissões e da adicionalidade do projeto, multiplica-se o fator de emissão (tCO_2.GWh), usando combustível fóssil, pela energia gerada (GWh.ano), usando um combustível renovável (Conejero, 2006).

O processo de geração de energia por meio do bagaço de cana é bastante simples: a usina colhe a cana para moagem, e o caldo da cana é utilizado para a produção de açúcar e álcool, restando como resíduo o bagaço da cana. A usina queima esse bagaço com a utilização de caldeiras, gerando vapor, que é injetado no conjunto de turbinas, o que produz rotação no seu eixo. O eixo da turbina é conectado ao eixo do gerador de energia elétrica; quando acionado, produz energia elétrica, que é disponibilizada na rede para abastecimento da própria usina. O excedente é ligado em rede com a concessionária de energia local. A tecnologia utilizada para geração de energia é bastante difundida e totalmente dominada no mercado nacional, o que diminui os riscos de fracassos do projeto.

Os preços pagos pelas concessionárias de energia para as usinas ajudam a viabilizar o projeto financeiramente, assim como os créditos de carbono, que vêm como receita extra. Nesse sentido, a geração de energia a partir do bagaço de cana pode ser considerado o projeto MDL que tem o menor risco entre os demais projetos analisados: metodologia aprovada no âmbito MDL, tecnologia dominada, projeto financeiramente viável independente da receita dos créditos e volume de produção considerável, dependendo do porte da usina.

Um outro ponto recorrente que motiva enormemente as usinas de açúcar e álcool a investir em projetos de reduções de emissões de GEE está na melhoria de sua imagem corporativa, principalmente para suplantar possíveis barreiras não tarifárias a serem adotadas para o mercado de açúcar e álcool produzidos no Brasil, devidas ao processo de queima da cana e das cargas consideráveis de CO_2 lançadas na atmosfera, que contribuem para o efeito estufa.

CONSIDERAÇÕES FINAIS

O MDL pode ser criticado, acusado de ser uma forma de os países desenvolvidos adquirirem o "direito de poluir", entendendo que esses países, grandes responsáveis pelas emissões globais de GEE, passariam a fazer um esforço mínimo para suas reduções internas por conta do *commodity* de adquirir RCE. Contudo, é importante lembrar que o MDL pode levar a P&D na execução de projetos, que gera empregos e retorno financeiro, além de promover o desenvolvimento sustentável. Embora os projetos MDL preconizem exclusivamente a redução da emissão de GEE, há que se ressaltar que a maioria deles contribui expressivamente para uma melhoria do meio ambiente como um todo por meio da preservação dos solos, da água, de florestas e de recursos naturais em geral, além da sua contribuição social, uma vez que possibilita a criação de milhares de empregos em todo o país.

Assim, configura-se uma boa oportunidade de negócio a ser explorada pelas empresas brasileiras, levando-se em consideração os riscos inerentes ao negócio, principalmente quanto aos procedimentos técnicos exigidos pelo MDL. O importante é que não só para projetos MDL, mas para qualquer tipo de projeto que envolva P&D, é preciso ter equipe técnica qualificada para lidar com as propostas, condições e conhecimentos para criação de um projeto bem elaborado e economicamente viável; essa é a grande dificuldade para as empresas brasileiras na aprovação de seus projetos.

EXERCÍCIOS

1. O mercado de crédito de carbono proporciona a redução dos níveis de poluição mundial. Isso é suficiente para justificar a sua implementação?

2. Os atuais projetos de venda de créditos são adequados do ponto de vista tecnológico?

3. Qual seria a vantagem de existir intermediários para a compra e venda dos créditos de carbono?

REFERÊNCIAS

CHANG, M. Y. *Seqüestro florestal de carbono no Brasil – Dimensões políticas socioeconômicas e ecológicas*. Tese (Doutorado em Meio Ambiente e Desenvolvimento) – Universidade Federal do Paraná. Curitiba, 2004.

CONEJERO, M. A. *Marketing de créditos de carbono: um estudo exploratório*. Ribeirão Preto, 2006, 244p. Dissertação (Mestrado em Administração das Organizações) – Faculdade de Economia, Administração e Contabilidade de Ribeirão Preto da Universidade de São Paulo.

CONEJERO, M. A.; NEVES, M. F. Gestão de créditos de carbono: um estudo multicasos. *Revista de Administração*, São Paulo, v.42, n.2, p.113-127, 2007.

GUIMARÃES, E. A. *Textos para discussão – Políticas de inovação: financiamento e incentivos*. Brasília: Ipea, 2006.

[IPCC] INTERGOVERNAMENTAL PANEL ON CLIMATE CHANGE. Halocarbons and Other Halogenated Compounds, 1996. Disponível em: <http://www.grida.no/climate/ipcc/emission/123.htm>. Acesso em: 20 set. 2007.

JOHANNESSEN, L. M. Guidance note on recuperation of landfill gas from Municipal solid waste landfill. The World Bank, Urban and Local Government Working Paper Series, 1999.

LECOCQ, F.; CAPOOR, K. State and trends of the carbon market 2005. Washington, DC: PCF plus Research, World Bank, May 2005. Disponível em: <http: //www.carbonfinance.org>. Acesso em: 20 set. 2007.

LOPES, I. V. *O mecanismo de desenvolvimento limpo – MDL: guia de orientação*. Rio de Janeiro: Fundação Getulio Vargas, 2002.

MANUAL DE OSLO. Diretrizes para coleta e interpretação de dados sobre inovação. 3.ed. Traduzido sob a responsabilidade da Finep (Financiadora de Estudos e Projetos). 2005.

[MCT] MINISTÉRIO DA CIÊNCIA E TECNOLOGIA. Status atual das atividades de projeto no âmbito do Mecanismo de Desenvolvimento Limpo (MDL) no Brasil e no mundo. Versão: 13 set. 2007. Disponível em: http://www.mct.gov.br/upd_blob/0017/17909.pdf. Acesso em 21 set. 2007.

[MCTI] MINISTÉRIO DA CIÊNCIA, TECNOLOGIA E INOVAÇÃO. *Status dos projetos do Mecanismo de Desenvolvimento Limpo (MDL) no Brasil*. Última compilação do site da UNFCCC1 e da CIMGC: 31 de janeiro de 2016. Disponível em: <http://www.mct.gov.br/upd_blob/0238/238910.pdf>. Acesso em: 28 out. 2016.

PORTO, G. S. A Decisão Empresarial de Desenvolvimento Tecnológico por meio da Cooperação Empresa-Universidade. Tese (Doutorado em Administração) – Faculdade de Economia, Administração e Contabilidade da Universidade de São Paulo, São Paulo, 2000.

RIBEIRO, M. S. O Tratamento Contábil dos Créditos de Carbono. Tese (Livre Docência em Contabilidade) – Faculdade de Economia, Administração e Contabilidade de Ribeirão Preto da Universidade de São Paulo. Ribeirão Preto, 2005.

8 | Energia e desenvolvimento sustentável

José Carlos de Lima Júnior
Renato Moraes Chamma
Fernando Scandiuzzi

INTRODUÇÃO

Em coletânea de artigos produzidos em comemoração aos cinquenta anos da Comissão Econômica para América Latina e o Caribe (Cepal) (2000a, p.139), afirmou-se que "no longo período transcorrido desde a Revolução Industrial e a Primeira Guerra Mundial, as novas formas de produção em que a técnica se manifestou incessantemente abarcaram apenas uma proporção reduzida da população mundial". Na América Latina, e consequentemente no Brasil, somente nos anos que se seguiram à Segunda Guerra Mundial é que foi possível experimentar as vantagens do desenvolvimento tecnológico, caracterizado pelo processo de industrialização e urbanização. Mesmo tardio, o desenvolvimento da economia brasileira tornou-se gradativo e crescente, despertando estudos nos campos da Administração e Economia, ciências sociais aplicadas que assumiram a responsabilidade de elencar as principais transformações vividas em um país durante o desenvolvimento.

Agarwala e Singh (1969) afirmam que, para haver o pleno desenvolvimento econômico, é preciso considerar certos obstáculos, como a obtenção do insumo "energia", fonte primária de operação nos mais variados sistemas produtivos da sociedade contemporânea. Portanto, é possível afirmar que as fontes energéticas são a força motriz do ritmo de vida de uma nação, movimentando máquinas nas indústrias, equipamentos em setores de serviços e meios de conforto nas residências (Rostow, 1974).

Durante mais de 250 anos, o homem fez do petróleo o principal insumo para sedimentar todo o processo de produção de capital imposto pelo desenvolvimento. No correr dos anos, com as crescentes preocupações mundiais sobre desenvolvimento sustentável, independência econômica e maior controle sobre os resíduos, as fontes de energia de origem renovável passaram a ser consideradas nos processos de produção, nos direcionando para um processo lento, porém irreversível, de substituição aos derivados do petróleo. Especificamente no Brasil, a crescente utilização da eletricidade, do etanol e da biomassa passou a ser percebida como insumo relevante no desenvolvimento de alguns setores sociais (Neves, 2007).

Atualmente não é possível estabelecer uma linha de montagem industrial ou situações de conforto sem mencionar algum tipo de energia na sua movimentação. Este capítulo tem por finalidade analisar e discutir a evolução da história energética do homem, objetivando relevar esse insumo de produção no limiar do próprio desenvolvimento da humanidade.

ENERGIA E DESENVOLVIMENTO ECONÔMICO

Ray (1998) diz que todo crescimento econômico pode ser definido como o resultado de um consumo crescente, ao passo que Mankin (2004) afirma que o próprio processo de desenvolvimento é um importante fator para aumento da renda *per capita* de um país. Para Rostow (1974), quando um país alcança o estágio de gerar desenvolvimento e produzir renda, pode ser considerado proprietário de um "capitalismo maduro". Drucker (1996) argumenta que esse processo de desenvolvimento é originário da ação conjunta entre o capitalismo e a tecnologia empregada na criação de uma nova ordem do próprio processo civilizatório, que vai além da geração de capital. Para alcançar essa nova ordem e posicionar a energia como insumo desse percurso evolucionário, duas importantes revoluções foram destaques na história do homem: a Idade do Ferro e a Revolução Industrial. Enquanto na primeira o homem tornou-se produtor de alimentos em vez de mero apanhador na natureza, na segunda substituiu a força animal pela mecânica (Paiva, 2006), fato que, por si só, o tornaria dependente das fontes energéticas.

No modo capitalista de produção, que surgiu após a Revolução Industrial, a ordem política e social decorrente da utilização da força mecânica forneceu uma contínua moldura para a produtividade e o bem-estar material do próprio homem (Baran apud Agarwala e Singh, 1969). Como resultado, foi possível identificar o aumento da produção em massa e o crescimento do consumismo, que se tornariam duas características principais da sociedade industrial (De Masi, 1999).

Enquanto na Idade do Ferro a economia de um país se resumia basicamente ao setor agrícola, priorizando a atividade primária, após a Revolução Industrial outros setores sociais surgiram e foram imediatamente incorporados na crescente urbanização propiciada pela industrialização. Para Tofler apud De Masi (1999), a sociedade industrial passou a padronizar estruturas e culturas, especializando homens e máquinas, além de sincronizar tempos e comportamentos e concentrar homens, capitais e recursos. Como derivada, surge uma sociedade de consumo com incremento populacional constante, carente, a cada ano, de mais alimentos e produtos já processados, o que acaba por puxar esses novos setores que passaram a integrar esse novo sistema de produção (Mankin, 2004).

Após a Revolução Industrial, a setorização e a urbanização da sociedade tornaram-se dominantes, obrigando os sistemas de produção a satisfazer não somente as necessidades criadas pelo homem, mas também as fornalhas das máquinas e a combustão nos motores. Agarwala e Singh (1969, p. 290) afirmam que "as indústrias que fabricam insumos e equipamentos – principalmente as que produzem energia, transporte, minerais e bens de capital – trabalharão, frequentemente, do mesmo modo que as indústrias de bens de consumo".

Quando se analisa a economia moderna e os vários mercados produtores de bens e serviços que se tornaram então operantes, nota-se um direcionamento para mercados consumidores que também se tornaram específicos, muitos deles com expansão crescente, ao mesmo tempo em que se percebe que nesse novo mercado passaram a coexistir inúmeras empresas que concorrem em produtos e serviços, tornando possível supor uma demanda cada vez maior pelo insumo energia com uma divisibilidade nem sempre perfeita dos recursos e produtos disponíveis a fim de manter, com mínimas oscilações, a própria produção econômica (Obstfeld e Rogoff, 1996). Essa lógica de mercado foi verificada em uma das hipóteses preestabelecidas pela Teoria de Equilíbrio, de Agarwala e Singh (1969).

Uma das teorias que descrevem a importância do insumo energia em um sistema de produção pode ser ponderada pelo economista Rostow com a sua Teoria do Arranco. Segundo ela, a fase de arranco é definida como uma "revolução industrial ligada diretamente a modificações radicais nos métodos de produção e exercendo efeitos decisivos num período de tempo relativamente curto" (Rostow, 1974, p. 77), exigindo profundas modificações nas estruturas políticas e sociais e até em valores sociais reais. Em termos não econômicos, prossegue Rostow (1974, p. 78), "o arranco assiste a um triunfo social, político e cultural definitivo daqueles que desejam modernizar a economia sobre os que preferiam apegar-se à sociedade tradicional". Como resultado, há o crescimento de novos setores de produção, que estabelece novas funções com alta produtividade *per capita*, "colocando a renda nas mãos de homens que não se limitarão a amealhar uma grande porcentagem da renda em crescimento, mas que reinvestirão em atividades altamente produtivas".

E como a tecnologia sempre torna possível uma nova tecnologia (Tofler, 1970), cria-se, assim, um processo contínuo que avança para o consumo de massa e, depois, para uma abundância que vai além do próprio consumo. Qualquer ação contrária que possa impor limite a essa liberdade de consumo ou afetar o conforto adquirido (Rostow, 1974) acaba por gerar medo pela possibilidade iminente de um efeito regressivo do próprio desenvolvimento. Essa retórica pode ser exemplificada como uma das principais consequências da crise petrolífera de 1973, que colocou em colapso o abastecimento mundial de produção e acabou por gerar investimentos em pesquisas, em vários países do mundo, a fim de descobrir novas matrizes energéticas de origem renovável.

Para se ter produção é necessário insumo e infraestrutura (McClelland, 1961), de maneira que o crescimento econômico pode ser definido como o resultado de um consumo energético cada vez mais crescente (Ray, 1998). O temor da possível escassez de recursos, seja ele insumo de capital ou de produção, afetará diretamente o crescimento econômico de uma nação nos moldes propostos por Mankin (2004), pela força mecânica para alcançar os meios de produção de capital. A energia deve ser vista então como um importante fator de produção (Rostow, 1974). Assim, o equilíbrio das matrizes energéticas tende a ser essencial para a manutenção do próprio crescimento. Supor a possibilidade de um dia vivenciar a sua possível falta certamente é o maior temor deixado como herança pela Revolução Industrial.

CONCEITOS BÁSICOS DE ENERGIA

Para entender o processo de desenvolvimento do homem, é preciso compreender o modo como as fontes de energia se apresentam. Quando disponível na natureza, é denominada de energia *primária*; dela originam-se outras formas, chamadas de energias *secundárias*. As quatro formas de energias primárias disponíveis no globo são: energia cinética – associada a qualquer corpo em movimento; energia potencial – associada à aceleração da gravidade do planeta; energia eletromagnética – é a que une as partículas de um átomo (prótons a elétrons); e energia atômica ou nuclear – armazenada no núcleo dos átomos (Boyle, 1996).

ENERGIA RENOVÁVEL

Uma fonte de energia, para ser renovável, deve ter a capacidade de não se esgotar e, se necessário, causar o menor dano ao ambiente, de modo que sua utilização em escala não precise ser restringida. Os sistemas energéticos baseados em recursos minerais não são renováveis, pois, temporalmente, seus depósitos virão a se esgotar. Essa verdade é válida para combustíveis fósseis e minérios como o urânio. Fontes de energia renováveis podem ser abastecidas constantemente como a eólica e solar ou ter condições específicas de beneficiamento como a biomassa e o biodiesel. A energia hidrelétrica não é necessariamente uma fonte de energia renovável, pois grandes projetos podem causar danos ecológicos e produzir consequências irreversíveis. A energia geotérmica é uma fonte renovável, mas deve ser usada com cautela para também evitar possíveis danos ecológicos irreversíveis. Assim, para uma fonte de energia ser considerada renovável, não deve haver nenhuma falta ou escassez, devendo ser utilizada a todo e qualquer momento, como o sol, o vento, a água, as plantas e o lixo, utilizados para produzir eletricidade e combustível.

Fontes limpas de energia são consideradas aquelas que podem ser utilizadas para produzir eletricidade, calor, combustível e substâncias químicas valiosas com menos efeito ao ambiente quando comparadas aos combustíveis fósseis. Emissões de gases de veículos abastecidos com gasolina, fábricas e outras instalações que utilizam óleo como combustível afetam a atmosfera (por exemplo, com a emissão de gás CO_2) e colaboram com o agravamento do efeito estufa. Para avaliar a utilização das diversas fontes de energias renováveis em soluções globais, é preciso considerar fatores como disponibilidade, capacidade, custos de extração, emissões e durabilidade (Farret e Simões, 2006). Na sequência, serão analisadas diferentes formas de energia, sua utilização pelo homem, detalhando vantagens e pontos de atenção.

TIPOS DE ENERGIA

Biodiesel

Diversos são os direcionadores para a adoção dos biocombustíveis, como aquecimento global e crescimento na demanda mundial de energia. Simultaneamente, vários países realizam investimentos para delinear sistemas de produção de energia limpa que façam uso de fontes renováveis em um contexto sustentável, enquanto institucionalizam programas de adição parcial entre 5 e 20% de energia renovável no combustível fóssil comercializado. Entre essas novas fontes energéticas está o biodiesel obtido principalmente dos óleos vegetais, que pretende substituir, gradativamente, a energia nos motores de ciclo diesel.

A necessidade de selecionar essas oleaginosas levou o Programa Brasileiro de Produção e Uso do Biodiesel (PNPB), criado em 2004, a realizar diversos estudos quanto ao potencial de expansão da área cultivada, à produtividade, ao teor de óleo e ao ciclo de produção. O PNPB e a Lei n. 11.097, de 13 de janeiro de 2005, que estabeleceu a obrigatoriedade de adição de percentual mínimo de biodiesel ao óleo diesel, foram diretamente responsáveis pelo aumento da produção brasileira do biodiesel, que saltou de um volume próximo a 700 mil litros em 2005 para 2,67 bilhões de litros em 2011, transformando o Brasil no segundo produtor mundial naquele ano (Fipe, 2012).

Outras importantes normas foram a Resolução CNPE 5, de 3 de outubro de 2007, que estabeleceu diretrizes gerais para a realização de leilões públicos para aquisição de biodiesel; a Resolução ANP n. 2, de 29 de janeiro de 2008, que definiu o uso específico de biodiesel, com teores superiores à mistura obrigatória (B6 a B20) ou B100 após uso experimental; e a Resolução CNPE 6, de 16 de setembro de 2009, com o estabelecimento em 5%, em volume, do percentual mínimo obrigatório de adição de biodiesel ao óleo diesel comercializado ao consumidor final (antecipação da mistura obrigatória).

Enquanto na União Europeia o incentivo inicial limitou-se principalmente a cumprir as metas estabelecidas no Protocolo de Quioto, em países como os Estados Unidos o biodiesel representa um importante meio de obter maior segurança energética, constituindo uma forma de reduzir a dependência do petróleo importado. Na primeira década do ano 2000, a União Europeia estabeleceu como meta reduzir em 8% as emissões de gases do efeito estufa (GEE) entre os anos 2008-2012, a partir das emissões do ano base de 1990. Para 2020, é prevista uma redução de 20% (Eurostat, 2008). Em janeiro de 2007, uma comissão formada pelos estados membros do bloco europeu estabeleceu que, no ano de 2020, 10% do combustível consumido na União Europeia obrigatoriamente deve vir de fontes renováveis como o biodiesel (Eurostat, 2008), fato que acabou influenciando cerca de quarenta novas usinas montadas (Brasil, 2007). Vantagens tributárias estimularam a produção agrícola nos estados membros comprometidos com o cultivo das biomassas, proporcionando um incremento de 16,8% na produção em 2007 com relação a 2006 (EBB, 2009). Em 2008, as terras disponíveis para cultivo energético na União Europeia atingiram cerca de 2,84 milhões de hectares, recorde europeu que fez com que os próprios incentivos fossem revistos, caindo de 45 euros (2003) para 30 euros por hectare (Curvo, 2008, p. 56). Por razões de incentivo como essas, a União Europeia tornou-se a maior produtora e consumidora de biodiesel, liderada principalmente pela Alemanha, que produz em larga escala desde 1992, seguida por França e Itália (Brasil, 2007).

A capacidade instalada entre os países varia conforme os incentivos proporcionados e as condições agrícolas encontradas. A Alemanha utiliza a canola como principal matéria-prima. Segundo o European Biodiesel Board (EBB), em 2007 o país produziu 2.890 milhões de litros contra 1.190 milhões em 2004, incrementando em 142% a produção em quatro anos. A capacidade instalada para 2008 é de 5.302 milhões de litros (EBB, 2009). Para incentivar a produção interna, o governo alemão concede subsídio de 47 euros para cada 100 litros de biodiesel (Brasil, 2007). Segundo esses referências, embora nenhuma legislação exigisse a utilização do biodiesel nos veículos até 2003, aproximadamente 1.900 postos de combustíveis (de um total de 16 mil) comercializavam o biodiesel na forma pura (B100), permitindo ao consumidor definir a porcentagem de mistura no próprio carro. Entre as vantagens existentes, o preço inferior em até 12% ao diesel de petróleo, dada a isenção tributária na cadeia produtiva, tornava-o atraente e ampliava as vantagens para o consumo.

Lima Júnior (2008) cita que os Estados Unidos produziram 450 milhões de galões de diesel em 2007, com um aumento previsto pelo Usda conforme as perspectivas de adição. É importante destacar que os incentivos proporcionados pelo governo americano são proporcionais à mistura do biodiesel feita no combustível fóssil. Em uma mistura de 20% (B20), é concedida uma isenção fiscal de até 20 *cents* (Brasil, 2007). A França ocupava a terceira posição como maior produtor mundial de biodiesel, segundo a EBB (2009), com 872 milhões de litros produzidos em 2007 e capacidade instalada de 1.980 milhões de litros para 2008. Nos anos seguintes, esperava-se um aumento da capacidade produtiva da indústria interna em consequência do novo incentivo de isenção fiscal, que passou de 33 para 35 euros a cada 100 litros produzidos. Mas, de acordo com o Usda (2016), o consumo de biodiesel na Europa é guiado principalmente pela obrigatoriedade, mais do que pelos incentivos fiscais. Nesse mesmo documento, foi reportado que o consumo de biodiesel na União Europeia teve um pico em 2011, mas declinou, em 2012 e 2013, em 3% e 5%, respectivamente. Para 2016, havia uma previsão de aumento de 0,5% para o bloco, com um decréscimo na Alemanha, resultado de políticas de redução de energias que emitem GEE (Usda, 2016). É relevante destacar que os ônibus urbanos franceses consumiam uma mistura de 30% (B30), representando grande parte da demanda interna (Brasil, 2007).

Em quarto lugar estava a Itália, com produção de 363 milhões de litros em 2007 e capacidade instalada de 1.566 milhões de litros para 2008 (EBB, 2009). Dadas as condições agrícolas, os italianos possuem baixa produção da matéria-prima, e são grandes importadores da colza, produzida na Alemanha e na França, e da soja, que é igualmente importada. Devido à falta de matéria-prima para alimentar a indústria interna, o governo reduziu em 50% os incentivos fiscais a partir de 2005, o que comprometeu a produção nos anos seguintes (Brasil, 2007). Áustria, Portugal e Espanha, países membros da União Europeia, ocupavam posições de destaque como quinto, sexto e sétimo países consumidores, respectivamente.

Referente ao contexto, é importante ressaltar que a limitação de terras agricultáveis representa uma variável que tende a impactar os custos de produção desses países, principalmente com as recentes valorizações do mercado de óleos vegetais.

A capacidade instalada esperada em 2016 para a produção de biodiesel na União Europeia era de 24,9 bilhões de litros, e para 2017, 25,5 bilhões de litros (Usda, 2016). Cabe também lembrar que com o glicerol resultante da transesterificação, em cerca de 10% do volume total, é possível produzir gordura vegetal hidrogenada (GVH), se o óleo for virgem. Porém, ainda segundo o relatório do Usda (2016), a produção de GVH se concentra em cinco países: Alemanha, França, Holanda, Espanha e Polônia, sendo menos significativa nos demais.

Para 2022 projeta-se que a produção mundial de biodiesel alcance 41 bilhões de litros graças a um crescimento anual médio de 4,5%, sendo a União Europeia o maior produtor e consumidor, seguida pela Argentina, Estados Unidos, Brasil, Tailândia e Indonésia. A Organização para a Cooperação e Desenvolvimento Econômico, em conjunto com a Food and Agriculture Organization (nas siglas em inglês, OECD/FAO, 2013), credita esse resultado mais a políticas governamentais do que comerciais. Nessa estimativa, o Brasil será um importante *player* internacional na produção de biodiesel, atrás da União Europeia, Estados Unidos e Argentina (Figura 9.1), e será o maior exportador de biodiesel, juntamente com a Argentina (OECD/FAO, 2013).

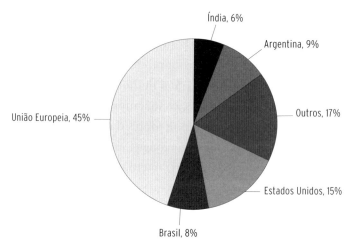

Figura 8.1: Participação dos países na produção de biodiesel em 2022.
Fonte: OECD/FAO (2013).

A produção de biodiesel no Brasil apresenta algumas vantagens, como grandes áreas de terras que possibilitam novas unidades produtoras de matérias-primas e inserção do pequeno produtor no processo produtivo. Outro fator relevante são os cenários mundiais. Atualmente há forte pressão sobre vários governos mundiais para a substituição gradativa da energia fóssil nas matrizes energéticas. Entre esses combustíveis de origem não renovável, destaca-se o diesel, que recebe uma forte pressão para ser misturado ao biodiesel, o que deve aumentar a demanda mundial por esse combustível nos próximos anos.

Dois fatores merecem atenção na produção de biodiesel: a produção planejada da matéria-prima, incluindo seus critérios de seleção, e o *modus operandi* das usinas produtoras de combustível renovável com os agentes agrícolas produtores. No que concerne ao primeiro fator, atualmente o óleo de soja recebe grande atenção na produção desse combustível, porém vale frisar que o complexo soja tem uma participação extremamente importante na alimentação humana e na própria formação de preço de vários produtos por constituir insumo de produção em algumas atividades, como avicultura. Outras oleaginosas poderiam ser cultivadas somente com a finalidade de produzir energia renovável, como mamona, pinhão-manso e o próprio dendê, este com incrível teor de óleo e ciclo de produção estimado em quase 30 anos.

No tocante ao segundo fator apresentado, o modelo de integração entre as atividades agrícolas e industriais merece uma atenção especial. É fato que a produção de biodiesel pode constituir um importante meio para inserção de vários trabalhadores em uma atividade produtiva, porém o modelo de integração deve ser mais bem analisado. Atualmente o Brasil possui um selo social para identificação de empresas que investem na agricultura familiar, porém há vários outros benefícios que precisam ser considerados, como áreas mínimas que permitam ganhos mensais igualmente mínimos, linhas de crédito especiais para essas famílias, com período de carência específico, e melhor assistência técnica para potencializar a produtividade da atividade agrícola escolhida.

Petróleo e gás natural

O petróleo é atualmente uma das principais fontes de energia, além de ser matéria-prima para uma grande diversidade de produtos; dele se obtém os derivados energéticos, com a finalidade de liberar energia – combustível para iluminação, calor e combustão –, além de derivados não energéticos, como os produtos asfálticos, nafta petroquímica, solventes e óleos lubrificantes.

O petróleo pode ser definido, de acordo com a Agência Nacional de Energia Elétrica (Aneel) (2005, p. 111), como:

> uma mistura de hidrocarbonetos (moléculas de carbono e hidrogênio) que tem origem na decomposição de matéria orgânica, principalmente o plâncton (plantas e animais microscópicos em suspensão nas águas), causada pela ação de bactérias em meios com baixo teor de oxigênio. Ao longo de milhões de anos, essa decomposição foi-se acumulando no fundo dos oceanos, mares e lagos e, pressionada pelos movimentos da crosta terrestre, transformou-se na substância oleosa denominada petróleo.

Segundo a Aneel (2005), no início dos anos 1970, o petróleo chegou a representar quase 50% do consumo mundial de energia primária; em 2003, representava 43% desse consumo. Sobre o futuro e o esgotamento das reservas de petróleo, Pereira (2002) argumenta que as reservas de petróleo dependem do resultado de investimentos prévios em pesquisa, em exploração e em tecnologia, o que ocasiona reavaliações – para cima – da disponibilidade dessa fonte de energia. Mas o próprio autor ressalta: a quantidade de petróleo é finita e terminará. Os principais produtos provenientes da refinação do petróleo são gás combustível, GLP, gasolina, nafta, querosene, óleo diesel, óleos lubrificantes, óleos combustíveis, matéria-prima para fabricar asfalto e parafina.

Os Estados Unidos aparecem em posição relativamente confortável ao se falar de petróleo e de outros combustíveis líquidos – que se referem ao óleo cru convencional e aos substitutos líquidos para energia, como o etanol, carvão líquido e o gás líquido, ocupando o terceiro lugar na produção mundial. Mas o cenário é diferente ao se falar de reservas mundiais de óleo e de gás natural líquido, cujos maiores produtores são a Arábia Saudita, Irã, Iraque e Kuwait. Os Estados Unidos aparecem somente na décima primeira posição, com reservas muito inferiores aos primeiros colocados nesse ranking.

Um pequeno número de países domina esse mercado: em 2002, a Organização dos Países Exportadores de Petróleo (Opep)[1] era responsável por 39% da produção mundial do óleo cru, e 26% desse montante era extraído do Golfo Pérsico (Solomon, 2004). A Opep é uma organização multinacional estabelecida em 1960, com a função de coordenar as políticas de petróleo dos países membros, formada pelos seguintes países: Argélia, Angola, Equador, República Islâmica do Irã, Iraque, Kuwait, Líbia, Nigéria, Qatar, Arábia Saudita, Emirados Árabes Unidos e Venezuela. Em 2012, a participação desses países nas reservas mundiais alcançava 81%, segundo a Opec (2014).

Ainda no período 2003 a 2012, a produção acumulada dos países membros da Opep era de 111 bilhões de barris, inferior aos 146 bilhões de barris dos demais países produtores não membros da Opep (Opec, 2014). Contudo, ao se averiguar as adições líquidas, o volume de barris do grupo da Opep apresenta extraordinária superioridade: 309,9 bilhões ante 10 bilhões de barris dos países não membros (Opec, 2014).

---

1 O termo em inglês para Opep é Opec (Organization of the Petroleum Exporting Countries).

A Venezuela apresenta-se como o país com a maior reserva mundial de petróleo, com 18%, mas sua produção a coloca em terceiro lugar, como se observa na Tabela 8.1. A Venezuela destaca-se ainda, juntamente com o Canadá, por apresentar o maior incremento nas reservas, ao se comparar os dados de 2011 com 1993.

Tabela 8.1: Produção e reservas de petróleo no mundo (2011 e 1993, em milhões de toneladas).

País	Reservas 2011	Reservas 1993	Produção 2011	Produção 1993
Venezuela	40.450	9.842	155	129
Arábia Saudita	36.500	35.620	526	422
Canadá	23.598	758	170	91
Irã	21.359	12.700	222	171
Iraque	19.300	13.417	134	29
Demais países	82.247	68.339	2.766	2.338
Total mundial	223.454	140.676	3.973	3.179

Fonte: WEC (2013, p. 13).

O grande avanço na exploração do petróleo no Brasil ocorreu com a criação da Petrobras no ano de 1954, com o objetivo de monopolizar a exploração do petróleo no país. O petróleo e seus derivados são a fonte de energia não renovável mais utilizada no país, chegando a 42% do total da energia primária produzida. Todavia, a oferta e o consumo internos do petróleo e de seus derivados têm se mantido praticamente constantes nas últimas décadas; no consumo, o óleo diesel foi o item que apresentou maior crescimento – mais de 500% desde a década de 1970. Considerando apenas o consumo final energético por fonte, houve um crescimento de mais de 200% em pouco mais de 30 anos.

Segundo o critério da Agência Nacional do Petróleo, Gás Natural e Biocombustíveis/Society of Petroleum Engineers (ANP/SPE) e da Securities and Exchange Commission (SEC) de classificação e apropriação de reservas, a Petrobras (2014) divulgou que, em dezembro de 2013, suas reservas provadas de óleo, condensado e gás natural atingiram 16,565 bilhões de barris de óleo equivalente (BOE). Em 2007, a Petrobras descobriu o pré-sal, constituído de enorme reserva de petróleo na crosta oceânica, em áreas como Libra, Franco e os Campos de Lula e Sapinhoá, além das áreas de Carcará, Peroba, Pau Brasil, Florim, Iara. Em 2013 mais de um quarto das nossas reservas provadas foram provenientes do pré-sal.

Entre as vantagens dessa fonte de energia, cita-se que a tecnologia para explorar esse tipo de fonte de energia já é bem conhecida; o Brasil ainda destaca-se por dispor de tecnologia própria para exploração do petróleo em grandes profundidades em alto-mar. A relativa longevidade das reservas ainda pode ser considerada um ponto forte de sua exploração, além do aproveitamento da infraestrutura já implantada no país. Finalmente, destaca-se que a legislação atual prevê que os *royalties* da exploração do pré-sal sejam destinados à educação e à saúde.

Os principais impactos da geração de energia elétrica a partir de derivados de petróleo decorrem da emissão de poluentes na atmosfera, principalmente os chamados GEE, como o dióxido de carbono (CO_2), o metano (CH_4) e o óxido nitroso N_2O (Aneel, 2005). Além disso, acidentes envolvendo o derramamento desse combustível causam grande impacto ambiental, sobretudo no mar.

Gás de xisto – uma nova alternativa

Comprimido em rochas sedimentares, o gás de xisto pode ser obtido através de fraturas obtidas pela pressão hidráulica, por meio do processo chamado de fraturamento, que libera gás como fonte de energia. Grandes importadores de gás, os Estados Unidos poderão aproveitar suas imensas reservas com o desenvolvimento da tecnologia hidráulica, que permite a exploração com preços atraentes, e ainda ser um potencial exportador de gás (WEC, 2013).

O Brasil apresenta-se como a quinta maior fonte de gás de xisto, com 82.000 milhões de barris, e faz parte do grupo de maiores reservas no mundo. Como vantagem do gás de xisto destaca-se que, por ser mais limpo do que a queima de carvão ou óleo, sua combustão emite níveis significativamente menores de dióxido de carbono (CO_2) e de dióxido de enxofre do que a combustão do carvão ou petróleo. Por outro lado, eventuais problemas podem ser associados à sua exploração: tremores na área explorada, exigência de grandes quantidades de água, a questão tecnológica contrapondo tecnologia e produtividade com a eventual redução dos custos de produção, possível contaminação ambiental por substâncias químicas – se mal administrado o fluido de fraturamento –, além de o processo produzir enormes quantidades de águas residuais que poderão demandar tratamento, caso contenham substâncias químicas dissolvidas e outros (EIA, 2014a).

Carvão mineral

O carvão é uma complexa e variada mistura de componentes orgânicos sólidos, fossilizados ao longo de milhões de anos, como ocorre com todos os combustíveis fósseis (Aneel, 2005). Pode ser dividido em quatro tipos, segundo o grau de carbono: a turfa, com cerca de 45% de carbono; o linhito, que apresenta um índice que varia de 60 a 75% de carbono; o carvão betuminoso (hulha), mais utilizado como combustível, que contém cerca de 75 a 85% de carbono; e o antracito, que apresenta um conteúdo carbonífero superior a 90%. As reservas mundiais reduziram-se de 1,174 bilhão de toneladas em 1990 para 1,083 bilhão de toneladas em 2000 e então se limitaram a 998 milhões de toneladas em 2003.

No final de 2011, as reservas comprovadas recuperáveis correspondiam a 891.530 milhões de toneladas (WEC, 2013), e as maiores reservas eram as dos Estados Unidos, Rússia, China, Austrália e Índia, conforme apresentado na Tabela 8.2.

Tabela 8.2: Produção e reservas de carvão exploráveis no mundo (2011 e 1993, em milhões de toneladas).

País	Reservas 2011	Reservas 1993	Produção 2011	Produção 1993
Estados Unidos	237.295	168.391	1.092	858
Rússia	157.010	168.700	327	304
China	114.500	80.150	3.384	1.150
Austrália	76.400	63.658	398	224
Índia	60.600	48.963	516	263
Demais países	245.725	501.748	1.805	1.675
Total mundial	891.530	1.031.610	7.520	4.474

Fonte: WEC (2013, p. 11)

Assim como ocorre com o petróleo, o Brasil vem aumentando a produção de energia por meio do carvão e derivados. Conforme apontado pelo Balanço Energético Nacional para o ano de 2013 (Brasil, 2014, p. 7), o "aumento do consumo final de eletricidade no país em 2013, de 3,6%, com destaque para os setores residencial e comercial, foi atendido a partir da expansão da geração térmica, especialmente das usinas movidas a carvão mineral (+75,7%)". O Balanço Energético também apontou que o carvão mineral alcançou a participação de 5,6% da oferta interna de energia (Brasil, 2014).

Entre as vantagens dessa fonte de energia, cita-se que as reservas abundantes no mundo e no Brasil permitirão sua exploração por vários anos. Além disso, o processo para sua extração está completamente dominado e não demanda elevados investimentos. Todavia, a queima de combustíveis fósseis resulta na emissão de uma série de poluentes para o ar. Sua classificação pode ser resumida em particulados (cinzas pesadas, leves e volantes); gases (SOx, NOx e CO_2), orgânicos (hidrocarbonetos e *polycyclic organic matter - POM*) e elementos traços.

Carvão vegetal e lenha

A matéria-prima para o carvão vegetal pode ser obtida da extração de madeira da natureza, e "a produção de lenha não se faz necessariamente com o corte de árvores e galhos [...] mas consiste em coletar gravetos e pequenos galhos" (Hall et al., 2005, p. 29). Sua utilização vai desde a produção de calor e luz para famílias até o combustível para a indústria siderúrgica, juntamente com o carvão mineral. O carvão vegetal é obtido pela queima da madeira em fornos especiais, feitos de alvenaria, em elevadas temperaturas. Ao se considerar a lenha e o carvão vegetal, observou-se uma queda dessas fontes na oferta interna de energia, mas nos últimos anos houve uma recuperação dos níveis praticados na década de 1980. No período mais recente é possível ver essa redução, que foi de 1,7% de 2014 para 2015, acompanhando uma queda mínima anual de ao menos 1% desde 2011 (EPE, 2016).

Como vantagens, cita-se que, como energia renovável, o homem pode dimensionar a necessidade do plantio de árvores e o tempo para seu corte. Em pequenos povoados, a lenha é ainda utilizada, extraída na forma de galhos, para produção de calor, para esquentar os alimentos, e mesmo como fonte de luz. Entre as desvantagens estão a emissão de partículas poluentes pela sua queima e o desmatamento, que pode ocorrer de forma abusiva, sem reposição das espécies retiradas.

Energia hidráulica

É aquela gerada a partir de uma estação de energia, formada por uma represa ou barragem, com a finalidade de armazenar a água, localizada em um campo mais alto. Nesse sistema, a água passa por turbinas, transformando a energia potencial em cinética, que, por sua vez, movimenta o gerador e transforma a energia mecânica em eletricidade. As primeiras usinas hidrelétricas para a produção de eletricidade foram construídas na Inglaterra em 1880.

Em 2011, a energia hidráulica era a principal fonte geradora de energia elétrica para diversos países e respondia por cerca de 15% de toda a eletricidade gerada no mundo. China, Brasil e Estados Unidos lideravam o ranking quanto à capacidade instalada e geração no mundo (WEC, 2013), conforme observado na Tabela 8.3.

Tabela 8.3: Energia hidráulica: capacidade instalada e geração atual no mundo (1993 a 2015).

País	Produção (GWh) 1993	2011	2015
China	138.700	714.000	1.126.000
Brasil	252.804	428.571	382.000
Estados Unidos	267.326	268.000	250.000
Canadá	315.750	348.110	376.000
Rússia	160.630	180.000	160.000
Índia	-	-	120.000

Fonte: adaptada de WEC (2013; 2016).

No Brasil, essa energia vem disputando com os produtos originados pela cana-de-açúcar a posição de principal fonte de energia renovável, mas a principal posição vem oscilando nos últimos anos, e no último levantamento sobre as fontes de energia, realizado em 2005, acabou em segundo lugar. O potencial hidrelétrico brasileiro estimado pela Aneel (2005) girava em torno de 260 GW, e apenas 68% desse potencial havia sido inventariado. O total de energia interna ofertada em 2013, um montante de 12,5%, era oriundo da hidráulica (Brasil, 2014).

A grande vantagem da energia hidrelétrica decorre da não emissão de gases poluentes, tais como monóxido de carbono, óxidos de nitrogênio ou enxofre (Branco, 2004). Para países com ampla bacia hidrográfica e certo desnível em seus relevos, como o Brasil, o potencial hidrelétrico ainda permite novas explorações. Todavia, o tamanho das hidrelétricas pode ter grande impacto sobre o meio ambiente, já que enormes áreas podem ser inundadas para a construção da barragem. Segundo Branco (2004), enormes áreas foram inundadas para a construção de hidrelétricas, conforme apresentado na Tabela 8.4.

Tabela 8.4: Áreas inundadas e capacidade de sistemas hidrelétricos no Brasil.

Sistema	Capacidade (MW)	Área inundada (hectares)	Megawatts/hora (MW/h)
Paulo Afonso	3.984	1.600	2,49
Itaipu	12.600	135.000	93,0
Jupiá	1.400	33.300	42,0
Tucuruí	7.600	243.000	31,0
Furnas	1.216	144.000	8,0
Três Marias	400	105.200	4,0
Sobradinho	1.050	421.400	2,0
Balbina	250	236.000	1,0
Babaquara	6.600	600.000	1,0

Fonte: adaptada de Branco (2004, p. 106).

Oceanos – ondas e marés

Os oceanos, ocupando quase três quartos da superfície do globo, recebem a maior parte da energia proveniente do Sol (aproximadamente 80.000 TW). Essa energia se apresenta nas mais diversas formas, como ondas geradas pelos ventos que sopram a superfície dos oceanos, ou correntes marítimas geradas também pelos ventos ou por gradientes térmicos. Além disso, os oceanos são influenciados pelas interações gravitacionais entre a Terra, a Lua e o Sol, que, juntos, formam um grande reservatório de energia cinética e fornecem energia para manter o ciclo das marés.

Várias outras fontes renováveis de energia estão disponíveis nos oceanos, como o vasto potencial térmico existente entre as camadas mais superiores e quentes e as camadas mais inferiores, profundas e frias e os gradientes de densidade entre camadas de água de diferentes salinidades (Lemonis, 2004). Entre esses vários tipos, podemos destacar dois deles: energia das ondas e energia das marés.

Entre os diferentes tipos de ondas existentes nos oceanos, as ondas geradas pelo vento são as que possuem maior concentração de energia. Uma vez geradas, essas ondas podem percorrer milhares de quilômetros com apenas uma pequena perda de energia. Próximas à costa litorânea, a intensidade da energia diminui devido a interação com o fundo do oceano. As ondas possuem dois tipos de energia: energia cinética das partículas de água que geralmente seguem caminhos circulares e energia potencial das partículas nos pontos elevados das ondas. Os locais com maiores recursos situam-se ao longo da costa europeia ocidental, Canadá, Estados Unidos, Austrália e América do Sul, e o potencial mundial por ano é de aproximadamente 2.000 TW, o que equivale a 10% do consumo mundial de energia.

Umas das mais importantes vantagens da energia das ondas é a questão ambiental. Geralmente as tecnologias utilizadas para a conversão da energia das ondas em energia elétrica não produzem emissões de gases poluentes. Ainda, a abundância de recursos e os altos fluxos de energia transformam os sistemas de conversão de energia das ondas em sistemas de produção de energia economicamente viáveis. A pequena utilização de espaços terrestres é um aspecto importante, pois quase toda a infraestrutura fica situada no oceano. Por outro lado, algumas questões desfavoráveis devem ser citadas, como o impacto das variáveis naturais sobre as estruturas em condições climáticas extremas, no caso, por exemplo, de furacões e tempestades; o movimento irregular e lento das ondas, com frequências de aproximadamente 0,1 Hz, não é favorável, pois um gerador elétrico típico requer ondas com frequência quinhentas vezes maior.

As marés, por sua vez, são variações cíclicas dos níveis dos mares e oceanos. A explicação de suas ocorrências representou um dos maiores desafios para antigos oceanógrafos, matemáticos e físicos, até que Newton formulou uma teoria para explicar o fenômeno, conhecida como a Teoria do Equilíbrio das

Marés. Após vários estudos, ficou definido que as marés são originadas basicamente pelos movimentos e pelos campos magnéticos dos astros Terra, Lua e Sol. Quando os três estão alinhados, a influência da Lua é reforçada pela influência do Sol e produz grandes marés, conhecidas por marés longas. Por outro lado, quando a Lua e o Sol estiverem formando um ângulo de 90º entre si, ocorre um efeito de "anulação" entre as forças, resultando em marés menores, denominadas marés curtas. Estima-se que a energia total das marés dissipadas mundialmente seja equivalente a 3.000 GW, porém grande parte se encontra em locais inacessíveis; calcula-se que aproximadamente 1.000 GW estão disponíveis em regiões de costa marítima relativamente rasas. Desse potencial, acredita-se que de 120 a 400 GW podem ser transformados em energia elétrica, com as tecnologias atualmente disponíveis (Bryden, 2004).

Assim como as ondas, as marés são fontes limpas e abundantes de energia, disponíveis em praticamente todo o globo. Mas, além das vantagens, algumas questões desfavoráveis devem ser analisadas. No caso do método de barragens, como grandes projetos de engenharia civil, a construção de barragem é um processo sólido, porém envolve questões técnicas e ambientais, além de uma alta soma de dinheiro, um alto tempo de construção e um elevado tempo de retorno, podendo refletir em um elevado preço da energia elétrica resultante.

Energia eólica

Os ventos são gerados por meio do aquecimento desigual da atmosfera pelo sol, das irregularidades da superfície da Terra e da sua rotação, e os diferentes padrões de fluxo de vento são modificados pelas diversas condições de terrenos, água e vegetação. Quando o Sol aquece uma área de terra, o ar situado nessa região absorve parte desse calor. O ar mais quente (e mais leve) começa a se elevar muito rapidamente e o ar mais frio (e mais pesado) flui para preencher o espaço vazio deixado, gerando assim o vento.

Pela definição da US Energy Information Administration (EIA) (2014b), o termo "energia eólica" refere-se ao processo pelo qual as turbinas eólicas convertem o movimento do vento em eletricidade. A primeira turbina eólica comercial ligada à rede elétrica pública foi instalada em 1976, na Dinamarca (Aneel, 2005). Em âmbito mundial houve grande impacto, na década de 1980, quando a Califórnia foi o lar de 90% da capacidade instalada de energia eólica do mundo. A capacidade de energia eólica operacional aumentou mais de 16 vezes entre 2000 e 2012, para mais de 282 mil MW (Awea, 2014).

A capacidade de energia eólica estimada no final de 2011 era da ordem de 238 GW, e a China era o maior produtor, com pouco mais de 26% do total gerado no mundo. O corte de subsídios governamentais, menos atrativo aos potenciais investidores, além de custos crescentes na matéria-prima impactaram negativamente a indústria de energia eólica nos últimos anos. Contudo, ao longo de quase uma década (1993-2011), a capacidade instalada e geração apresentou incremento significativo, sobretudo em países como China, Estados Unidos, Alemanha, Espanha e Índia (Tabela 8.5) (WEC, 2013).

Tabela 8.5: Energia eólica: capacidade instalada e geração atual no mundo (1993 a 2015, em MW e GWh).

País	Capacidade instalada		
	1993	2011	2015
China	15	62.364	148.000
Estados Unidos	1.814	46.919	74.347
Alemanha	650	29.071	45.192
Espanha	52	21.673	22.987
Índia	40	15.880	24.759
Reino Unido	-	-	13.614

Fonte: adaptada de WEC (2013; 2016).

Como vantagem, cita-se que a energia eólica é gerada pelo vento, uma fonte limpa de combustível. Ela não polui o ar quando comparada a outras fontes de combustíveis fósseis, como o carvão ou o gás natural, e também não produz emissões atmosféricas que causam chuva ácida ou GEE. A energia eólica pode ser uma fonte doméstica de energia, pois o vento é abundante em praticamente todo o globo terrestre. As turbinas eólicas podem ser construídas em fazendas ou ranchos onde exista uma boa disponibilidade de ar e, por ocupar um espaço reduzido do solo, os proprietários das terras podem continuar aproveitando-o para suas atividades normais.

Por outro lado, a energia eólica compete com fontes tradicionais de energia que possuem um custo menor. Dependendo da disponibilidade de vento no local, as "fazendas eólicas" podem ou não ser viáveis. Embora o custo das turbinas eólicas tenha diminuído drasticamente nos últimos dez anos, a tecnologia requer um investimento inicial alto, geralmente maior do que os geradores tradicionais que utilizam combustível fóssil. Todavia, o principal desafio da energia eólica é a intermitência do vento, isto é, não está disponível a todo o momento. Assim, necessita-se do uso de baterias auxiliares para o armazenamento da energia produzida, para o posterior consumo. Outra questão é que bons locais para a instalação de turbinas eólicas, onde o vento é abundante, frequentemente situam-se em regiões remotas, longe das cidades em que a energia é muito utilizada. Apesar das turbinas eólicas serem de baixo impacto ambiental quando comparadas a outras fontes tradicionais de energia, algumas questões devem ser ressaltadas: elas geram um nível alto de ruído (barulho), apresentam um desconforto estético (visual) e, às vezes, pássaros podem colidir com os rotores. A maior parte desses problemas foi minimizada com as novas tecnologias ou com a escolha do local mais adequado para as instalações.

Energia Geotérmica

A energia geotérmica é a energia calórica existente no interior da Terra, presente desde sua formação. A temperatura no núcleo do nosso planeta é de aproximadamente 4.200°C e, quando esse calor flui até a superfície, pode produzir grandes eventos, como vulcões, gêiseres e fontes termais que, com as devidas proporções, podem ser usados para aquecer edificações e gerar eletricidade (McFarland, 2001). Por exemplo, uma das possíveis maneiras de gerar energia pelo aproveitamento da energia geotérmica é a utilização do vapor d'água contido em reservatórios subterrâneos. Por meio de tubulações, o vapor, em alta pressão e temperatura, é conduzido até a superfície, onde, de forma análoga a uma usina hidrelétrica, fará com que as pás da turbina girem, produzindo eletricidade (Mcfarland, 2001; Farret e Simões, 2006).

As principais vantagens são o baixo valor dessa fonte de energia e a emissão quase nula do gás poluente. Já as desvantagens são as distâncias das reservas em relação aos centros consumidores de energia; a possibilidade de ocorrência de abalos e deslizamentos com a retirada dos fluidos; e a possibilidade de lançamento, ao ambiente, de gases sulfurosos, com odores desagradáveis, corrosivos e nocivos à saúde humana.

Hidrogênio

A combustão de combustíveis fósseis contribuiu, ao longo dos anos, com mais da metade das emissões de gases responsáveis pelo efeito estufa e com uma grande parte das emissões de poluentes no ar. Uma variedade de combustíveis alternativos foi proposta para tratar desses problemas, como o metanol, o etanol, o metano, líquidos sintéticos derivados de gás natural ou carvão e, entre eles, o hidrogênio. O hidrogênio oferece maior benefício em termos de redução nas emissões de poluentes e de GEE e na diversificação no fornecimento de energia, porém desafios técnicos e econômicos devem ser superados (Ogden, 1999).

Composto de um só próton e um elétron, presente em 90% de toda matéria do universo, o hidrogênio (H_2) é, sem dúvida, o elemento mais simples, mais abundante e mais leve que existe. Sua reatividade extrema permite a ele se dispersar rapidamente quando acidentalmente liberado ou derramado, podendo subir à atmosfera terrestre ou retornar como água (H_2O) quando combinado com oxigênio atmosférico (O_2) (Berry, 2004).

Semelhante à eletricidade, o hidrogênio é uma fonte de energia de alta qualidade que pode ser utilizada com alta eficiência e com níveis praticamente nulos de emissões. Entre as diversas possibilidades de uso do hidrogênio, demonstrou-se tecnicamente aplicações como aquecimento, geração de eletricidade e combustível veicular (como substituto de todas as formas atuais utilizadas – gasolina, diesel etc.). Células combustíveis (baterias termelétricas) de baixa temperatura, que funcionam à base de hidrogênio ou com gases ricos em hidrogênio, estão passando por um rápido e crescente desenvolvimento mundial (Ogden, 1999).

O hidrogênio pode ser obtido de uma extensa variedade de fontes disponíveis, como gás natural, carvão, biomassa, energia solar, energia eólica e recursos nucleares. Se fosse produzido a partir de fontes de energia não fósseis ou de fontes fósseis "descarbonizadas" (com separação e retenção do CO_2), seria possível ter um amplo sistema de energia sem nenhuma emissão de poluentes no ar durante o processo de produção ou no consumo da energia. Porém, o desenvolvimento de uma infraestrutura para a obtenção, transporte e armazenamento do hidrogênio ainda deve superar barreiras técnicas e econômicas, visto que atualmente essa infraestrutura é muitas vezes maior que a necessária para os combustíveis líquidos atuais (Ogden, 1999). Atualmente, mais de 90% da produção de H_2 é realizada por processamento termoquímico de hidrocarbonetos (como gás natural, carvão, biomassa e resíduos sólidos) em reatores químicos de alta temperatura, com a produção de um gás sintético intermediário composto por H_2, CO, CO_2, H_2O e CH_4. Um outro processo utilizado é a eletrólise da água, em que uma corrente elétrica a "quebra" em seus componentes hidrogênio (H_2) e oxigênio (O_2).

Várias possibilidades, utilizando tecnologias comerciais ou quase comerciais, podem ser consideradas para a produção, o transporte e a armazenagem do hidrogênio. Essas possibilidades são divididas de acordo com a distância das fontes utilizadas para a produção e os centros consumidores, que podem ser "próximas" ou "distantes". As alternativas "próximas" são: o hidrogênio produzido em larga escala a partir do gás natural passa por um processo de liquefação, é transportado por caminhões que abastecem as estações, onde deve passar por um processo inverso de vaporização, para que possa ser usado como combustível; o hidrogênio produzido em larga escala a partir do gás natural é transportado na forma gasosa por dutos até as estações, onde é comprimido e posteriormente utilizado; o hidrogênio produzido em indústrias químicas é transportado na forma gasosa por dutos até as estações, onde é comprimido e posteriormente utilizado – processo muito semelhante ao primeiro, porém as estações possuem pequenas centrais produtoras, que recebem o gás natural e realizam localmente todo o processo de produção e de armazenagem, consistindo em uma produção em baixa escala; e processo muito semelhante ao do item anterior, porém as pequenas estações produtoras locais, em vez de receber o gás natural, realizam a eletrólise da água para a obtenção do hidrogênio, consistindo em uma produção em baixa escala (Ogden, 2001).

Já nas alternativas "distantes", outros métodos centralizados de produção em larga escala poderiam ser utilizados para a produção do hidrogênio, como gaseificação de biomassa, carvão ou resíduos sólidos municipais (lixo); eletrólise da água com a utilização de energia elétrica gerada por turbinas eólicas ou células fotovoltaicas; e sistemas termoquímicos de produção com a retenção (sequestro) do CO_2. Nos processos de distribuição de larga escala (grandes quantidades), basicamente são utilizados caminhões ou dutos. O hidrogênio pode ser liquefeito a baixa temperatura (-253°C) e transportado por caminhões dotados de tanques "criogênicos" ou comprimido a baixa temperatura e transportado por dutos ou caminhões. Já para a armazenagem, diferentemente de outros combustíveis como gasolina e álcool, que são facilmente armazenados em temperatura ambiente, o hidrogênio deve ser armazenado basicamente como gás comprimido ou líquido criogênico (liquefeito a -253°C) (Ogden, 2001).

O hidrogênio oferece uma série de vantagens: fonte limpa de energia, sem praticamente qualquer taxa de emissão de poluente ou GEE e livre de carbono; elemento abundante; entre outras. Por outro lado, as principais desvantagens são: altamente inflamável e explosivo; caros processos de produção, armazenagem e transporte; utilização de outras fontes de energia e principalmente de recursos hídricos para a realização da eletrólise da água.

Energia solar

A energia solar é uma das fontes mais abundantes de energia para o futuro. Uma das razões para isso é que a energia total que nós recebemos a cada ano do Sol é aproximadamente 35 mil vezes maior que a energia total utilizada pelo homem. Porém, aproximadamente um terço dessa energia ou é absorvida pela atmosfera externa ou retorna para o espaço.

A energia solar é a base energética que sustenta a vida na Terra para todas as plantas, animais e pessoas. O planeta recebe essa energia na forma de ondas eletromagnéticas que o Sol emite continuamente no espaço, atuando como um enorme coletor de energia solar. Essa grande quantidade de energia solar recebida se manifesta de diversas formas, como luz solar (que é diretamente utilizada pelas plantas no processo de fotossíntese), massas de ar aquecidas (gerando vento) e evaporação dos oceanos (resultando em chuvas). Energia solar é um recurso renovável, inesgotável (pelo menos em um horizonte de 3 a 4 bilhões de anos) e localmente disponível (Moore, 2001). É uma fonte limpa de energia que permite uma autonomia energética local. O fluxo proveniente do Sol que chega à Terra é, em geral, aproximadamente, 1.000 W/m² e pode variar de acordo com a região e época do ano (Moore, 2001).

Sua captura requer equipamentos específicos, com um custo inicial de capital relativamente alto. O efeito fotovoltaico é o aparecimento de uma diferença de potencial nas extremidades de material semicondutor, produzida pela absorção da luz. A célula fotovoltaica é a unidade fundamental para este processo. Porém, como a vida útil desses equipamentos é elevada, esses sistemas podem apresentar um custo-benefício ruim quando comparados a tecnologias energéticas tradicionais. Um dos fatores de sucesso na instalação de sistemas de energia solar próspera é a utilização de componentes de qualidade, com uma longa durabilidade e de pouca manutenção (Ganechari e Kate, 2005).

Apesar de a Terra receber apenas uma pequena parte da energia irradiada pelo Sol, a energia solar é que sustenta a vida terrestre e é dez mil vezes maior que toda a energia utilizada atualmente pelos habitantes do mundo, que é de aproximadamente apenas 0,01% do 1,5 bilhão de kWh de energia que chega à Terra (Hoffman, 2001). O rápido crescimento do uso da energia solar deve-se, em parte, ao declínio nos custos dos painéis solares (WEC, 2013).

Como vantagem, a quantidade de energia solar disponível na Terra é muito maior do que toda a energia elétrica consumida pela população mundial. Outras vantagens de sua utilização são: não consome nenhum combustível; não polui; manutenção fácil e de baixo custo; longa vida útil; gera de microwatts a megawatts; pode ser combinada com outros sistemas geradores; ausência de partes (peças) móveis etc. Quando comparada com outras fontes de energia, a energia solar apresenta um bom custo-benefício; em muitos casos, é a única fonte disponível. Podemos também dizer que os sistemas solares apresentam uma boa vida útil e um baixo custo de manutenção. Além disso, é uma fonte "ambientalmente correta", que auxilia na proteção dos recursos ambientais.

O alto custo dos sistemas solares é uma limitação importante. Um outro fator a considerar é o baixo rendimento dos sistemas atuais. Um desafio constante em relação à utilização da energia solar é a busca para aumentar a eficiência dos sistemas atuais. Atualmente, para se produzir grandes quantidades de energia por meio de sistemas solares, é necessária uma enorme infraestrutura, com grandes áreas para os coletores, o que pode causar algum tipo de impacto ambiental em sua construção ou, ao menos, uma significativa poluição visual. Outro ponto a ser considerado é o uso de elementos químicos tóxicos para a fabricação das células fotovoltaicas (FV). Outros problemas podem ser citados: a energia utilizada na produção das células FV é considerável; com o passar do tempo, a eficiência das células se torna menor (apesar de ocorrer lentamente, as células FV perdem sua condutividade); e essas fontes de energia são para "meio período", isto é, não estão disponíveis no período noturno.

Energia nuclear

A energia nuclear pode ser obtida de duas formas: fissão nuclear – ocorre com a divisão de um núcleo atômico pesado e instável bombardeado com nêutrons, resultando em dois núcleos menores, nêutrons e liberação de uma quantidade enorme de energia; e fusão nuclear – a energia é liberada quando núcleos atômicos leves (os isótopos de hidrogênio deutério e trício) são fundidos para formar um núcleo atômico pesado através do aquecimento de um gás a temperaturas elevadíssimas.

Com os choques internacionais do petróleo, nos anos 1970, e a crise energética subsequente, a energia nuclear passou, em pouco mais de duas décadas, de uma participação ínfima (0,1%) para 17% da produção mundial de energia elétrica, no final da década de 1980 (WEC, 2013), ocupando assim o terceiro lugar entre as fontes de geração (Aneel, 2005). No Brasil, a utilização da energia nuclear começou com a construção da Usina Angra I, em 1972, com o objetivo de suprir a necessidade de eletricidade no Rio de Janeiro, que somente entrou em operação comercial em 1985 (Aneel, 2005). O Brasil possui a sétima maior reserva geológica de urânio do mundo, com 309.370 toneladas, o que permite o suprimento das necessidades internas a longo prazo e a exportação do excedente (INB, 2014).

Em 2011, a energia nuclear correspondeu a 5% do total de fontes de energia no mundo, com estimativa de alcançar 6% em 2020 (WEC, 2013). Entre 1993 e 2011, a geração dessa energia aumentou pouco mais de 13%, enquanto sua capacidade instalada teve incremento de aproximadamente 7%. Os principais utilizadores da energia nuclear são os Estados Unidos, com a geração de 799.000 GWh em 2011, seguidos pela França, com 415.480 GWh, e Japão, com 162.900 GWh (WEC, 2013).

Em vários países, como no Brasil, a tecnologia para obtenção da energia nuclear já atingiu patamares que permitem sua exploração de forma a obter altos níveis de energia com certa segurança. Além disso, as reservas mundiais de minerais radiativos vão durar por muito mais tempo que os combustíveis fósseis. Salvo algum acidente e a questão dos resíduos radiativos, o impacto ambiental inicial é menor do que o causado pela construção de uma grande hidrelétrica.

Atualmente, a grande desvantagem da exploração da energia nuclear é o tratamento ou armazenamento dos resíduos radiativos. Outra desvantagem é o alto custo para a construção de uma usina, que chega a somas que envolvem bilhões. Mais como um temor do que uma desvantagem, há a preocupação de diversos países com a utilização dos resíduos radiativos para a fabricação de armas nucleares.

Outro receio é a possibilidade de ocorrência de um acidente nuclear, como o de Chernobyl, atual Ucrânia, que causou dezenas de mortes, a contaminação de outras dezenas de pessoas, o abandono de milhares de lares e, obviamente, a contaminação do próprio meio ambiente. Mais recentemente, um terremoto de 8,9 graus na escala Richter e um tsunami, ocorridos em março de 2011, ocasionaram o acidente nuclear de Fukushima Daiichi, no Japão, que resultou em vazamento radioativo e necessidade de evacuação da população local.

CONSIDERAÇÕES FINAIS

A Revolução Industrial e a Primeira Guerra Mundial trouxeram novas formas de produção baseadas no desenvolvimento tecnológico, caracterizado pelo processo de industrialização e urbanização. Esses importantes fatos contribuíram para o desenvolvimento dos mais variados sistemas produtivos da sociedade contemporânea, que se utilizam do insumo energia para sua realização. Nesse contexto, as fontes energéticas são a força motriz do ritmo de vida da sociedade moderna, e o petróleo é o principal insumo para sedimentar todo o processo de produção de capital imposto pelo desenvolvimento.

Como pôde ser visto ao longo do capítulo, as oportunidades apresentadas por energias renováveis e menos poluentes vêm resultando cada vez mais em facilidades, seja por incentivos, aumento de tecnologia ou disseminação do conhecimento, entre outras razões. Isso pode levar a mudanças de comportamento de empresas, do governo e da sociedade em geral no sentido de valorizarem essas oportunidades como formas mais sustentáveis de geração e aproveitamento energético. Com avanços nessas fontes, algumas ainda consideradas alternativas, será possível partir para uma troca gradativa das tradicionais, baseadas em combustíveis fósseis (como o petróleo), com vistas à sustentabilidade.

Dessa forma, este capítulo teve por finalidade analisar e discutir as fontes energéticas tradicionais e suas possíveis substitutas, traçando para cada uma delas, as possíveis vantagens e desvantagens de sua utilização.

EXERCÍCIOS

1. O combustível fóssil seria dispensável para a história do desenvolvimento econômico? Caso não, como os impactos poderiam ter sido minimizados?

2. Hoje, é possível assumir que as energias renováveis poderiam suprimir a utilização de energia não renováveis?

3. Qual seria a energia potencial para substituir expressivamente a utilização de energia não renovável?

REFERÊNCIAS

AGARWALA, N.; SINGH, S.P. (Coords.). *A economia do subdesenvolvimento*. Oxford University Press. Rio de Janeiro: Forense, 1969.

[AWEA] AMERICAN WIND ENERGY ASSOCIATION. *American Wind Energy Association*. Washington, DC. 2014. Disponível em: <http://www.awea.org/Resources/Content.aspx?ItemNumber=900&navItemNumber=587>. Acesso em: 20 jun. 2014.

[ANEEL] AGÊNCIA NACIONAL DE ENERGIA ELÉTRICA. *Atlas de Energia Elétrica do Brasil*: 2.ed. Brasília: Aneel, 2005. 243p. Disponível em: <http://www.aneel.gov.br/aplicacoes/atlas/download.htm>. Acesso em: 16 jun. 2014.

_____. *Matriz Energética do Brasil*, 2014. Disponível em: <http://www.aneel.gov.br/aplicacoes/capacidadebrasil/OperacaoGeracaoTipo.asp?tipo=7&ger=Outros&principal=E%C3%B3lica>. Acesso em: 16 jun. 2014.

BERRY, G. D. Hydrogen Production. *Encyclopedia of Energy*. J. Cleveland: Elsevier, 2004.

BOYLE, G. *Renewable Energy – Power for a Sustainable Future*. Oxford: Oxford University, 1996.

BRANCO, S. M. *Energia e Meio Ambiente*. São Paulo: Moderna, 2004. 143p.

BRASIL. Ministério da Agricultura, Pecuária e Abastecimento. Secretaria da Política Agrícola. Instituto Interamericano de Cooperação para a Agricultura. *Cadeia Produtiva da Agroenergia*. Brasília: Mapa/SPA/Iica, 2007. 110p.

_____. Ministério de Minas e Energia. *Balanço Energético Nacional 2014 – Relatório Síntese – Ano Base 2013*. Brasília, 2014. 54p. Disponível em: <https://ben.epe.gov.br/downloads/S%C3%ADntese%20do%20Relat%C3%B3rio%20Final_2014_Web.pdf>. Acesso em: 15 jun 2014.

BRYDEN, I. G. Tidal Energy. *Encyclopedia of Energy*. J. Cleveland: Elsevier, 2004

[CEPAL] COMISSÃO ECONÔMICA PARA AMÉRICA LATINA E O CARIBE. Estudo Econômico da América Latina 1949. In: BIELSCHOWSKY, R. (Org.) *Cinquenta Anos de Pensamento na Cepal*. Rio de Janeiro: Record, 2000a.

_____. Além da Estagnação: uma discussão sobre o estilo de desenvolvimento recente no Brasil. In: BIELSCHOWSKY, R. (Org.) *Cinquenta Anos de Pensamento na Cepal*. v. 2. Rio de Janeiro: Record, 2000b.

_____. Dos anos de 1960 em diante: o auge do comércio exterior e a crise do petróleo. In BIELSCHOWSKY, R. (Org.) *Cinquenta Anos de Pensamento na Cepal*. v. 2. Rio de Janeiro: Record, 2000c.

_____. Industrialização na América Latina: da "caixa-preta" ao "conjunto vazio". In BIELSCHOWSKY, R. (Org.) *Cinquenta Anos de Pensamento na Cepal*. v. 2. Rio de Janeiro: Record, 2000.

CURVO, J.G. A máquina emperrou. *BiodieselBR*, São Paulo, dez. 2007/jan. 2008. Caderno Exterior, p 54-57.

DE MASI, D. *A Sociedade Pós Industrial*. 4.ed. São Paulo: Editora Senac, 1999.

DRUCKER, P. *Sociedade Pós-Capitalista*. 5.ed. São Paulo: Livraria Pioneira Editora, 1996.

[EBB] EUROPEAN BIODIESEL BOARD. *2008-2009: EU biodiesel industry shows resilience amid unfair international competition and degraded market conditions*. 2009. Disponível em: <http://www.ebb-eu.org/EBBpressreleases/EBB%20press%20release%202008%20prod%202009%20cap%20FINAL.pdf>. Acesso em: 19 jun. 2014. [*Press-release*].

[EPE] EMPRESA DE PESQUISA ENERGÉTICA. *Balanço Energético Nacional 2016. Relatório Síntese – ano base 2015*. 2016. Disponível em: <https://ben.epe.gov.br/downloads/S%C3%ADntese%20do%20Relat%C3%B3rio%20Final_2016_Web.pdf>. Acesso em: 28 out. 2016.

EUROSTAT. *Europe in Figures: Eurostat yearbook 2008*. Luxemburgo: European Communities, 2008. 566p.

FARRET F. A.; SIMOES M. G. *Integration Of Alternative Sources of Energy*. Nova Jersey: John Wiley & Sons, 2006.

GANECHARI, S.M.; KATE, S. Alternative Energy Resource. National Seminar on Alternative Energy Sources. Thane: Thane College Campus, ago. 2005.

HALL, O. D.; HOUSE, I. J.; SCRASE, I. Visão Geral de Energia e Biomassa. In: ROSILLO-CALLE, F.; BAJAY, S. V.; ROTHMAN, H. *Uso da Biomassa para Produção de Energia na Indústria Brasileira*. Tradutores: José Dílcio Rocha e Maria Paula G. D. Rocha. Campinas: Editora da Unicamp, 2005.

HOFFMAN A. R. Solar Energy. *Macmillan Encyclopedia of Energy*. v. 3. Nova York, 2001, p. 1050-1063.

[INB] INDÚSTRIAS NUCLEARES DO BRASIL. Reservas. 2014. Disponível em: <http://www.inb.gov.br/pt-br/WebForms/interna2.aspx?secao_id=48>. Acesso em: 15 jun. 2014.

KINDLEBERGER, C.P. *Desenvolvimento Econômico*. Tradução de Elisa Teixeira Pinto. Lisboa: Livraria Clássica Editora, 1960.

LEMONIS, G. Wave and Tidal Energy Conversion. *Encyclopedia of Energy*. J. Cleveland: Elsevier, 2004.

LIMA JÚNIOR, J. C. *Condicionantes da viabilidade de produção do biodiesel a partir do dendê e do pinhão-manso no semi-árido brasileiro*. 2008. 164p. Dissertação (Mestrado em Administração de Organizações) – Faculdade de Economia, Administração e Contabilidade de Ribeirão Preto, Universidade de São Paulo. Ribeirão Preto, 2008.

MANKIN, N.G. *Macroeconomia*. 5.ed. Rio de Janeiro: LTC Editora, 2004.

MCCLELLAND, D.C. *A Sociedade Competitiva – Realização e Progresso Social*. 16.ed. Rio de Janeiro: Expressão e Cultura, 1961.

MCFARLAND, E. L. Geothermal Energy. *Macmillan Encyclopedia of Energy*. Estados Unidos: Gale Group, 2001.

MOORE, J. B. Solar Energy. *Macmillan Encyclopedia of Energy*. Estados Unidos: Gale Group, 2001.

NEVES, M. F. (Coord.) *Agronegócios & Desenvolvimento Sustentável. Uma agenda para a liderança mundial na produção de alimentos e bioenergia*. São Paulo: Atlas, 2007.

OBSTFELD, M; ROGOFF, K. *Foundations of International Macroeconomics*. Cambridge: MIT Press, 1996.

OGDEN, J. M. Prospects for Building a Hydrogen Energy Infrastructure. *Annual Review of Energy and the Environment*. v. 24. 1999.

_____. Hydrogen. *Macmillan Encyclopedia of Energy*. Estados Unidos: Gale Group, 2001.

[OECD/FAO] ORGANISATION FOR ECONOMIC CO-OPERATION AND DEVELOPMENT/ FOOD AND AGRICULTURE ORGANIZATION. *Agricultural Outlook 2013-2022: Highlights*. 2013. 119p. Disponível em: <http://www.oecd.org/site/oecd-faoagriculturaloutlook/>. Acesso em: 17 jun. 2014.

[OPEC] ORGANIZATION OF THE PETROLEUM EXPORTING COUNTRIES. *Opec Oil Reserve*. 2014. Disponível em: <http://www.opec.org/opec_web/en/data_graphs/330.htm>. Acesso em: 17 jun. 2014.

PAIVA, C.T. Proposta de Metodologia para Análise de Passivos Ambientais da Atividade Minerária. Projeto BRA/01/039 do Ministério de Minas e Energia. Brasília: 2006.

PEREIRA, N. M. O fim do petróleo e outros mitos. *Revista Eletrônica de Jornalismo Científico*. 10 dez. 2002. Disponível em: <http://www.comciencia.br/reportagens/petroleo/pet19.shtml>. Acesso em: 14 out 2007.

PETROBRAS. Nossas reservas provadas de petróleo em 2013. Disponível em: <http://fatosedados.blogspetrobras.com.br/2014/01/14/nossas-reservas-provadas-de-petroleo-em-2013/>. Acesso em: 10 jun. 2014.

_____. 2014b. Disponível em: <http://fatosedados.blogspetrobras.com.br/2014/01/15/reservas-provadas-no-pre-sal-cresceram-43-em-2013/>. Acesso em: 10 jun. 2014.

RAY, D. *Development Economics*. Princeton: Princeton University Press, 1998.

ROSTOW, W.W. *Etapas do Desenvolvimento Econômico*. 5.ed. Rio de Janeiro: Zahar Editores, 1974.

SOLOMON, B. D. *Encyclopedia of Energy. Economic Geography of Energy*. Michigan, 2004. 873p.

TOFLER, A. *O Choque do Futuro*. 3.ed. Rio de Janeiro: Record, 1970.

[USDA] UNITED STATES DEPARTMENT OF AGRICULTURE. *EU Biofuels Annual 2016*. The Hague, 28 jun. 2016. Disponível em: <http://gain.fas.usda.gov/Recent%20GAIN%20Publications/Biofuels%20Annual_The%20Hague_EU-28_6-29-2016.pdf >. Acesso em: 28 out. 2016.

[EIA] US ENERGY INFORMATION ADMINISTRATION. Energy in Brief - What is shale gas and why is it important? Washington, DC: US Departament of Energy. 2014a. Disponível em: < http://www.eia.gov/energy_in_brief/article/about_shale_gas.cfm>. Acesso em: 10 jun. 2014.

_____. Frequently Asked Questions about Wind Energy. Washington, DC: US Departament of Energy. 2014b. Disponível em: <http://energy.gov/eere/wind/frequently-asked-questions-about-wind-energy#question1>. Acesso em: 10 jun. 2014.

[WEC] WORLD ENERGY COUNCIL. *World Energy Resources 2013 Survey*. 2013. Disponível em: <http://www.worldenergy.org/wp-content/uploads/2013/09/Complete_WER_2013_Survey.pdf.>. Acesso em: 15 jun. 2014.

_____. *World Energy Resources 2016*. Disponível em: <http://www.worldenergy.org/wp-content/uploads/2016/10/World-Energy-Resources-Full-report-2016.10.03.pdf>. Acesso em: 28 out. 2016.

9 | Indicadores de sustentabilidade

Dagny Bocca
Caroline Krüger Guimarães

INTRODUÇÃO

Quando alguém vai para um lugar que não conhece, pode usar um mapa para indicar o caminho, ou pedir informações para alguém que lhe indicará o caminho, ou ainda seguir placas indicativas. Em Química, usam-se reagentes que, em contato com uma substância, mostram sua acidez – são indicadores de pH. Assim, intuitivamente, um indicador serve para mostrar, apontar, chamar a atenção para algo. Esse algo pode ser uma direção a seguir, um objetivo a alcançar ou o lugar ou estado (no sentido de situação) em que algo se encontra.

Nos aeroportos e heliportos, usa-se um instrumento chamado biruta para fornecer a direção visual do vento de superfície, assim como a velocidade do vento, para os pilotos. A biruta responde imediatamente a cada mudança do vento, mostrando ao piloto a nova direção. É um indicador dinâmico, que reage às mudanças de imediato. Também assim devem ser os indicadores que queremos estudar, mostrando, a cada mudança de estado, a nova situação em que o objeto do indicador se encontra.

Indicadores são variáveis identificáveis que podem caracterizar resultados, objetivos e metas. Devem ser capazes de responder de forma imediata às mudanças, ser de fácil aplicação e ter enfoque integrado, relacionando-se com outros indicadores e permitindo analisar essas relações (Meadows, 1998).

Um dado é uma representação simbólica quantificada ou quantificável, e informação é uma abstração apenas possível na mente, uma elaboração das mensagens recebidas por meio dos dados (Setzer, 2001). Pode-se considerar que um indicador é um dado, ou um conjunto de dados, processado de forma a facilitar sua compreensão e elaboração em forma de informação. Assim, um indicador é uma ferramenta para obtenção de informações sobre uma realidade. Segundo Meadows (1998), indicadores são variáveis identificáveis que podem caracterizar resultados, objetivos e metas.

A necessidade de indicadores começou a ser percebida por volta da década de 1940, em análises econômicas e financeiras, sendo o Produto Interno Bruto (PIB) e o Produto Nacional Bruto (PNB) exemplos claros dessa necessidade. Supunha-se que, ao medir o crescimento econômico de uma nação, seria possível identificar uma melhoria no nível de vida de sua população. Porém, como essas medidas não contemplam variáveis como distribuição de renda e degradação ambiental, não foram suficientes para a mensuração da qualidade de vida (Carmo, 2004).

Em vista disso, foi criado em 1990 (mas recalculado para os anos anteriores, a partir de 1975) o Índice de Desenvolvimento Humano (IDH), que considera, além da variável econômica, a longevidade (expectativa de vida ao nascer) e a educação (taxa de matrícula em todos os níveis de ensino). Foram agregados indicadores de pobreza humana e de desenvolvimento ajustado ao gênero. Contudo, nesse conjunto ainda faltavam indicadores que considerassem especificamente a variável ambiental.

Os indicadores podem seguir diferentes tipos de escalas (Spangenberg, 2002), como:

- Nominais – respostas "sim" ou "não". Pode ser difícil mensurar a efetividade de uma política pública; mais fácil dizer se ela existe ou não.
- Ordinais – hierarquia de estados qualitativos. Mais difícil de aplicar do que as nominais, pois podem esbarrar em juízos de valor; é preciso definir claramente a distância relativa entre as classes definidas (qual exatamente a diferença entre "ótimo" e "excelente"?).

- Cardinais – informação quantitativa. Por exemplo, indicadores de desempenho (o quanto se está perto de atingir um objetivo ou o quanto se atingiu dele, como 70% de adultos alfabetizados ou 10% de redução de emissões de carbono).

É possível conciliar duas ou mais variáveis para compor um índice. O IDH, por exemplo, é a síntese de um conjunto de variáveis normatizadas e aplicáveis a todos os países, possibilitando uma comparação entre eles. Congrega as dimensões "esperança de vida" (biologicamente todos os humanos têm potencial para viver até a mesma idade), "educação" (em um índice que pondera a alfabetização de adultos e a escolarização bruta, isto é, primário, secundário e superior; essa ponderação serve para não considerar iguais os níveis de escolaridade de um país hipotético em que todos os adultos possuem o nível primário, isto é, são alfabetizados, mas ninguém tem nível superior, de outro país hipotético no qual 50% da população é alfabetizada e 50% possui nível superior) e "PIB *per capita* ajustado" (esse ajuste é necessário "porque para alcançar um nível elevado de desenvolvimento humano não é necessário um rendimento ilimitado") (ONU, 2016).

Mais direcionados para a questão da sustentabilidade são os indicadores da Comissão de Desenvolvimento Sustentável (CSD) da Organização das Nações Unidas (ONU), que serão abordados posteriormente. Segundo a ONU (2007):

> [...] indicadores desempenham muitas funções. Podem levar a decisões melhores e ações mais efetivas simplificando, esclarecendo e tornando informação agregada disponível para criadores de políticas. Podem ajudar a incorporar o conhecimento de ciências físicas e sociais na tomada de decisão, e podem ajudar a medir e calibrar o progresso em direção a objetivos de desenvolvimento sustentável. Podem fornecer um aviso precoce para prevenir reveses econômicos, sociais e ambientais. Também são ferramentas úteis para comunicar ideias, pensamentos e valores.

INDICADORES DE SUSTENTABILIDADE

Indicadores tão simples e ágeis como birutas são difíceis de se obter para questões complexas como a sustentabilidade. Ademais, são vários os pontos de vista a serem considerados. Mesmo por se tratar de um sistema complexo e dinâmico, há diversas abordagens para a construção de indicadores de sustentabilidade. Braga e Freitas (2002) atentam que a construção desses indicadores segue três vertentes principais, a saber: biocêntrica, econômica e de síntese. No entanto, os primeiros indicadores criados foram os econômicos (década de 1940); apenas mais tarde surgiu a preocupação ambiental. Esses indicadores devem abordar a sustentabilidade e a qualidade ambiental, combinando aspectos tanto do ecossistema natural como da economia e da qualidade de vida. Assim, as vertentes biocêntrica e econômica convergem para a vertente dos índices síntese, conforme Figura 9.1.

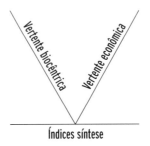

Figura 9.1: Vertentes dos indicadores de sustentabilidade.
Fonte: Braga e Freitas (2002).

Um dado biocêntrico pode ser, por exemplo, a presença de um determinado microrganismo no solo ou a biodiversidade de uma região. Na vertente econômica, um exemplo é o uso de fontes de energia renováveis. Um índice síntese pode ser dado pela deposição de determinada substância de origem antrópica (relativo à ação do homem) em um ambiente natural, como cádmio e chumbo nos anéis de árvores expostas à poluição (Erklund, 1995).

Além de pertencer a uma dessas três vertentes, os indicadores de sustentabilidade podem indicar diferentes aspectos, assim como a biruta indica a direção e a velocidade do vento e um avião precisa de velocímetro, altímetro e giro direcional (espécie de bússola), entre outros. Basicamente, existem três tipos de indicadores: de estado, de pressão ambiental e de resposta.

Atualmente é possível a qualquer cidadão usar um aparelho de sistema de posicionamento global (*global positioning system* – GPS) e saber exatamente onde está no planeta. Essa "posição" pode ser comparada ao estado em que se está e é uma fotografia de sua situação posicional. Quanto à sustentabilidade, o que mostra a situação são os indicadores de estado. Mostram a situação presente de determinado aspecto, como a qualidade da água de um rio.

Outro tipo de indicador é o de pressão ambiental, que visa expressar as mudanças nos níveis de uso de funções ambientais (Gilbert, 1996). Mostram o estrago feito, por assim dizer, como a degradação de hábitat natural ou a extinção de espécies. Portanto, não é um retrato estático, como um indicador de estado; toma dois momentos no tempo e os compara. Em vez de simplesmente dizer "a água do rio tem x quantidade de coliformes fecais", mostra que essa quantidade aumentou ou diminuiu ao longo de determinado período de tempo.

Diferentes realidades soberanas (dos países) podem exigir diferentes indicadores, uma vez que cada país pode elencar diferentes prioridades em suas políticas de sustentabilidade e enfrentar diferentes desafios (Guidelines, 2001). Porém, os fatores comuns devem ser identificados. Os indicadores de sustentabilidade serão tanto mais efetivos quanto mais forem genéricos (independentes de situação específica, aplicáveis a qualquer sociedade), indicativos (representação fiel do fenômeno), sensíveis (reagindo rápido a mudanças, como a biruta nos aeroportos) e robustos (consistentes e não sujeitos a perder validade devido a pequenas mudanças metodológicas, por exemplo) (Spangenberg, 2002).

A necessidade de indicadores de sustentabilidade consolidou-se na Conferência Mundial sobre o Meio Ambiente (Rio-92). Ali foi elaborada a Agenda 21, que é um plano de ação proposto para ser assumido globalmente, nacionalmente e localmente, em qualquer lugar onde a atividade humana impacte o ambiente. Ela lista 132 indicadores, 55 deles na temática ambiental e os demais para temas sociais, econômicos e institucionais. A dimensão institucional é notada por Spangenberg (2002) como um relevante pilar da sustentabilidade, resultado de processos interpessoais que geram sistemas de regras para a interação dos membros da sociedade.

Para Hezri e Dovers (2006), sistemas de indicadores podem influenciar mudanças nas políticas, funcionando como instrumentos estratégicos. No entanto, indicadores de sustentabilidade não devem servir apenas ao governo em suas políticas públicas. Esses indicadores são também úteis para usuários finais, como fazendeiros, pois podem incluir, por exemplo, fertilidade do solo, renda da colheita e nutrição humana dos membros da fazenda e da comunidade à qual a fazenda faz parte (Morse et al., 2001).

A consideração de aspectos ambientais ainda está pouco disseminada em nossa cultura. Na agricultura, por exemplo, Bell e Morse (1999) evidenciam que ainda existem aqueles que não possuem uma visão de sustentabilidade e defendem a agricultura convencional, que utiliza muitos insumos e grande produção, como Ainsworth apud Bell e Morse (1999, p. 8), "o que é agricultura sustentável, afinal? A única agricultura sustentável é a agricultura lucrativa".

A Agenda 21, em seu Capítulo 40, pede à comunidade internacional que desenvolva indicadores de desenvolvimento sustentável, com um foco que permita aos tomadores de decisão adotar políticas de desenvolvimento coerentes com a ótica da sustentabilidade. Além disso, busca promover o uso global desses indicadores e a incorporação de um conjunto adequado desses indicadores em relatórios e bancos de dados acessíveis e regularmente atualizados (ONU, 1992). Coerentemente com o plano de ação da Agenda 21, a ONU criou, ainda em 1992, a CSD para garantir o seguimento da Rio-92. Ela é responsável, entre outras coisas, por acompanhar o progresso da implementação da Agenda 21 (ONU, 1992).

A Divisão de Desenvolvimento Sustentável (DSD) é o secretariado independente da CSD que promove o desenvolvimento sustentável por meio de cooperação técnica. Seu contexto de trabalho é a implementação da Agenda 21, do Plano de Implementação de Johannesburgo, e o Programa de Ação de Barbados pelo Desenvolvimento Sustentável dos Pequenos Estados Insulares em Desenvolvimento. A DSD desenvolveu um conjunto de indicadores – em sua terceira edição conta com 96 indicadores; as primeiras edições foram publicadas em 1996 e 2001, e os indicadores foram mundialmente testados e aplicados. O conjunto atual de indicadores da CSD tem a vantagem de poder ser calculado a partir de dados já disponíveis em muitos países, minimizando o custo e o tempo de obtê-los. São divididos em quatorze temas: pobreza; governança; saúde; educação; demografia; desastres naturais; atmosfera; terra; oceanos, mares e costas; água doce; biodiversidade; desenvolvimento econômico; parceria econômica global; e padrões de consumo e produção.

O Instituto Brasileiro de Geografia e Estatística (IBGE) inclui, entre suas publicações, o Indicadores de Desenvolvimento Sustentável – Brasil (IDS), integrando-se aos esforços internacionais de concretizar os objetivos da Agenda 21. O IDS-2008 reúne 60 indicadores das dimensões social, econômica, institucional e ambiental (Quadro 9.1). Teve edições anteriores em 2002 e 2004. A metodologia empregada é específica para cada indicador, de acordo com suas próprias características. Por exemplo, o indicador 1 – Emissões de origem antrópica dos gases associados ao efeito estufa – usa uma metodologia baseada na Convenção-Quadro das Nações Unidas sobre Mudança do Clima, criada em 1988, que abrange alguns gases e outros compostos orgânicos voláteis não relacionados ao metano, estimando as emissões e remoções da atmosfera oriundas de setores de atividade como produção de energia, agropecuária e processos industriais. Já o indicador 37 – Taxa de

Quadro 9.1: Dimensões dos indicadores de desenvolvimento sustentável.

Dimensão	Indicador relacionado a
Ambiental	Atmosfera Terra Água doce Oceanos, mares e águas costeiras Biodiversidade Saneamento
Social	População Trabalho e rendimento Saúde Educação Habitação Segurança
Econômica	Quadro econômico Padrões de produção e consumo
Institucional	Quadro institucional Capacidade institucional

Fonte: adaptada de IBGE (2015).

escolarização – usa como variáveis o número de pessoas que frequentam a escola por faixa etária e o número total de pessoas, também por faixa etária, na população infantojuvenil, e representa a relação entre os que frequentam a escola e o total da população considerada, com base na Pesquisa Nacional por Amostra de Domicílios (Pnad) do IBGE.

INDICADORES DE SUSTENTABILIDADE EMPRESARIAL

Dentro da tendência racional de investir em ativos com características como bom retorno e segurança, e em um horizonte em que a questão ambiental é cada vez mais premente, tem havido, por parte dos investidores, uma preferência por empresas socialmente responsáveis, rentáveis e sustentáveis, identificadas como *socially responsible investments* (SRI) ou investimentos socialmente responsáveis. O tripé de sustentação desses índices inclui os desempenhos social, ambiental e econômico. Uma das dificuldades enfrentadas é a mensuração das estratégias ambientais, por possuírem um grande nível de incerteza, em horizontes de longo prazo, e impactos de difícil quantificação (Epstein e Roy, 2001).

A Dow Jones & Company é empresa de referência na área de serviços de notícias e informações empresariais. Publica diversos índices, em uma família de mais de 130 mil indicadores de mercado. Foi pioneira em abordar o desempenho financeiro de empresas preocupadas com a sustentabilidade, lançando o *Dow Jones Sustainability Index* (DJSI) em 1999, que reflete o desempenho financeiro dos 10% das 2.500 maiores empresas do mundo, com base em critérios de longo prazo nos campos econômico, ambiental e social (Dow Jones, 2013). Seguiram-se a bolsa de Londres, em 2001, e a de Joanesburgo, em 2003. No Brasil, alguns bancos privados começaram, ainda em 2001, a trabalhar com carteiras (conjuntos de empresas) chamadas "fundos verdes", listando fundos socialmente responsáveis.

Em 2005, a Bolsa de Valores de São Paulo (Bovespa) iniciou o Índice de Sustentabilidade Empresarial (ISE), para refletir o retorno de um conjunto de ações (carteira) de empresas cujo comprometimento com a responsabilidade social e a sustentabilidade empresarial seja reconhecido. A carteira do ISE tem até 40 empresas selecionadas entre as 150 ações mais negociadas na

Bovespa, com base nas respostas de um questionário de preenchimento voluntário. Esse questionário, composto por questões objetivas, avalia o tripé dos elementos ambientais, sociais e econômico-financeiros, usando conjuntos de critérios que avaliam políticas, gestão, desempenho e cumprimento legal (Bovespa, 2007). Isso vai ao encontro da assertiva de Epstein e Roy (2001) de que as empresas devem considerar, em suas ações, o que pode ser melhorado quanto à sustentabilidade e as possíveis consequências no desempenho social e financeiro.

Os ISE, no entanto, pouco representam para o cidadão comum, visto que muitas dessas empresas não têm suas vendas alteradas significativamente pela decisão de compra de um consumidor individual. Podem, no entanto, sofrer influência de grupos de interesse, da sociedade organizada.

Apesar da importância dos ISE como ferramenta para avaliação de organizações, eles não representam o contexto macro no qual as organizações estão inseridas. A preocupação ambiental desse conjunto de empresas, apesar de sua inegável importância, pode não ser suficientemente significativa se não houver políticas públicas adequadas que visem à conservação ambiental e ao desenvolvimento sustentável. Afinal, trata-se de um sistema aberto e complexo do qual os quesitos abordados pelos ISE são insuficientes para considerar todas suas dimensões, até porque não dependem apenas da ação isolada de uma empresa, ou ainda de um pequeno conjunto de empresas, mas de ações de longo prazo e de ampla abrangência.

CONSIDERAÇÕES FINAIS

Depois de estabelecer o que são e para o que servem os indicadores de sustentabilidade, restam alguns desafios e oportunidades a serem considerados: em virtude da profusão de indicadores, estabelecer métodos para escolher os que melhor se adequam a cada contexto; manter esses indicadores atualizados numa velocidade que os mantenha úteis; divulgá-los para as partes que podem fazer uso deles; quebrar a resistência dos usuários potenciais. Esses ainda são alguns desafios.

Além disso, nos diversos setores, os desafios para implementação e utilização de indicadores são diferentes. Por exemplo, no setor agrícola, King et al. (2000) notam que os indicadores de sustentabilidade para os sistemas de produção ainda não são utilizados de forma abrangente por conta da falta de significado desses indicadores para os agricultores – a noção de que agricultura produtiva difere da conservativa, de que os indicadores são teóricos e inúteis, e mesmo a falta de entusiasmo por parte dos agricultores em mensurar a degradação de sua própria terra, entre outros.

Outro desafio é que países com limitações à democracia podem restringir o acesso ou manipular dados que geram as informações apontadas pelos indicadores, em especial no que tange à governança e à educação. Países carentes podem ter dificuldades até mesmo em obter os dados, e nesse caso a ausência de indicadores já é um indicador importante.

Ainda é preciso conseguir o compromisso dos países em usar os indicadores como ferramentas auxiliares para a tomada de decisão soberana, na definição de políticas públicas e planos nacionais de longo prazo. Isso vem de um desafio maior, o comprometimento soberano com a sustentabilidade de nosso planeta.

Apesar do avanço com as discussões relativas à sustentabilidade ao longo dos anos, e as proposições de objetivos e indicadores mundiais (como o lançamento, no ano 2000, da primeira agenda de Desenvolvimento Sustentável, que trouxe os Objetivos do Milênio – OM –, e norteou escolhas e ações das organizações públicas e privadas), muitos desafios se mantiveram, impulsionando a formalização de uma nova agenda, denominada Objetivos de Desenvolvimento Sustentável (ODS). Lançada em 2015, consistiu em uma declaração, 17 objetivos de desenvolvimento sustentável e 169 metas, além de uma seção sobre meios de implementação, indicadores, parcerias globais e formas de acompanhamento e revisão (PNUD, 2015).

Observam-se crescentes esforços para que os indicadores relacionados à sustentabilidade sejam efetivos no contexto organizacional, assim como grandes oportunidades para as empresas que os implementam, como o estabelecimento de objetivos mais claros; decisões que contribuem para *stakeholders* internos e externos; ferramentas úteis e viáveis de execução; crescimento econômico calibrado ao crescimento social e ambiental; avisos precoces para prevenir reveses; medidas claras de desenvolvimento; transparência nas externalidades; e melhoria na reputação organizacional; além de ser um modo eficaz de comunicar ideias, pensamentos e valores.

Assim, analogamente, já existe o termômetro e é conhecido o limite entre a temperatura normal e a patológica, a saúde e a febre. Sendo necessário que a mesma medida seja usada por todos, com periodicidade adequada, e que, para aqueles que apresentam febre, seja ministrado o tratamento adequado. Como principais agentes patológicos da saúde do planeta, envenenadores da terra, da água e do ar, temos este dever: deixar para as próximas gerações um mundo em melhores condições do que o que recebemos.

EXERCÍCIOS

1. Como os indicadores de sustentabilidade estão relacionados com o desempenho de funções básicas de uma empresa?
2. Quais são os principais indicadores de sustentabilidade que temos no Brasil?
3. Do que se trata o GRI? Em sua visão, do que ele se diferencia dos demais indicadores?

REFERÊNCIAS

BELL, S.; MORSE, S. Sustainability Indicators – Measuring the Imeasurable. Londres: Earthscan Publications Ltd., 1999. Disponível em: <http://books.google.com/books?id=FZvLx3x9tYsC&printsec=frontcover&dq=sustainability+indicator&hl=pt-BR#PPA7,M1>. Acesso em: 18 jun. 2007.

BOVESPA. Indicadores de sustentabilidade empresarial. Disponível em: <http://www.bovespa.com.br/>. Acesso em: 18 jun. 2007.

BRAGA, T. M; FREITAS, A. P. G. Índice de sustentabilidade local: uma avaliação da sustentabilidade dos municípios do entorno do Parque Estadual do Rio Doce (MG). In: Encontro da Associação Brasileira de Estudos Populacionais, 13. Ouro Preto. Anais... Ouro Preto, 2002.

CARMO, S. C. B. Câmara e Agenda 21 Regional - Para uma Rede de Cidades Sustentáveis - A Região Metropolitana da Baixada Santista. Dissertação (Mestrado) – Universidade Federal de São Carlos/Centro de Ciências Exatas e de Tecnologia/Programa de Pós-Graduação e Engenharia Urbana. 2004. Disponível em: <http://www.novomilenio.inf.br> Acesso em: 18 jun. 2007.

DOW JONES. About Dow Jones. 2013. Disponível em: <http://www.dowjones.com/TheCompany/AboutDowJones.htm>. Acesso em: 8 nov. 2008.

_____. Dow Jones sustainability indexes. 2006. Disponível em: <http://www.sustainability-index.com/07_htmle/indexes/overview.html>. Acesso em: 8 nov. 2008.

EPSTEIN, M. J; ROY, M. J. Sustainability in action: identifying and measuring the key performance drivers. Pergamon. *Long range planning*. v. 34, n. 5, 2001, p. 585-604.

GILBERT, A. Criteria for sustainability in the development of indicators for sustainable development. *Chemosphere*, v. 33, n. 9, nov. 1996, p. 1739-1748.

HERZI, A. A.; DOVERS, S. R. Sustainability indicators, policy and governance: Issues for ecological economics. *Ecological Economics*, v. 60, n. 1, p. 86-99, 2006.

[IBGE] INSTITUTO BRASILEIRO DE GEOGRAFIA E ESTATÍSTICA. *Indicadores de Desenvolvimento Sustentável*. Estudos & Pesquisas. Informação Geográfica. Rio de Janeiro, Brasil, 2015. Disponível em: <http://biblioteca.ibge.gov.br/visualizacao/livros/liv94254.pdf>. Acesso em: 28 out. 2016.

KING, C.; GUNTON, J.; FREEBAIRN, D.; COUTTS, J.; WEBB, I. The sustainability indicator industry: where to from here? A focus group study to explore the potential of farmer participation in the development of indicators. *Australian Journal of Experimental Agriculture*. v. 40, CSIRO Publishing. Colingwood, 2000. Disponível em: <http://www.publish.csiro.au/journal/ajea>. Acesso em: 18 jun. 2007.

MORSE, S.; MCNAMARA, N.; MOSES, A.; OKOWOLI, B. Sustainability indicators: the problem os integration. *Sustainable Development*, p. 1-15, 2001.

MEADOWS, D. Indicators and Information Systems for Sustainable Development. A report to the Balaton Group. Hartland Four Cornes-VT: The Sustainability Institute, 1998.

[ONU] ORGANIZAÇÃO DAS NAÇÕES UNIDAS. Agenda 21. Rio de Janeiro, 1992. Disponível em: <http://www.un.org/esa/sustdev/documents/agenda21/>. Acesso em: 15 ago. 2007.

_____. *Guidelines for developing a national programme of Indicators of Sustainable Development*. 2001. Disponível em: <https://sustainabledevelopment.un.org/content/documents/guidelines_indicators.pdf>. Acesso em: 28 out. 2016.

_____. *Desenvolvimento humano e IDH*. Disponível em: http://www.pnud.org.br/idh/. Acesso em: 28 out. 2016.

SETZER, V.W. Os Meios Eletrônicos e a Educação: Uma Visão alternativa. v. 10. São Paulo: Escrituras, 2001 (Coleção Ensaios Transversais). Disponível em: <http://www.ime.usp.br/%7Evwsetzer/dado-info.html> Acesso em: 18 jun. 2007.

SPANGENBERG, J. H. Institutional sustainability indicators: an analysis of the institutions in Agenda 21 and a draft set of indicators for monitoring their effectivity. *Sustainable Development*, v. 10, n. 2, p. 103-115, 2002.

10 Marketing verde

Wanda Luquine Elias
Luciana Oranges Cezarino

INTRODUÇÃO

A concorrência acirrada, o crescimento desordenado do consumo e o surgimento de problemas com o meio ambiente trouxeram novas preocupações para as empresas. Além de se manter no mercado, a empresa precisa também ser sustentável e construir uma imagem ambientalmente positiva.

A causa verde oferece à empresa oportunidades de adicionar valor ao negócio e de obter vantagem competitiva enquanto alivia os impactos de seus produtos e processos no ambiente (Souza, 1993).

O que antes era visto como uma preocupação desnecessária transformou-se em pré-requisito para o desenvolvimento dos negócios e, em muitos casos, em fator competitivo. Entre outros fatores, muito pode ser atribuído aos grupos defensores do meio ambiente que insurgiram contra empresas não ambientalmente éticas, fazendo com que a mídia cada vez mais desse ênfase às questões ambientais. Com isso, os consumidores começaram a se conscientizar dos problemas ambientais e ecológicos e passaram a adotar um sentimento mais crítico em relação às empresas e aos produtos não ecologicamente adequados. Em consequência, algumas empresas perceberam que deviam criar nos consumidores a percepção de que determinadas marcas eram menos danosas ao meio ambiente do que as de seus concorrentes, e assim surge o conceito de marketing verde (Guimarães, 2006).

CONCEITOS E FILOSOFIA DO MARKETING

Dada a importância do marketing para as organizações, é necessário entender qual a sua função e como seus conceitos evoluíram para se chegar à discussão do marketing verde, que é o objetivo deste item.

Existe um senso comum sobre o conceito de marketing; muitos acreditam que marketing é somente propaganda, porém não se pode resumi-lo dessa forma. O marketing, conforme Kotler e Keller (2006, p. 4), "envolve a identificação e a satisfação das necessidades humanas e sociais [...] ele supre necessidades lucrativamente". Para Keegan (2005, p. 2), "as atividades do marketing estão centradas nos esforços de uma organização em satisfazer os desejos e as necessidades de seu cliente com produtos e serviços que oferecem valores competitivos".

Inicialmente, o marketing desempenhava somente seu papel econômico sem qualquer reflexão sobre seu papel social ou ambiental. Segundo Lima, Callado e Callado (2005), todo o processo de marketing (produtos, preço, distribuição e propaganda) pode contribuir para a degradação do meio ambiente quando não é bem definido e controlado, reduzindo, por exemplo, a qualidade de vida por meio de diversas formas de poluição – sonora, visual, atmosférica –, pelo uso indevido e abusivo dos recursos naturais sem reposição e de maneira crescente. Recentemente, o marketing começou a mudar seu foco e passou a considerar também a sociedade e o meio ambiente.

Para entender melhor essa evolução, vale citar as mudanças de filosofia do marketing, descritos, a seguir, por Kotler e Keller (2006).

A primeira filosofia do marketing focava na orientação de produção, em que gerentes se concentravam em alcançar alta eficiência de produção, baixos custos e distribuição em massa. Os clientes davam preferência a produtos fáceis de encontrar e de baixo custo.

Vencida essa fase, o foco passou a ser o produto, e os gerentes se concentraram em fabricar produtos de qualidade e em aperfeiçoá-los ao longo do tempo; os clientes davam preferência a produtos que oferecessem qualidade e desempenho ou que tinham características inovadoras.

Na sequência, o marketing passou a investir na orientação de vendas; então a empresa passou a empreender esforços agressivos em vendas e em promoção para vender produtos que normalmente os clientes não pensavam em comprar.

Na fase seguinte surgiu a orientação de marketing, quando a empresa concentrou esforços para satisfazer as necessidades do cliente.

Finalmente, na fase atual surgiu a orientação de marketing holístico; a partir daí a empresa passou a reconhecer que o consumidor, os funcionários, outras empresas, o concorrente e a sociedade como um todo, bem como o meio ambiente, são importantes motivos de preocupação do marketing.

A partir do surgimento do marketing holístico é que o meio ambiente passou a ser alvo de interesse, conforme ilustra a Figura 10.1.

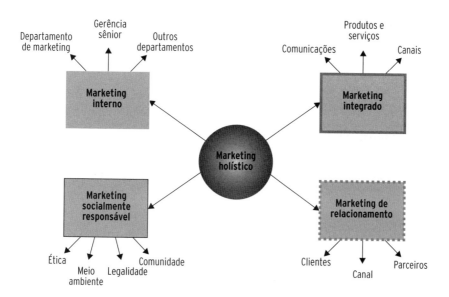

Figura 10.1: Dimensões do marketing holístico.
Fonte: Kotler e Keller (2006, p. 16).

DEFINIÇÕES DE MARKETING VERDE

A palavra "verde" parece ter se tornado convenção nos assuntos ambientais.

> O movimento ambientalista em expansão foi apelidado de movimento verde; os consumidores com consciência ambiental foram chamados de consumidores verdes; produtos planejados para proteger o meio ambiente foram chamados de produtos verdes; e é claro o marketing que apela para reivindicações ambientais de marketing verde. (Schiffman e Kanuk, 2000, p. 443)

Para o marketing focado no meio ambiente, além do marketing verde, existem outras terminologias, como marketing ambiental, marketing ecológico e ecomarketing, mas independentemente de sua denominação, de acordo com Polonsky (1994), o marketing verde consiste em todas as atividades que tenham o propósito de gerar e facilitar quaisquer mudanças que venham a satisfazer as necessidades e desejos humanos, desde que ocorram com um impacto mínimo no meio ambiente. Peattie (1995, p. 15) define o marketing verde como "um processo administrativo holístico responsável por identificar, antecipar e satisfazer as exigências dos consumidores e da sociedade, de uma forma lucrativa e sustentável".

Para Dias (2007) o marketing ecológico baseia-se em um processo de gestão integral; é o responsável pela identificação, antecipação e satisfação das demandas de clientes; e é responsável perante a sociedade, garantindo que o processo produtivo seja rentável e sustentável.

O marketing verde, conforme Maia e Vieira (2004, p. 31), "surge como uma ferramenta para auxiliar as organizações no processo de entrega de valor aos seus clientes com garantia de preservação ambiental". Para eles, as organizações devem utilizar estratégias de marketing verde em todas as etapas desse processo, ou seja, desde a concepção, criação e desenvolvimento do produto até o descarte.

Essas estratégias estão relacionadas à decisão de algumas questões centrais, como: qual o mix de produtos a ser ofertado que atenda às demandas de desempenho, preço e benefícios ambientais? E de que forma apresentar isso ao consumidor para que ele decida consumir? A realização de pesquisas de mercado para conhecer a disposição dos consumidores em pagar por produtos "verdes" e o desenvolvimento de produtos que agreguem valor ambiental para os consumidores, permitindo economia de escala produtiva, parecem ser as etapas básicas para as soluções administrativas economicamente mais racionais (Gonzaga, 2005).

Segundo Ottman (1994), o marketing verde ou ambiental deve ter como objetivo criar uma imagem diferenciada da empresa, incluindo uma maior sensibilidade ambiental quanto aos atributos do produto e ao posicionamento da empresa com relação a seu respeito ao meio ambiente, considerando que imagem, qualidade e impacto ambiental estão intimamente ligados.

Em suma, o marketing verde supre as necessidades de forma consciente e sustentável, causando o mínimo de impacto social e ambiental.

CONSUMIDOR VERDE

A preocupação das pessoas com os problemas ambientais, segundo Dias (2007), tem levado uma parcela de consumidores a adotar um comportamento ambientalmente correto, com base em novos valores. Essas novas atitudes levam os indivíduos a ações concretas, como evitar a compra de produtos de empresas que apresentam uma imagem ambientalmente negativa.

Esse indivíduo com novas atitudes é o chamado consumidor verde, definido por Ottmam (1994) como um indivíduo que procura basear seu consumo apenas em produtos que causem o menor impacto ao meio ambiente.

Para esses consumidores, o fato de o produto ser ecológico é um atributo valorizado e decisório na compra. Em alguns casos, essa valorização se manifestará em pagar mais por produtos ambientalmente responsáveis (Lima, Callado e Callado, 2005).

Porém, Guimarães (2006) alerta que os consumidores desejam produtos que sejam adequados ao meio ambiente, mas que não comprometam seu estilo de vida. Fica claro o surgimento de um paradoxo de consumo. Para administrar esse conflito, o autor sugere adicionar valor aos produtos ao mesmo tempo em que os tornam ambientalmente corretos.

O consumidor verde surgiu porque, para Gonzaga (2005, p. 358),

> as questões ambientais passaram a ser percebidas como questões de qualidade de vida, estimulando o consumo com atitude de responsabilidade social no contexto mundial, de rápida divulgação dos novos conhecimentos científicos sobre as mudanças ambientais no planeta quanto a aquecimento da atmosfera, extinção de ecossistemas, etc. Na medida em que os consumidores dispõem de maior acesso às informações confiáveis, às novas tecnologias e às infraestruturas que facilitem o consumo com responsabilidade ambiental, atitudes ambientalistas vão sendo incorporadas ao seu estilo de vida.

Pereira (2004) afirma que o consumidor verde ainda não existe de forma significativa na sociedade brasileira, mas, de acordo com Dias (2007), o movimento em ascensão de consumo ecológico tende a aumentar ainda mais à medida que cresce a compreensão do significado da proteção ao meio ambiente para o futuro do planeta.

PRODUTO VERDE

Um produto, segundo Kotler e Keller (2006, p. 366), "é tudo o que pode ser oferecido a um mercado para satisfazer uma necessidade ou um desejo. Entre os produtos comercializados estão bens físicos, serviços, experiências, eventos, pessoas, lugares, propriedades, organizações, informações e ideias".

Já um produto verde (ou ecológico) deve ser definido em função dos processos envolvidos em sua fabricação durante todo o seu ciclo de vida, desde as matérias-primas que o compõem, os processos produtivos envolvidos em seu conjunto, sua utilização pelos consumidores, os resíduos gerados por sua distribuição e transporte e sua reutilização ou eliminação. Trata-se de considerar a existência de uma evolução técnica constante e a necessidade de melhoria contínua para definir um produto ecológico (Dias, 2007).

A criação dos produtos verdes que visam à utilização racional dos recursos naturais e à eliminação de poluentes e as ações voltadas para a proteção ambiental, além de melhorar a imagem da empresa, podem representar um custo de produção menor (Souza, 1993).

Para Dias (2007), um produto verde é aquele que cumpre as mesmas funções dos produtos equivalentes e causa um dano ao meio ambiente inferior, durante todo o seu ciclo de vida.

Porém, Ottman (1994) nos chama a atenção para um fato crítico. Ela afirma que não existem produtos completamente verdes ou ecologicamente corretos, pois o desenvolvimento e a produção de qualquer produto geram resíduos durante a sua fabricação, distribuição, consumo e descarte.

O ideal seria que esse produto não gerasse nenhum tipo de resíduo durante seu ciclo de vida e que ele fosse totalmente sustentável, mas isso ainda não é possível. No entanto, já se observa um bom começo; já existem a preocupação e até algumas ações, mesmo que pequenas e isoladas, mas que podem levar à produção e ao consumo menos agressivo.

Os produtos ambientalmente corretos possuem algumas características especiais que os diferenciam dos produtos não ambientais. Eles são mais duráveis, não são tóxicos, necessitam de pouca água, energia e combustível para a sua fabricação, utilizam como matérias-primas materiais reciclados, emitem menos poluentes, produzem poucos resíduos e possuem uma quantidade mínima de embalagens. Essas características normalmente estão divulgadas nas embalagens dos produtos.

Para exemplificar melhor esse tipo de produto, podem-se citar alguns já existentes, como detergentes biodegradáveis; herbicidas menos tóxicos; automóveis com injeção eletrônica; veículos movidos a etanol, a gás natural ou a energia elétrica; agendas e cadernos feitos com material reciclado; equipamentos eletrônicos que consomem menos energia; produtos orgânicos; entre outros (Souza, 1993; Dias, 2007).

Além das indústrias, outras instituições também estão investindo na causa verde. No Rio de Janeiro, por exemplo, foi inaugurada a primeira loja do país dedicada exclusivamente à venda de produtos cujo processo de produção industrial não gera resíduos tóxicos e a matéria-prima usada em sua fabricação não é obtida por meio da agressão à natureza. Além disso, algumas instituições financeiras estão apoiando projetos, por meio de financiamento, que não agridem o meio ambiente (Souza, 1993).

Entretanto, de acordo com Motta e Rossi (2001), no Brasil o lançamento de produtos verdes é ainda incipiente, o que gera dúvida sobre a habilidade das empresas em transformar o respeito ao meio ambiente em uma arma mercadológica. Mas Souza (1993) garante que no futuro todos os produtos serão explicitamente verdes e os consumidores do mundo inteiro darão preferência àquelas marcas e produtos que, além de prestarem os serviços a que se propuseram, também respeitarão a natureza.

MARKETING VERDE E AS EMPRESAS: OPORTUNIDADES E DESAFIOS

O crescimento do consumo verde e da preocupação ambiental e as insuficiências de produtos para suprir essa demanda representam muitas oportunidades para as empresas e, ao mesmo tempo, muitos desafios, pois, apesar do aumento de consumidores ambientalmente corretos, eles ainda representam uma pequena fatia da população.

Isso ocorre porque a população não age de acordo com sua crença. Algumas pesquisas realizadas no Brasil e em âmbito internacional conseguiram comprovar a preocupação das pessoas com o meio ambiente e o distanciamento entre a crença e a prática de ações de preservação ambiental.

Internacionalmente, de acordo com Amine (2003), uma pesquisa realizada em 2002, com 25 mil pessoas de 175 países, apresentou os seguintes dados: 71% dos respondentes estão insatisfeitos com o estado do ambiente; 67% disseram que "ficará pior"; e três quartos dos respondentes expressaram que os governos local e nacional deveriam ser os principais responsáveis em resolver os problemas ambientais. Ou seja, uma grande proporção reconhece a necessidade de atitudes para a resolução dos problemas, porém transfere essa responsabilidade a órgãos governamentais.

No Brasil, uma pesquisa realizada pelo Instituto Brasileiro de Opinião Pública e Estatística (Ibope), multinacional brasileira especializada em pesquisas de mídia, mercado e opinião, intitulada "Sustentabilidade: hoje ou amanhã?" e divulgada em 05 de setembro de 2007 (Ibope, 2007), revelou que 92% dos cidadãos concordam que separar o lixo para a reciclagem é uma obrigação da sociedade. Porém, apenas 30% dos entrevistados separam o lixo em suas residências.

Questionada sobre "pirataria", grande parte da população, 68%, a considera um crime e metade da população, 53%, deixaria de comprar sua marca preferida se soubesse que o fabricante faz algo prejudicial à sociedade ou ao meio ambiente. Porém, apenas 21% dos entrevistados afirmam nunca ter comprado produtos desse tipo. Quando perguntados se concordavam que pilhas e baterias são prejudiciais ao meio ambiente, 85% dos entrevistados concordaram. Mesmo assim, 32% deles declaram jogar esses resíduos em lixo comum, em vez de separá-los e descartá-los de forma ecologicamente correta.

Outro estudo relevante, realizado com norte-americanos, é apontado por Churchill e Peter (2000). Nele, 93% das pessoas consideram que o impacto ambiental causado por um produto é fator importante para elas ao tomarem decisões de compra, porém 66% delas têm uma expectativa de que os produtos não prejudiciais ao meio ambiente não custem mais que os concorrentes.

Esse é um dos grandes desafios para as organizações ambientalmente corretas: converter o conhecimento de seus consumidores, quanto ao meio ambiente, em atitudes de consumo; e esse comportamento é também um dos motivos que levam as organizações ao fracasso em seus esforços de vendas de produtos verdes.

Os obstáculos encontrados por essas empresas que não obtiveram sucesso, segundo Kotler e Keller (2006), são:

- Superexposição e falta de credibilidade. Em virtude das falsas empresas ambientais, o público se tornou cético. Para muitos, a postura ambientalista das empresas não passa de estratégia de marketing.
- Comportamento do consumidor. Representa a falta de atitude dos consumidores, alguns porque não estão dispostos a abrir mão dos benefícios de outras alternativas em prol dos produtos verdes ou porque não gostam dos produtos verdes, como o papel reciclado, por exemplo.
- Implementação ineficiente. Ao adotar uma orientação de marketing verde, muitas empresas implementaram mal seu programa de marketing. Projetos falhos em termos de valor ambiental, preço elevado e

promoção inadequada dos produtos levaram ao fracasso. Alguns anúncios não conseguiram criar uma conexão entre o que a organização estava fazendo pelo meio ambiente e como isso afeta os consumidores individualmente.

Com o intuito de conter os falsos apelos ecológicos de algumas empresas, de acordo com Souza (1993), foram criadas, em alguns países, leis e entidades que regulam a publicidade com o objetivo de evitar a vinculação de alguns produtos à ecologia, sem que a empresa tenha uma verdadeira preocupação ambiental.

Com relação aos produtos, Ottman (2006) afirma que uma elevada percentagem de consumidores (cerca de 42%) ainda acha que produtos ambientais não funcionam tão bem quanto os convencionais. Portanto, essa deve também ser uma preocupação dos fabricantes. Um forte compromisso com a sustentabilidade ambiental na concepção e fabricação dos produtos pode resultar em oportunidades significativas para o crescimento do negócio, para inovar e para construir o valor da marca.

Para melhor aproveitar essas oportunidades, Ottman (2007) sugere cinco regras de marketing ambiental:

- Conhecer o cliente. Trata-se de, antes de tentar vender um produto a um consumidor, verificar se ele está consciente e preocupado com as questões que o produto tenta focar.
- Dar poder aos consumidores. Certificar-se de que os consumidores sintam, por si ou em conjunto com todos os outros usuários do produto, que podem fazer a diferença. Trata-se do chamado *empowerment*, e essa é a principal razão pela qual os consumidores compram produtos ecológicos.
- Ser transparente. Os consumidores devem acreditar na legitimidade do produto e que as afirmações específicas tenham sido feitas, pois há uma grande quantidade de ceticismo que é alimentada pelo conjunto de falsas afirmações feitas pelo marketing ambiental.
- Tranquilizar o comprador. Os consumidores precisam acreditar que o produto realiza o que foi proposto, pois eles não irão sacrificar a qualidade dos produtos em nome do meio ambiente.

- Considerar o preço do produto. Certificar-se de que o valor cobrado pelo produto pode ser pago pelos consumidores e de que, na percepção deles, esse é um valor justo.

CONSIDERAÇÕES FINAIS

Até aqui, verificou-se que as oportunidades são grandes, assim como os desafios, mas ainda há muito a ser feito, tanto por parte das empresas como dos consumidores, dos órgãos governamentais e da sociedade como um todo. Há necessidade de grandes mudanças e de quebra de alguns paradigmas.

A pesquisa realizada pelo Ibope (2007) revela que tanto executivos como cidadãos estão em estágios iniciais do entendimento do conceito de sustentabilidade. Portanto, a sociedade ainda está nas primícias no que se refere a assuntos ambientais.

Manzini e Vezzoli (2002) declaram que a transição para a sustentabilidade vai tornar necessária uma transformação profunda no sistema produtivo e de consumo, mais especificamente nos comportamentos e nas escolhas de consumo. Segundo eles, o melhor modo para seguir esse caminho de transição é aquele em que cada indivíduo, agindo com base em seus próprios valores, em seus próprios critérios de qualidade e em sua própria expectativa de vida, faça escolhas que também sejam as mais compatíveis com as necessidades ambientais. Para que isso aconteça, são sugeridas três condições fundamentais: que os indivíduos e as comunidades tenham *feedbacks* ambientais corretos; que aos indivíduos e às comunidades sejam oferecidas alternativas sistêmicas socialmente aceitáveis e favoráveis ao ambiente; e que se desenvolva uma cultura adequada para interpretar corretamente os *feedbacks* ambientais e reconhecer o valor das alternativas propostas (Manzini e Vezzoli, 2002).

Layrargues (2000) ainda afirma que o setor empresarial terá que investir pesadamente em campanhas de educação ambiental que possibilitem aumentar o número de consumidores verdes na sociedade.

Finalmente, para Souza (1993, p. 52), "apesar do otimismo no engajamento das empresas em relação à preocupação ambiental, fica pendente a solução de desigualdade social, responsável pela grande poluição brasileira, a miséria".

EXERCÍCIOS

1. Qual o objetivo do marketing verde? Do que ele difere do marketing tradicional?
2. Quem é o consumidor verde? Dê exemplos de seu comportamento.
3. Por que as empresas relutam em adaptar seus produtos e processos ao marketing verde?

REFERÊNCIAS

AMINE, L. S. An integrated micro- and macrolevel discussion of global green issues: "It isn't easy being green". *Journal of International Management*, v. 9, p. 373-393, 2003.

CHURCHILL, G. A.; PETER, J. P. *Marketing: criando valor para os clientes*. São Paulo: Saraiva, 2000.

DIAS, R. *Marketing Ambiental: ética, responsabilidade social e competitividade nos negócios*. São Paulo: Atlas, 2007.

GONZAGA, C. A. M. Marketing verde de produtos florestais: teoria e prática. *Revista Floresta*. UFPR, v. 35, n. 2, p. 353-368, 2005.

GUIMARÃES, A. F. Marketing verde e a propaganda ecológica: uma análise da estruturação da comunicação em anúncios impressos. 2006. 191p. Tese (Doutorado) – Faculdade de Economia, Administração e Contabilidade. Universidade de São Paulo, São Paulo.

IBOPE. Pesquisa Sustentabilidade: Hoje ou Amanhã? Disponível em: <http://www.ibope.com.br>. Acesso em: 10 set. 2007.

KEEGAN, W. J. *Marketing global*. 7.ed. São Paulo: Prentice Hall, 2005.

KOTLER, P.; KELLER, K. L. *Administração de marketing*. 12.ed. São Paulo: Pearson Prentice Hall, 2006.

LAYRARGUES, P. P. Sistemas de gerenciamento ambiental, tecnologia limpa e consumidor verde: a delicada relação empresa-meio ambiente no ecocapitalismo. *Revista de Administração de Empresas (RAE)*. São Paulo, v. 40, n. 2, p. 80-88, 2000.

LIMA, R. A.; CALLADO, A. A. C.; CALLADO, A. L. C. Ecomarketing: a gestão ambiental no marketing corporativo sob a ótica do consumidor. Biblioteca do Sebrae On-line. 2005. Disponível em: <http://www.biblioteca.sebrae.com.br>. Acesso em: 02 ago. 2007.

MAIA, G. L.; VIEIRA, F. G. D. Marketing verde: estratégias para produtos ambientalmente corretos. *Revista de Administração Nobel*, n. 3, p. 21-32, 2004.

MANZINI, E.; VEZZOLI, C. *O desenvolvimento de produtos sustentáveis*. São Paulo: Edusp, 2002.

MOTTA, S. L. S.; ROSSI, G. B. A influência do fator ecológico na decisão de compra de bens de conveniência. *Revista de Administração Mackenzie*. ano 2, n.2, p. 109-130, 2001.

OTTMAN, J. A. *Marketing verde – desafios e oportunidades para a nova era do marketing*. São Paulo: Makron Books, 1994.

_____. The real news about green marketing: yesterday, today, tomorrow. *Environmental News Network*, mar. 2006. Disponível em: <http://www.greenmarketing.com/articles_and_report.html>. Acesso em: 02 ago. 2007.

_____. The five simple rules of green marketing. *Sustainable Life Media*, jun. 2007. Disponível em: <http://www.greenmarketing.com/articles/the_5_simple_rules.pdf>. Acesso em: 02 ago. 2007.

PEATTIE, K. *Environmental marketing management: meeting the green challenge*. Londres: Pitman Publishing, 1995.

PEREIRA, S. J. N. Marketing e meio ambiente: uma revisão crítica sobre os principais conceitos. In: CADMA - Congresso Acadêmico sobre Meio Ambiente e Desenvolvimento do Rio de Janeiro. Rio de Janeiro, 2004. Disponível em: <http://www.ebape.fgv.br/radma/doc/GEM/GEM-021.pdf>. Acesso em: 02 ago. 2007.

POLONSKY, M. J. An introduction to green marketing. *Green Electronic Journal*, v. 1, n. 2, 1994.

SCHIFFMAN, L. G.; KANUK, L. L. *Comportamento do consumidor*. Rio de Janeiro: LTC, 2000.

SOUZA, M. T. S. Rumo à prática empresarial sustentável. *Revista de Administração de Empresas (RAE)*. São Paulo, v. 33, n. 4, p. 40-52, 1993.

II Certificações, selos e balanço socioambiental

Érico Moreli
Lara Bartocci Liboni
Mariana Amaral Fregonesi
Wanda Luquine Elias

INTRODUÇÃO

As certificações, selos ou rotulagens ambientais são uma espécie de passaporte que abre novas possibilidades às empresas que adotam práticas sustentáveis. As estratégias ambientais são convertidas em um valor social, provocando uma resposta geralmente positiva por parte dos consumidores.

Quando as empresas buscam certificações ou selos para seus produtos, elas pretendem adquirir credibilidade e diferenciação para seu produto ou seu negócio. Elas querem mostrar os benefícios socioeconômicos que agregam à sociedade. Por isso, paralelamente ao processo de valorização dos certificados e selos para produtos ou empresas, vem sendo desenvolvido o balanço socioambiental, com o intuito de evidenciar as ações socioambientais praticadas.

Nesse contexto, este capítulo aborda as práticas das empresas em busca de credibilidade junto aos *stakeholders*. Inicialmente serão discutidos conceitos relacionados a certificação e rotulagem ambiental e, posteriormente, modelos de balanço socioambiental.

CERTIFICAÇÕES, SELOS VERDES E ROTULAGENS AMBIENTAIS

Para estimular as práticas ambientalmente corretas dentro do universo corporativo, foram criados procedimentos de validação das ações de proteção ao meio ambiente praticadas nas empresas, seja no processo produtivo ou na concepção de um produto. As certificações e as rotulagens ambientais auxiliam no cumprimento das regulamentações governamentais e dos requisitos do cliente, ajudam a alcançar vantagem competitiva, melhorar o sistema de gestão ambiental, reduzir o custo relativo às visitas de clientes e clientes potenciais.

A primeira pergunta que se faz é se a certificação é necessária e se é um investimento válido, pois sabe-se que há arcabouço legal adequado nas sociedades contemporâneas capaz de promover uma conduta correta e justa nas suas organizações.

No entanto, os mecanismos impositivos das leis não são suficientes e efetivos para desenvolver a consciência ambiental, única capaz de envolver a organização em estratégias sustentáveis de forma sistêmica e duradoura. Além disso, as sociedades nem sempre aceitam um novo paradigma no mesmo espaço de tempo. As preocupações ambientais são relativamente recentes e o homem, de maneira geral, ainda está absorvendo os novos conceitos e perspectivas relacionados ao desenvolvimento sustentável.

É certo que muitas organizações já estão engajadas e conscientes de seus papéis nesse processo, porém muitas estão distantes dessa realidade, com um pensamento ainda arraigado no utilitarismo e imediatismo. São necessários mecanismos que estimulem a produção responsável e comprometida com o conceito de desenvolvimento sustentável.

A certificação é uma ferramenta que promove e acelera o desenvolvimento de um novo paradigma. Se não há um envolvimento com as questões ambientais por meio da consciência ou compreensão, então essas condições se impõem por meio de restrições e exigências do mercado. Assim, a certificação assume um caráter além do técnico, um caráter de disseminação e estímulo às práticas socioambientais sustentáveis.

Num mundo cada vez mais competitivo, empresas veem vantagens comparativas em adquirir certificações que atestem sua boa prática empresarial, principalmente os que possuem foco na exportação. A pressão por produtos e serviços socialmente corretos faz com que empresas adotem processos de reformulação interna para se adequarem às normas impostas pelas entidades certificadoras, o que acelera uma modificação de comportamento das organizações no que diz respeito às estratégias socioambientais.

Para o consumidor é positivo, pois, além de gerar confiança na origem e padrões dos produtos adquiridos, a certificação também cria um novo mercado, que atrai inúmeros consumidores antes desatentos às questões ambientais. Uma grande parcela exige e outra grande parcela é atraída à ideia que não fazia parte das suas referências anteriormente.

A certificação também proporciona ganhos para os grupos ambientalistas e movimentos sociais, que têm a oportunidade de negociar avanços no estabelecimento dos princípios e critérios adotados e de acompanhar os processos de certificação.

Para o Estado também há benefícios, pois ele pode utilizar a certificação e seus mecanismos para formulação de políticas públicas, como para o estabelecimento de critérios de financiamento ou linhas de crédito. Há, além disso, uma menor pressão de fiscalização e tributação diferenciada.

Já para os produtores os ganhos de oportunidade são diretos e indiretos: acesso a novos mercados, neutralização de críticas de *dumping* ambiental e social e obtenção de um sobre-preço, ou seja, maior agregação de valor ao produto.

Isso mostra que há benefícios visíveis para todos os agentes envolvidos na certificação. Não se excluem, porém, as dificuldades encontradas e os novos desafios. O maior deles, sem dúvida, é o fato de muitos países usarem a certificação socioambiental como uma barreira não tarifária, dificultando a entrada de produtos nos seus mercados e elaborando condições que não fazem parte daquelas necessárias para que a empresa seja certificada. Os processos de certificação devem refletir os interesses dos setores sociais, ambientais e econômicos, sem permitir que sejam utilizados para outros fins além dos quais se propõem.

Para que a certificação possa conciliar o mercado com governança e credibilidade, isto é, benefícios econômicos aliados às mudanças socioambientais, um sistema de certificação deve conter as seguintes características:

- Caráter voluntário.
- Avaliações independentes sem conflitos de interesse.
- Sistemas que garantam transparência quanto à definição das normas ou padrões de certificação e quanto à aplicação das normas pelos certificadores.
- Normas ou padrões compatíveis com a ciência e tecnologia existentes a respeito do processo ou produto em questão.

Normas e padrões devem garantir um desempenho socioambiental mínimo e assegurar que os empreendimentos certificados mantenham um processo de melhoria contínua em direção à sustentabilidade; benefícios econômicos que estimulem o engajamento de empreendimentos certificados e proporcionem vantagens que compensem os eventuais custos de investimentos para a conquista da certificação e sua manutenção. Alguns benefícios são abertura de mercados, aumento de preço, créditos diferenciados ou melhoria da imagem institucional; e rastreabilidade, que garanta ao consumidor a origem da matéria-prima certificada ao longo da cadeia de processamento e comercialização do produto final (Pinto, 2007).

A título de exemplo, serão citados alguns sistemas de certificação agrícola com abordagem socioambiental. São sistemas que certificam as melhores práticas e os produtos finais. É importante destacar que a multiplicidade de selos e certificados pode confundir os consumidores finais e intermediários.

A certificação orgânica é um deles e opera em diferentes sistemas, nos quais variam inclusive as normas, dependendo do país e sua legislação. A certificação orgânica é a mais importante atualmente em termos de área certificada, diversidade e produtos; ela avalia questões socioambientais, com ênfase para a produção livre de agrotóxicos e insumos químicos, garantindo alimentos e matérias-primas saudáveis, além de um ambiente livre de contaminação, sendo o International Federation of Organic Agricultural Movement

(Ifoam) o principal sistema internacional independente e não governamental (Pinto, 2007).

Alguns exemplos de diretrizes (princípios) para a certificação orgânica são conversão de propriedades; identificação de embalagens e rotulação; estrutura geral, cobertura florestal, aspectos sociais do organismo agrícola; adubação; controle de pragas e doenças, reguladores de crescimento e controle de contaminação; produção de mudas e sementes; criação animal e produtos de origem animal; e processamento, armazenagem, transporte e empacotamento da produção (IBD, 2009).

Outro sistema de certificação importante é o da Rede de Agricultura Sustentável (RAS). Criado por um grupo de organizações não governamentais da América Latina para promover mudanças socioambientais na produção agrícola desta região, utiliza-se do selo da Rainforst Alliance Certified, avaliando questões socioambientais com ênfase para a conservação da biodiversidade e relações trabalhistas na unidade de produção. As normas da RAS envolvem os seguintes itens, organizados em dez princípios: sistema de gestão social e ambiental; conservação de ecossistemas; proteção da vida silvestre; conservação dos recursos hídricos; tratamento justo e boas condições de trabalho; saúde e segurança ocupacional; relações com a comunidade; manejo integrado dos cultivos; manejo e conservação do solo; manejo integrado dos resíduos.

O FSC (de Forest Stewardship Council ou Conselho de Manejo Florestal) é um sistema de certificação florestal consolidado no Brasil e no mundo, com abordagem socioambiental, tanto para manejo de florestas naturais como para plantações de árvores. É o mais avançado do ponto de vista de transparência, equilíbrio e controle social. Este sistema influenciou e continua a influenciar os sistemas e normas agrícolas existentes e em desenvolvimento. Suas normas são organizadas nos seguintes princípios: obediência às leis e aos princípios FSC; direitos e responsabilidades de posse e uso; direitos dos povos indígenas; relações comunitárias e direitos dos trabalhadores; benefícios da floresta; impacto ambiental; plano de manejo; monitoramento e avaliação; manutenção de florestas de alto valor de conservação; plantações de árvores.

Além desses, podemos citar ainda o sistema Eurepgap, criado por redes de varejistas e atacadistas da Europa, com a finalidade de garantir a segurança dos produtos vegetais e animais que comercializam. Portanto, o sistema avalia a qualidade sanitária dos produtos e considera questões trabalhistas e ambientais. Há ainda pouca participação da sociedade civil neste sistema certificador, se comparado com os citados anteriormente. Os princípios e critérios, neste caso, variam de acordo com os tipos de produtos a serem avaliados, que podem ir desde plantações de frutas e algodão até peixes, porcos e gados, entre inúmeros outros.

Pode-se ainda citar a certificação participativa, que consiste em um sistema solidário de geração de credibilidade, onde a elaboração e a verificação das normas de produção ecológica são realizadas com a participação efetiva de agricultores e consumidores, buscando o aperfeiçoamento constante e o respeito às características locais.

A certificação participativa é uma forma diferente de certificação que além de garantir a qualidade do produto ecológico, permite o respeito e a valorização da cultura local por meio da aproximação de agricultores e consumidores e da construção de uma rede que congrega iniciativas de diferentes regiões (Pinto, 2007).

No Brasil o sistema de certificação participativa de maior relevância é a Rede Ecovida, que é composta por agricultores familiares, técnicos e consumidores reunidos em associações cooperativas e grupos informais, juntamente com pequenas agroindústrias e comerciantes ecológicos (Olczevski e Cotrin, 2016). Tem abrangência nacional com ênfase para a produção orgânica no sul do país. Os principais objetivos são o desenvolvimento e a multiplicação das iniciativas em agroecologia; o estímulo ao trabalho associativo na produção e no consumo de produtos ecológicos; a articulação e disponibilização de informações entre as organizações e pessoas; aproximação, de forma solidária, de agricultores e consumidores; estímulo ao intercâmbio, ao resgate e à valorização do saber popular; desenvolvimento de uma marca e um selo que expressam o processo, o compromisso e a qualidade.

Além dos sistemas existentes há iniciativas internacionais para o desenvolvimento de normas, padrões ou princípios e critérios específicos para a avaliação de desempenho socioambiental em diversas áreas, especialmente para a produção de biocombustíveis. Muitas dessas iniciativas têm potencial para promover mudanças socioambientais na produção de biomassa para a produção de biocombustíveis. Alguns princípios já discutidos por diversos fóruns internacionais são: legalidade; transparência e participação; alterações climáticas e GEE; direitos humanos e do trabalho; desenvolvimento socioeconômico; segurança alimentar; conservação; uso da terra; uso da água; uso do ar; uso da biotecnologia (de forma segura e consistente com as leis nacionais e internacionais).

Esses princípios estão sendo discutidos de maneira direcionada para o setor, porém ainda não está claro de que maneira poderão ser aplicados como ferramenta para promoção, monitoramento ou implantação de mudanças socioambientais nas áreas de produção. Poderão ser usados para influenciar políticas públicas, privadas e de compra, como códigos de conduta, mecanismos de verificação ou avaliações independentes com fim de certificação. Podem também funcionar para regular as relações comerciais entre produtores e compradores da cadeia; além do mérito técnico e político do desenvolvimento dessas normas e padrões, sua efetividade e credibilidade como instrumento promotor de mudanças dependerá da forma como serão aplicados. O mais importante é que os mecanismos garantam transparência e independência.

ISO 14.000

Uma das mais importantes certificações socioambientais é a ISO 14.000. A ISO (International Standard Organization), sediada em Genebra, é uma federação mundial de organismos padronizadores nacionais, assim como a Associação Brasileira de Normas Técnicas (ABNT). O Sistema de Gestão Ambiental (SGA) da série ISO 14.000, que trata de documentos e normas relativos ao meio ambiente, foi lançado em 1997, a partir da colaboração de centenas de países. A norma ISO 14.000 pode ser resumida no reconhecimento dos impactos negativos causados pela empresa ao ambiente e na elaboração de um plano de mitigação e melhoria desses impactos.

A concessão da certificação não envolve avaliação de desempenho ambiental, mas apenas o reconhecimento dos princípios e normas ambientais que devem ser observados.

No Brasil algumas empresas já são certificadas pelo sistema ISO 14.000, e esse contingente, apresentado na Tabela 11.1, só não é maior porque muitas delas, apesar de interessadas, não suportam os custos da certificação, particularmente as pequenas e médias empresas. A maior parte delas é de grande porte, porém as pequenas também têm buscado a certificação ambiental, ou em decorrência da exigência de seus clientes ou para ampliar sua competitividade. É possível também perceber que a grande maioria das empresas certificadas está sediada nas regiões do centro-sul do país, especialmente no estado de São Paulo.

Tabela 11.1: Total de empresas certificadas pela ISO 14001 na América Latina.

País	1998	2003	2015
Argentina	37	286	1.422
Bolívia	0	7	55
Brasil	88	1.008	3.113
Colômbia	3	135	2.811
Costa Rica	1	38	111
Chile	1	99	1.214
Cuba	NI	NI	16
El Salvador	NI	NI	14
Equador	1	1	214
Guatemala	1	1	22
Honduras	0	6	48
Jamaica	0	1	12
México	39	406	1.385
Nicarágua	NI	NI	11
Panamá	0	2	26
Peru	4	31	406
Trinidad e Tobago	0	7	23
Uruguai	3	32	226
Venezuela	1	20	83
Total	179	2.080	11.212
Mundo	7.887	66.070	318.377

NI: não informado.
Fonte: ISO (2015).

A ISO 14.000 reduz os conflitos entre agências reguladoras e indústrias, além de encorajar as organizações a se envolverem mais com os programas de desenvolvimento sustentável. Por ser voluntária, ela permite que as indústrias envolvam-se com a criação das normas, por meio de consenso e de pessoas tecnicamente preparadas dentro da organização, que é responsável pelo desenvolvimento de suas próprias metas e objetivos. Isso estimula o entendimento em bases comuns e permite que toda a organização interaja com o processo de certificação.

Além disso, a certificação ISO 14.000 é flexível, o que permite a adaptação das empresas e promove a praticidade; é elaborada em base sistêmica, não baseada no desempenho, mas na postura.

As empresas que são certificadas com a série ISO 14.000 assumem um compromisso com o sistema de gestão ambiental, deixando mais evidente a dimensão ecológica do desenvolvimento sustentável. Por isso o balanço social é algo que complementa muito bem a certificação socioambiental, pois evidencia e divulga os aspectos socioambientais do desenvolvimento sustentável.

O sistema de gestão ambiental faz parte do sistema global de gestão e inclui a estrutura organizacional, o planejamento de atividades, responsabilidades, práticas, procedimentos, processos e recursos para desenvolver, implementar, adquirir, analisar criticamente e manter a política ambiental das organizações. É importante ressaltar o papel da alta administração no processo de certificação. Faz-se necessário que as políticas de comprometimentos ambientais, para a elaboração dos objetivos e metas, tenham o amplo apoio da alta administração.

Um grande diferencial da ISO 14.000 é a certificação de terceira parte, cuja ideia é eliminar a necessidade dos clientes (inclusive órgãos governamentais) realizarem medições iniciais e periódicas do fornecedor de um sistema de gestão ambiental. O custo de avaliação, tanto para o cliente como para o fornecedor, pode ser bastante reduzido.

É possível confirmar que os métodos de gestão ambiental são capazes de alterar a viabilidade econômica. A IBM, por exemplo, com o sistema de certificação ISO 14.000, conseguiu, por meio dos bons resultados de sua fábrica, uma redução de 68% na quantidade de níquel na água servida da fabricação de discos e cabeçotes. Essa redução representou uma diminuição crescente de resíduos perigosos nos últimos cinco anos, embora a produção tenha aumentado acima de 10 vezes. A redução de 3.053 toneladas de resíduo perigoso economizou US$ 6,7 milhões em cinco anos.

Os objetivos gerais da norma ISO 14.000 são estabelecer a criação, manutenção e melhoria do sistema de gestão ambiental; verificar se a empresa está em conformidade com sua própria política ambiental e outras determinações legais; e permitir que a empresa demonstre isso para a sociedade; permitir que a empresa possa solicitar uma certificação/registro do sistema de gestão ambiental, por um organismo certificador externo.

Alguns pontos fundamentais descritos pela ISO 14.000 são: as auditorias e análises críticas ambientais, por si sós, não oferecem evidências suficientes para garantir que a empresa esteja seguindo as determinações legais e sua própria política; o sistema de gestão ambiental deve interagir com outros sistemas de gestão da empresa; a norma se aplica a qualquer tipo de empresa, independentemente de suas características, cultura, local etc.

A ISO 14001 tem como foco a proteção ao meio ambiente e a prevenção da poluição equilibrada com as necessidades socioeconômicas do mundo atual. A norma tem vários princípios do sistema de gestão em comum com os princípios estabelecidos na série de normas ISO 9000.

São também expostos todos os requisitos que a empresa deve seguir para implantar e manter o sistema de gestão ambiental. Ela está dividida em Aspectos gerais; Política ambiental; Planejamento; Implementação e operação; Verificação e ação corretiva; Análise crítica pela direção; e Anexos.

O sistema ISO 14.000 também lança mão de outras ferramentas para ampliar a certificação. Rotulagem ambiental é uma delas. O selo verde, também conhecido como selo ecológico ou ainda rotulagem ambiental (ISO-14020), é um instrumento voluntário para certificação de que um produto é adequado ao uso a que se propõe e apresenta menor impacto no meio ambiente em relação a produtos similares disponíveis no mercado.

Segundo a ISO, o objetivo do selo verde é encorajar a procura e a oferta de produtos que causam menores pressões no ambiente ao longo do seu ciclo de vida, por meio da comunicação da informação verificável, não enganosa, acerca dos aspectos ambientais de produtos e serviços (ISO 14020, 2000).

A principal diferença entre a norma ISO 14020 e a norma ISO 14.000 é que a primeira certifica o produto enquanto a segunda certifica o processo produtivo.

De acordo com a norma ISO 14.024 (1999) existem dois conceitos básicos para o selo verde: o Tipo I é uma declaração feita por uma terceira entidade que atesta que o produto de uma determinada empresa é ambientalmente correto (alguns exemplos desse tipo de selos são apresentados no Quadro 11.1); o Tipo II é uma autodeclaração da empresa afirmando no seu rótulo que o produto tem alguma vantagem com relação a preocupação ambiental. Alguns exemplos dessa autodeclaração são: se é reciclável; que consome menos energia; que foi reciclado etc.

Quadro 11.1: Descrição das normas relacionadas aos selos verdes.

ISO 14020	Contém princípios básicos, aplicáveis a todos os tipos de rotulagem ambiental, com recomendações apropriadas, considerando a avaliação do ciclo de vida (ACV) do produto.
ISO 14021	Rótulo Ambiental Tipo II. Trata das declarações dadas pelas organizações, que podem descrever apenas um aspecto ambiental do seu produto, não obrigando à realização de uma ACV, reduzindo, assim, os custos para atender de forma rápida às demandas do marketing.
ISO 14022	Padronização das definições dos termos e símbolos usados para discussão ambiental.
ISO 14024	Rótulo Ambiental Tipo I. Princípios e procedimentos: recomenda que esses programas sejam desenvolvidos levando-se em consideração a ACV para a definição dos "critérios" de avaliação do produto. Há a necessidade da utilização de critérios padronizados, nas fases do ciclo de vida, facilitando a avaliação e reduzindo os custos de certificação.
Relatório Técnico TR/ ISO 14.025	Rótulo Ambiental Tipo III. Princípios e procedimentos: orientam os programas de rotulagem que pretendem padronizar o ciclo de vida e certificar o padrão do ciclo de vida, garantindo que os valores dos impactos informados estejam corretos, sem definir valores limites.

Fonte: elaborado pelo autor com base em EPA (1998); ISO (1999; 2000; 2016).

SELOS AMBIENTAIS

Além das certificações, uma outra ferramenta disponível no rol de mecanismos para o estímulo da prática de gestão ambiental são os selos ambientais. Diversos países, principalmente os integrantes da OCDE, têm estabelecido selos ecológicos a fim de criar uma imagem de preservação ambiental para os consumidores, associando-os a sua origem. A Tabela 11.2 apresenta alguns selos verdes, já bastante difundidos mundialmente.

Tabela 11.2: Principais selos verdes mundiais.

País	Selo	Ano de início
Comunidade Europeia	Ecolabel	1992
Suécia	Environmental Choice	1990
	Nordic Swan	1986
Canadá	Environmental Choice	1988
Alemanha	Blue Angel	1977
Estados Unidos	Green Seal	1990
Japão	Eco-Mark	1989
França	NF Environment	1989

Fonte: adaptada de OECD (1997).

Teisl, Rubin e Noblet (2007) afirmam que os selos verdes remetem ao conceito de ética em consumo, cujos pressupostos são os conceitos de consumo responsável e sustentável. A escolha de produtos nesse conceito de responsabilidade ambiental tende a não ter como base somente o preço, mas também as externalidades sociais e ambientais inerentes aos produtos.

A vantagem do selo verde é o fato de demonstrar que a indústria tem dentro da sua lista de prioridades uma preocupação ambiental, o que pode gerar uma vantagem competitiva para uma gama de clientes que comungam do mesmo ideal de responsabilidade ambiental, incentivando à inovação pró-sustentabilidade.

Os selos podem basear-se em um único parâmetro (se é biodegradável ou reciclável) ou ainda em vários parâmetros, incluindo o ciclo de vida dos produtos (os selos White Swan e o Ecolabel Europeu).

O Quadro 11.2 apresenta as vantagens e os desafios para a rotulagem ambiental.

A OECD (1997) avaliou os principais motivos externos que levam as empresas a aderirem à utilização dos selos ecológicos, conforme apresentado a seguir: requisito de países com preocupação ambiental; requisito de distribuidores; requisito para compras governamentais ou institucionais; medo de perder mercado para os concorrentes que o detêm.

O uso do selo verde pode favorecer o Brasil nas suas exportações, porém uma grande preocupação é a ocorrência de objeções ao uso de selos verdes associados a esquemas de protecionismo de certos países (EPA, 1998).

Quadro 11.2: Vantagens e desafios das normas relacionadas aos selos verdes.

Vantagens	Desafios
1. Fornecer opção de escolha para o cliente	**1. Informações fraudulentas**
O selo verde é uma forma de informar aos clientes sobre os impactos que os produtos podem promover ao meio ambiente, concedendo a possibilidade de avaliação da relação custo-benefício.	O selo verde não tem valor algum ao cliente se a informação ambiental for fraudulenta. É premissa básica de que o selo tenha credibilidade para que não sofra desconfiança por parte dos clientes.
2. Promoção da eficiência econômica	**2. Falta de informações**
O selo verde em geral tem um custo inferior aos controles regulatórios.	Os selos podem prover informações irrelevantes que não reduzem o impacto sobre o meio ambiente.
3. Estímulo ao desenvolvimento de mercado	**3. Competição injusta**
A escolha pelos clientes por produtos certificados por selos verdes cria um segmento específico de mercado. Esse é um sinal que guia para uma maior consciência ambiental.	Há companhias que propositalmente se recusam a reconhecer critérios ambientais específicos, deturpando seus produtos para obtenção de lucros, prejudicando empresas que investem tempo e capital para aderir à obtenção do selo.
4. Incentivo à melhoria contínua	**4. Consumismo verde**
O mercado, dinâmico por produtos com selos verdes, irá incentivar o compromisso para melhoria contínua para o meio ambiente.	Diversos ambientalistas são grandes consumistas. O termo "consumismo verde" é uma contradição. O objetivo do selo não é o aumento do consumo e, sim, o consumo consciente.
5. Promovendo a certificação	**5. Praticabilidade**
O programa ambiental da certificação é um selo que identifica o produto que encontra um determinado padrão de preocupação ecológica. A certificação deve ter um papel educacional para clientes a fim de promover a competição entre as organizações no sentido de que sejam menos prejudiciais ao ambiente.	Não são todos os tipos de produtos que podem ser certificados para utilização do selo verde.
6. Colaboração na monitoração	**6. Metodologia**
O programa de selos verdes contribui para monitoração das reivindicações ambientais, fazendo com que os clientes e concorrentes tenham uma posição privilegiada para julgar a validade das reivindicações.	Os diferentes métodos para testar e certificar os produtos criaram dificuldades na aplicação do selo verde a alguma determinada categoria particular do produto.

Fonte: elaborado pelos autores com base em EPA (1998); ISO (1998; 1999a; 1999b).

O sucesso dos produtos com selo verde depende de sua aplicação aos produtos e/ou empresas com maior potencial de melhoria ambiental, além da disponibilidade dos consumidores, seja em termos financeiros ou em tempo necessário, para agir de acordo com sua preocupação ambiental. A aceitação do consumidor depende ainda de sua compreensão dos benefícios ambientais e da forma de regulamentação inerente ao produto certificado pelo selo verde, que deve estar disponível ao público com o pressuposto de transparência do processo (Teisl, Rubin e Noblet, 2007).

Com relação às metodologias de avaliação de ciclo de vida, os esquemas de rotulagem podem ser muito dispendiosos, em termos de recursos financeiros e humanos. Dessa forma, é imperativo na decisão de utilizar o selo ecológico a viabilidade econômica, baseada em estudos de mercado. Entretanto deve-se considerar que a rotulagem é um processo com *feedbacks* positivos: dependendo do nível de consciência ambiental dos consumidores, ela própria é um instrumento de educação ambiental (Bruce e Laroya, 2006).

Além disso, há também a preocupação com a integração de aspectos ambientais no projeto de desenvolvimento de produtos. Esse aspecto foi analisado pelo subcomitê que estudou como o desenvolvimento de novos produtos interage com o ambiente. Foi criada a norma ISO TR 14062, que estabelece a integração de aspectos ambientais no projeto e desenvolvimento de produtos. Outra norma criada foi a de comunicação ambiental, com o desenvolvimento do conceito de ecodesign. Esse conceito oferece inúmeros benefícios às empresas que o utilizam, como redução de custos, melhoria de desempenho ambiental, estímulo à inovação, criação de novas oportunidades de mercado e incremento de qualidade nos produtos.

É possível perceber, por meio de toda essa análise, que a certificação é um instrumento importante para a promoção do desenvolvimento sustentável. Ela oferece possibilidade de ampliação das estratégias socioambientais para as empresas certificadas e desperta a consciência ambiental e o melhor entendimento de como a organização pode trabalhar respeitando todos os recursos físicos e sociais, auxiliando a sustentabilidade do planeta.

BALANÇO SOCIAL E BALANÇO AMBIENTAL

A maior parte das empresas de capital aberto divulga em suas páginas na internet relatórios socioambientais. Esses relatórios apresentam informações pertinentes às ações socioambientais praticadas pela empresa em determinado período (geralmente anual). Em sua maioria, eles fornecem mais informações qualitativas que quantitativas, não apresentam informações auditadas (algumas vezes as informações não são verificáveis) e possuem interface muito agradável ao usuário, pois são coloridos e com muitas fotos dos projetos.

Até há pouco tempo, as empresas não se preocupavam em ser transparentes. Atualmente elas divulgam relatórios não obrigatórios para evidenciar o que têm feito pela sociedade. "Embora se percebam, de fato, excessos de marketing, é preciso reconhecer o fator positivo: a informação prestada tem estimulado os concorrentes a realizar ações semelhantes ou melhores, o que resulta, portanto, no benefício da sociedade como um todo" (Ribeiro, 2006, p.108). Certamente houve um ganho para os *stakeholders* das empresas.

Entretanto, a proliferação dos relatórios foi mais rápida que sua padronização. Isso permite que as empresas evidenciem apenas informações convenientes para si. Os estudos de responsabilidade social enfrentam agora dois desafios: tornar as ações socioambientais verificáveis e comparáveis, isto é, os relatórios emitidos precisam de um padrão que permita auditoria (como ocorre com os selos e certificações) e comparabilidade com outras organizações. Algumas grandes iniciativas já ocorreram e vêm sendo consolidadas.

O balanço social deve abordar quatro vertentes: recursos humanos, relação com a comunidade, demonstração do valor adicionado e balanço ambiental. A vertente de recursos humanos, também chamada balanço das pessoas, busca evidenciar como a empresa se relaciona com seus funcionários: quais os benefícios, qual a diversidade entre eles, qual a desigualdade entre eles, qual a variação no nível de emprego etc.

A vertente de relações com a comunidade busca evidenciar as ações e os investimentos voltados para a comunidade, ou seja, para pessoas não diretamente relacionadas à organização. Essa vertente mostra as doações para ONG, os incentivos e patrocínios à cultura, ao esporte e à educação, entre outros.

A Demonstração do Valor Adicionado (DVA) tem o objetivo de evidenciar quanto a empresa agrega de valor à economia, como esse valor é agregado e, especialmente, como o valor agregado é distribuído entre os fornecedores dos fatores de produção (capital e trabalho). A distribuição do valor adicionado remunera os empregados (fator trabalho), o capital de terceiros, o capital próprio (acionistas) e o governo. Assim, essa demonstração evidencia a contribuição da empresa para o desenvolvimento local, mostrando como ela distribui a renda gerada no negócio.

Por fim, a última vertente (a ordem das vertentes não é padronizada nem reflete maior importância a um dos fatores) é o balanço ambiental ou balanço ecológico. Essa vertente terá maior ênfase devido ao foco do livro.

O objetivo do balanço ambiental é evidenciar os eventos econômico-financeiros de natureza ambiental bem como os impactos das atividades da empresa no meio ambiente. Apesar de ainda não haver legislação que verse sobre esse relatório, existem muitas instituições estabelecendo diretrizes a respeito de que tipo de informação divulgar e como divulgá-la.

Ribeiro (2006) destaca seis modelos de balanço ambiental sugeridos. Neste capítulo serão abordados apenas os mais completos e os mais utilizados. O primeiro modelo foi sugerido por uma organização não governamental europeia chamada Eco-Management and Audit Scheme (Emas). A entidade regulamentou as diretrizes do balanço ambiental pelo documento n. 761/2001. A orientação desse modelo é evidenciar para cada atividade empresarial típica do negócio o impacto ambiental. Mais detalhadamente, para cada insumo utilizado no processo, quais são os *outputs* ambientais e o impacto causado por eles (exemplo: *input* – combustível dos caminhões/*output* – emissão de CO_2/impacto ambiental – aquecimento global). Esse modelo pede ainda as metas para a redução dos impactos ambientais causados pelas atividades (para o mesmo exemplo, a meta para o próximo ano seria a substituição por biocombustível em 30% da frota). Esse modelo é extremamente completo, possui diversas informações técnicas, tanto sobre os resíduos como sobre os processos, mas possui poucas informações financeiras.

Dois dos modelos sugeridos por Ribeiro (2006) são semelhantes: incluem as informações ambientais nas demonstrações contábeis e relatórios financeiros já existentes (balanço patrimonial, demonstração de resultado, relatório da administração, entre outros). Um dos modelos é uma sugestão da ONU, no qual, inclusive, foi elaborado um documento por um grupo de trabalho especializado nos padrões internacionais de contabilidade que possui diretrizes para elaboração dos relatórios. Além disso, Ribeiro (2006) afirma que esse é o padrão adotado pelas empresas. As informações ambientais, quando incluídas no relatório financeiro da companhia, ao contrário do Emas, fornecem diversos dados ambientais financeiros, mas possuem poucas especificações técnicas quanto aos impactos ambientais. Como as informações ficam muito atreladas aos relatórios contábeis, o escopo de usuários da informação pode ser prejudicado.

Global Reporting Initiative

Por fim, analisa-se a proposta do Global Reporting Iniciative (GRI), um grupo internacional e independente que propôs um relatório de sustentabilidade que reporta 79 indicadores de desempenho com informações qualitativas e quantitativas da empresa. A Figura 11.1 ilustra a estrutura do relatório. Os indicadores devem atender aos padrões e requisitos estabelecidos no Conjunto de Protocolos de Indicadores (GRI, 2006).

O relatório no modelo do GRI está estruturado em indicadores essenciais e indicadores adicionais. Os relatórios são analisados e a GRI oferece selos de qualidade de divulgação para a empresa com índices de A+ a C, conforme a quantidade de indicadores evidenciados e a qualidade das informações.

No Brasil, o relatório GRI foi divulgado por um grupo de trabalho (GRI – G3) formado pelo Instituto Ethos, Aberje e Fundação Getúlio Vargas. A divulgação foi bastante intensa, e atualmente diversas empresas brasileiras adotam esse modelo. Ele tem a vantagem de não ter uma estrutura padrão, mas, sim, um grupo de informações a serem divulgadas. Então, as empresas fazem seus balanços sociais com grande apelo mercadológico e, no final, colocam uma espécie de índice dizendo em que páginas estão as informações solicitadas pelo GRI. Com isso, a divulgação das informações ambientais está cada vez maior.

Figura 11.1: Estrutura do relatório de sustentabilidade proposto pelo GRI.
Fonte: GRI – G3 (2011).

Os relatórios ambientais são extremamente ricos, com informações positivas e negativas também. A Petrobras, por exemplo, divulgou a série histórica de vazamentos de petróleo e derivados no meio ambiente em seu *Balanço de sustentabilidade* (Petrobras, 2007).

Cabe à sociedade cobrar a divulgação de informações e verificar, na medida do possível, as informações divulgadas. Apesar de o balanço social estar incluído no relatório anual da empresa, a informação não deve ficar restrita a administradores, contadores, economistas e profissionais afins. É importante que o maior número de profissionais se interesse por essas informações, assim a cobrança sobre as empresas que ainda não divulgam esse tipo de relatório aumenta e a sociedade se beneficia com mais informações e mais empresas preocupadas com o desenvolvimento sustentável.

CONSIDERAÇÕES FINAIS

Certificações, selos e demonstrações contábeis de caráter ambiental beneficiam as empresas e seus diversos *stakeholders*. Por meio da documentação e todo o processo de adequação exigidos, comunidade, consumidores e fornecedores passam a obter mais informações a respeito da origem dos produtos e de insumos. Descobrem também o compromisso da empresa com o ambiente, uma vez que as certificações podem tangibilizar ou "atestar" o investimento feito. Outra externalidade positiva é o desenvolvimento de vantagem competitiva em relação aos concorrentes inconsequentes e irresponsáveis que conseguem baixar seus preços às custas do desrespeito a leis, regulações ou convenções de um setor, prejudicando a sociedade, que arca indiretamente com esses custos.

As certificações, voluntárias ou não, contribuem para que empresas percebam a sustentabilidade como fator crítico de sucesso, e não como um obstáculo aos seus negócios. Segundo Denardin e Vinter (2009), as desvantagens em não implementar tais procedimentos estão diretamente ligadas às barreiras não tarifárias, impostas por países mais desenvolvidos, pois um sistema de normatização ambiental como a série ISO 14.000 pode abrigar em suas entrelinhas mecanismos de proteção de mercado.

A partir de pressões de consumidores, ONGs, mídia, associações e demais instituições públicas e privadas, as empresas passam a se certificar ambientalmente como diferencial de competitividade, o que possibilita a ela reduzir seus custos de produção via racionalização dos processos produtivos e substituição de matérias-primas, reduzindo, com isso, o uso de recursos naturais. Além disso, possibilita criar uma imagem verde junto aos seus clientes, bem como não enfrentar problemas quanto à exportação de seus produtos.

EXERCÍCIOS

1. Cite vantagens da certificação ISO 14.000 para diferentes *stakeholders*.
2. Os selos verdes podem incentivar o consumo consciente? Por quê?
3. O balanço social da empresa pode ser considerado um relatório de sustentabilidade da gestão? Justifique sua resposta.

REFERÊNCIAS

BRUCE, C., LAROYA, A. The production of eco-labels. *Environmental & Resource Economics*, p. 275-296, 2006.

DENARDIN, V.; VINTER, G. *Algumas considerações acerca dos benefícios econômicos, sociais e ambientais advindos da obtenção da certificação ISO 14.000 pelas empresas.* 2009. Disponível em: <http://www.race.nuca.ie.ufrj.br/eco/trabalhos/comu1/4.doc>. Acessado em: 17 abr. 2017.

[EPA] ENVIRONMENTAL PROTECTION AGENCY. Environmental Labelling Issues, Policies, and Practices Worldwide. EPA report n. 742-R-98-009, dez. 1998.

[GRI] GLOBAL REPORTING INITIATIVE. Diretrizes para relatório de sustentabilidade. Tradução: Instituto Ethos, Aberje e FGV/Eaesp. 2006. Disponível em: <http://www.globalreporting.org/ReportingFramework/G3Online/LanguageSpecific /Portuguese>. Acesso em: 8 nov. 2007.

_____. Diretrizes para relatório de sustentabilidade. Disponível em: <https://www.globalreporting.org/resourcelibrary/Brazilian-Portuguese-G3.1.pdf>. Acesso em: 29 out. 2016.

[IBD] INSTITUTO BIODINÂMICO. Diretrizes para o Padrão de Qualidade Orgânico IBD. 17. ed. Botucatu-SP: IBD Certificações, jul. 2009. Disponível em: <http://ciauniao.com.br/files/Diretriz_IBD_Organico_17aEdicao.pdf>. Acesso em: 29 out. 2016.

[ISO] INTERNATIONAL ORGANIZATION FOR STANDARDIZATION. *ISO 14024: 1999. Environmental labels and declarations — Type I environmental labelling — Principles and procedures.* 1999. Disponível em: <https://www.iso.org/obp/ui/#iso:std:iso:14024:ed-1:v1:en>. Acesso em: 29 out. 2016.

_____. *ISO 14020: 2000. Environmental labels and declarations — General principles.* 2000. Disponível em: <https://www.iso.org/obp/ui/#iso:std:iso:14020:ed-2:v1:en>. Acesso em: 29 out. 2016.

_____. *ISO Survey 2015.* 2015. Disponível em: <http://www.iso.org/iso/home/standards/certification/iso-survey.htm?certificate=ISO%209001&countrycode=AF>. Acesso em: 29 out. 2016.

_____. *ISO 14021: 2016. Environmental labels and declarations – Self-declared environmental claims (Type II environmental labelling).* Disponível em: <https://www.iso.org/obp/ui/#iso:std:iso:14021:ed-2:v1:en>. Acesso em: 29 out. 2016.

[OECD] ORGANISATION FOR ECONOMIC CO-OPERATION AND DEVELOPMENT. *Eco-labelling: actual effects of selected programmes.* Paris: OECD, 30 May 1997. Disponível em: <http://www.oecd.org/officialdocuments/publicdisplaydocumentpdf/?cote=OCDE/GD(97)105&docLanguage=En>. Acesso em: 29 out. 2016.

OLCZEVSKI, C. R.; COTRIN, D. S. Certificação de Produtos Orgânicos por SPG - Sistema Participativo de Garantia, Envolvendo Pequenas Cooperativas do Ramo Agropecuário, na Região dos Coredes do Médio Alto Uruguai e Rio da Várzea/RS. Disponível em: <http://www.emater.tche.br/site/arquivos_pdf/teses/Carlos%20Olczevski.pdf>. Acesso em: 29 out. 2016.

PETROBRAS. *Balanço Social e Ambiental 2006.* 2007. Disponível em: <http://www.br.com.br/wps/wcm/connect/a7eb1f0043a7a6dd84938fecc2d0136c/balanco-social-2006.pdf?MOD=AJPERES>. Acesso em: 29 out. 2016.

PINTO, L.F.G. Principles and criteria for sustainable biofuels. In: Workshop sobre a Expansão da Agroenergia e seus Impactos sobre os Ecossistemas Brasileiros, 10. Rio de Janeiro. Anais... Rio de Janeiro, 2007. Disponível em: http://www.fbds.org.br/fbds/Apresentacoes/14_Certificacao_Florest_L_F_Pinto.pdf. Acesso em: 8 jul. 2016.

RIBEIRO, M. S. *Contabilidade ambiental*. São Paulo: Atlas, 2006.

STIGLITZ, J. E. *Economics of the public sector*. 3.ed. Nova York: Norton, 2000.

TEISL, M. F.; RUBIN, J.; NOBLET, C. L. Non-dirty dancing? Interactions between eco-labels and consumers. *Journal of Economic Psychology*, v. 29, n. 2, p. 140-159, April 2008.

12 Cadeias de suprimentos e abastecimento sustentáveis

Marina Darahem Mafud
Ricardo Messias Rossi
Marcos Fava Neves

INTRODUÇÃO

Para diminuir os impactos ambientais de suas atividades, por meio da gestão ambiental, as organizações passam a reduzir, também, os impactos de sua cadeia de suprimentos, estimulando melhores práticas ambientais de seus fornecedores. Geralmente, os principais aspectos estudados na seleção de fornecedores são os tradicionais, como custo ou qualidade. Porém, há pesquisas que consideram critérios ambientais no processo de seleção de fornecedores e gestão da cadeia de suprimentos. O maior nível de gestão ambiental de uma organização tende a criar pressão em seus supridores para que eles melhorem seu desempenho ambiental (Jabbour e Jabbour, 2009).

Assim, o fluxo de produtos entre instituições requer coordenação entre as partes, para reduzir os danos ambientais e conceber soluções para toda a cadeia de suprimentos.

A transferência das responsabilidades ambientais e sociais para fornecedores pode criar oportunidades tanto para aqueles que exploram essa ocasião, como com potenciais finalizações de contratos, quanto para aqueles que não se adaptam a esses requisitos.

A inserção de critérios ambientais na seleção de fornecedores para uma determinada empresa será proporcional à demanda ambiental dos consumidores finais. Um exemplo de critério ambiental utilizado no processo de seleção de fornecedores é a certificação ISO 14000.

Entre os produtos que estão no foco da filosofia verde, incluem-se os alimentos, que recebem atenção dos consumidores também pelos seus efeitos no organismo. Antigas questões políticas, como segurança alimentar, planejamento, pesca, agricultura e saúde, passaram a competir por atenção ao lado de "novas" questões, como carbono e mudanças climáticas, comércio justo e regionalismo. Questões que usualmente eram vistas como únicas estão sendo gradualmente reconhecidas como elementos de um sistema de desenvolvimento sustentável, exigindo novas direções para o sistema alimentar.

Segundo a Agência Sueca de Proteção Ambiental (Swedish Environmental Protection Agency), os alimentos são responsáveis por 40% do impacto ambiental, se convertido seu consumo doméstico no equivalente ao ciclo de vida energético do produto. Esse ciclo de vida energético varia de acordo com o tipo de alimento, considerando distância da produção ao local de venda (distância que o produto será transportado), a origem do produto (vegetal ou animal), entre outros fatores. Produtos orgânicos, produzidos sem aditivos químicos, por exemplo, oneram menos o meio ambiente (Bergstrom et al., 2005).

Em países considerados desenvolvidos, são os varejistas que determinam o que é demandado da agricultura. Nesse contexto, os varejistas de alimentos estão em uma posição privilegiada para criar um sistema de alimentos mais "verdes", saudáveis e justos por meio de sua influência no comportamento do consumidor e na cadeia de suprimentos.

Assim, os varejistas realizam sua gestão ambiental de duas formas: no processo de suprimentos e dentro de suas lojas, com todo o material orgânico e inorgânico gerado.

Enquanto muitos fornecedores, particularmente aqueles situados nos Estados Unidos e Europa, já estabeleceram proativamente políticas corporativas "verdes", empresas localizadas em países em desenvolvimento, como China, Índia e Brasil, seguirão essa tendência para competitividade. A perspectiva internacional desses fornecedores, tradicionalmente focados em controle de custos e agilidade, reforça a importância estratégica da preocupação ambiental para o atendimento das exigências de clientes norte-americanos e europeus, daí a tentativa contínua de atingir uma "agenda verde" (Brown, 2008).

Um estudo recente concluiu que 21% das empresas de capital aberto dos Estados Unidos e do Reino Unido que terceirizam funções adicionaram demandas de política e desempenho verde no seu regime contratual de fornecedores em 2007, e 94% planejam incluir "cláusulas verdes" em seus processos de negociações. Nessa mesma linha, no ano de 2007, 36% dos executivos de companhias privadas já consideravam acordos de fornecimento verdes para o ano seguinte (Brown, 2008).

Assim como a informatização, a "revolução verde" se tornou, então, um catalisador para as mudanças e um guia para a inovação, tanto no ambiente executivo como no científico. As novas tecnologias de comunicação permitem a disseminação rápida das ideias e, assim, cada nova tendência de consumo tem potencial para se tornar global e transformar as relações entre consumidores e empresas espalhados por todo o mundo (Mafud et al., 2013).

Cadeias de suprimentos sustentáveis

Pesquisas realizadas mostraram que os consumidores atuais estão crescentemente a favor de produtos verdes. Essas preocupações fizeram com que profissionais em compras reavaliassem suas estratégias de compras. Muitas empresas perceberam, então, essa consciência ambiental dos consumidores como uma excelente oportunidade de mercado (Min e Galle, 2001).

Os esforços para minimizar os impactos ambientais de uma operação só podem ser alcançados se houver coordenação entre as diversas partes de uma cadeia de suprimentos.

A cadeia de suprimentos e a gestão da cadeia de suprimentos é um princípio gerencial relativamente novo. O assunto tem evoluído em diferentes áreas, incluindo compras, marketing (canais de distribuição), logística e gestão de operações. As questões incluem gestão de inventários, relacionamento cliente-fornecedor, tempo de entrega, desenvolvimento de produtos e compras, só para enumerar alguns (Sarkis, 2009).

A cadeia de suprimentos engloba todas as atividades associadas ao fluxo e transformação de bens, desde a matéria-prima até o consumidor final, assim como o fluxo de informações associadas. Materiais e informações fluem tanto para cima como para baixo na cadeia de suprimentos.

Assim, a melhora dos impactos ambientais de um sistema requer o envolvimento de uma variedade de organizações. Gestores de diferentes pontos desse sistema precisam se envolver em um ciclo de trocas entre empresas, por meio de contatos interpessoais, em que ocorra compartilhamento de informações, negociações e em que compromissos possam ser firmados para cumprir requisitos ambientais (Canning e Hanmer-Lloyd, 2007).

O Quadro 12.1 apresenta quatro definições, propostas por diferentes autores, para o termo "gestão verde da cadeia de suprimentos".

Quadro 12.1: Definições de "gestão verde da cadeia de suprimentos".

O que é gestão verde da cadeia de suprimentos?	Fonte
"O suprimento verde se refere à maneira com que a inovação na gestão da cadeia de suprimentos e na compra industrial pode ser considerada no contexto ambiental".	Green, Morton e New (1996)
"A gestão ambiental da cadeia de suprimentos consiste no envolvimento das funções de compras em atividades que incluam redução, reciclagem, reúso e substituição de materiais".	Narasimhan e Carter apud Sarkis (2009)
"Se refere à prática de monitorar e melhorar o desempenho ambiental na cadeia de suprimentos".	Godfrey apud Sarkis (2009)
"O termo 'cadeia de suprimentos' descreve a rede de fornecedores, distribuidores e consumidores. Também inclui todo o transporte entre o fornecedor e o consumidor, assim como até o consumidor final... os efeitos ambientais do desenvolvimento de pesquisas, produção, armazenamento, transporte e uso do produto, assim como de sua eliminação após o uso, devem ser considerados".	Messelbeck e Whaley (1999)

Fonte: elaborado pelos autores a partir de Green et al. (1996), Sarkis (2009) e Messelbeck e Whaley (1999).

A partir do Quadro 12.1, pode-se perceber que há uma série de autores focados na cadeia de suprimentos verde e sua gestão.

Nesse contexto, uma empresa proativa irá prosperar somente quando agir como um sistema por completo, o que inclui não apenas seus executivos e funcionários, mas também consumidores, fornecedores e outros. Se a empresa quiser desfrutar dos benefícios causados por seu processo de gestão ambiental, ela deve integrar os outros membros de sua cadeia de suprimentos nesse processo. As organizações acabam incluindo seus fornecedores nos programas ambientais, se realmente quiserem ter práticas de compras ambientalmente amigáveis. Ou seja, elas fazem uma cadeia de suprimentos verde (Walton et al., 1998).

A gestão da cadeia de suprimentos verde é um amplo conceito descrito como uma prática de gestão interorganizacional, composta de diferentes fragmentos, como critérios ambientais para início de contratos, questionários e auditorias sobre desempenho ambiental e características ambientais dos produtos adquiridos (Kogg apud Bergstrom et al., 2005).

Os departamentos de compras e os valores que os clientes demandam se tornaram de fundamental importância para a aplicação de estratégias ambientais de uma organização. Assim, as empresas compradoras acabam envolvendo seus fornecedores em programas ambientais para corresponder às expectativas ambientais de seus consumidores.

As organizações têm inúmeras razões para implementar políticas verdes na cadeia de suprimentos, desde aquelas relativas às regulamentações até as de estratégias proativas e vantagem competitiva (Sarkis, 1995).

Em estudo realizado por Min e Galle (1998), foi constatado que 78% dos profissionais em compras pesquisados consideram o progresso dos fornecedores em desenvolver produtos ambientalmente amigáveis um importante fator no critério de seleção desses fornecedores.

Nesse contexto, podemos observar que empresas líderes citam exemplos em que as iniciativas ambientais junto aos fornecedores tenham reforçado a qualidade e aumentado a inovação e a produtividade. As políticas documentadas e os materiais de comunicação são muito importantes na gestão ambiental da cadeia de suprimentos.

Os esforços do marketing verde, no entanto, podem não ser bem-sucedidos se não houver a integração dos objetivos ambientais da empresa com as atividades de compras, como a seleção de fornecedores, que pode determinar a efetividade da redução das fontes de desperdício. Assim, os profissionais em compras precisam se conscientizar sobre o potencial da relação entre programas ambientais e seleção de fornecedores (Min e Galle, 2001).

Para considerar o desempenho ambiental nos critérios de seleção de fornecedores, é necessário reconhecer que vários elementos, como política de negócios, transporte de mercadorias, produtos e processo produtivo, devem ser ambientalmente ajustados e considerados nessa seleção. O Quadro 12.2 enumera alguns dos critérios de seleção de fornecedores com base em seu desempenho ambiental.

Quadro 12.2: Critérios ambientais para seleção de fornecedores.

1. Divulgação pública de registros ambientais.
2. Avaliação ambientalmente amigável dos fornecedores de segundo nível.
3. Gestão de resíduos perigosos.
4. Gestão da poluição por resíduos tóxicos.
5. Certificação ISO 14000.
6. Programa de logística reversa.
7. Processo de embalagem do produto ambientalmente amigável.
8. Gestão de substâncias prejudiciais à camada de ozônio.
9. Gestão da emissão de gases perigosos.

Fonte: adaptado de Walton et al. (1998).

Simpson et al. apud Jabbour e Jabbour (2009) alegam que a seleção de fornecedores deve considerar também se um dado fornecedor tem capacidade de lidar com a demanda crescente por melhoras em seu desempenho ambiental, expressa por cláusulas ambientais em contratos de fornecimento.

Porém, nesses casos, existem dificuldades associadas à formulação de estratégias de compras verdes, uma vez que esse critério pode reduzir o leque de opções de fornecedores qualificados, devido às rigorosas normas de qualidade ambiental.

Há pressão sobre os fornecedores para produzir credenciais verdes e adotar iniciativas verdes, indo de encontro às demandas de seus clientes; porém, esses fornecedores precisam adotar estratégias por meio das quais consigam realizar essa agregação de valor, sem aumentar significativamente seus custos, de modo que se mantenham competitivos (Brown, 2008).

Uma maneira dos profissionais em compras conseguirem melhoras ambientais em sua base de suprimentos é por meio da integração de seus supridores no processo de gestão ambiental, com base em alguns critérios de avaliação desses fornecedores, conforme mostrado na Figura 12.1.

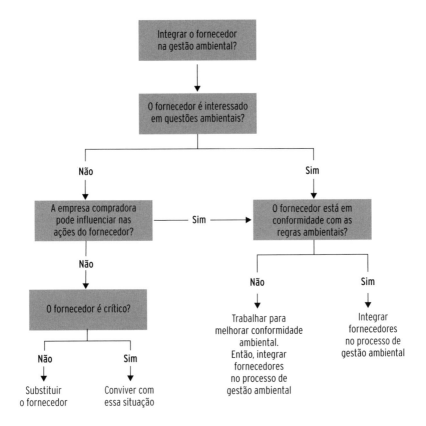

Figura 12.1: Processo de decisão para integrar fornecedores na gestão ambiental.
Fonte: adaptada de Walton et al. (1998).

Para que ocorra uma integração de fornecedores dentro de práticas ambientalmente amigáveis, é necessária uma estreita relação entre os parceiros comerciais. Como sugere a Figura 13.2, o fornecedor deve querer, ou mesmo ser convencido a, trabalhar com iniciativas ambientalmente amigáveis. No segundo caso, a empresa compradora deve estar preparada para enfrentar algum tipo de resistência e ter um plano de suporte (Walton et al., 1998).

Como a atividade de compras está no começo da cadeia de suprimentos verde, os esforços de marketing verde dificilmente terão sucesso sem integrar os objetivos ambientais da companhia com as atividades de compras.

Consequentemente, os profissionais em compras precisam visar à relação entre fatores ambientais e seleção de fornecedores.

Estudando a influência de fatores ambientais na avaliação de fornecedores, Min e Galle (1997) perceberam que os profissionais em compras estão crescentemente mais interessados nas regulamentações ambientais, passando a auditar seus fornecedores para se certificar do atendimento a essas regulamentações, identificando restrições. Nessa pesquisa, os autores identificaram que o fator de maior influência na avaliação de fornecedores é a responsabilidade da empresa com o descarte de materiais tóxicos, seguido dos custos associados a esse descarte e do atendimento à legislação. Esses fatores estão enumerados no Quadro 12.3 a seguir.

Quadro 12.3: Critérios ambientais para avaliação de fornecedores.

Fatores
1. Responsabilidade em eliminar materiais perigosos.
2. Custos associados à eliminação de materiais perigosos.
3. Estar de acordo com legislação estadual e federal.
4. Objetivos e missão da empresa compradora.
5. Capacidade do fornecedor em disponibilizar embalagens ambientalmente amigáveis.
6. Capacidade do fornecedor em disponibilizar produtos ambientalmente amigáveis.
7. Parceria ambiental com seus fornecedores.

Fonte: adaptado de Min e Galle (1997).

Ainda discutindo a avaliação de fornecedores, é possível citar um método que a faz a partir de uma perspectiva ambiental. A ferramenta utilizada, o diagrama de Ishikawa, salienta um problema principal e os fatores causadores desse problema. Esses fatores citados podem variar de acordo com sua importância e incluem, também, aqueles que causam parcialmente o problema. Assim, o diagrama permite avaliar os causadores dos problemas, indicando uma relação de causa-efeito. O diagrama de Ishikawa, adaptado como ferramenta para avaliação de fornecedores, considera quatro fatores principais: o fornecedor como uma empresa; os processos usados pelo fornecedor; o produto em si; e, por fim, o transporte (Enarsson, 1998). Essa ferramenta pode ser visualizada na Figura 12.2.

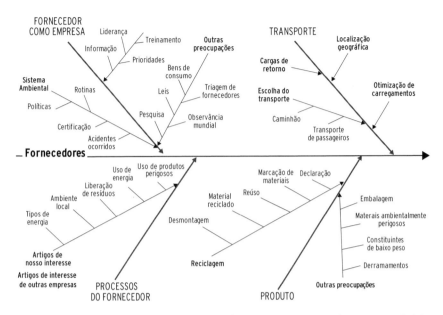

Figura 12.2: Método de avaliação de fornecedores com base em critérios ambientais.

Fonte: Enarsson (1998).

De acordo com Enarsson (1998), considerar o fornecedor uma empresa implica uma foto completa do fornecedor, com o objetivo de criar uma visão geral do envolvimento da organização com o meio ambiente. O fornecedor como uma empresa pode ser subdividido em três partes. A primeira delas é a gestão, que avalia o quanto a administração da empresa está trabalhando ativamente para sustentar os processos ambientais; o sistema ambiental, que aborda o quão documentadas estão as rotinas da empresa; e outras preocupações, que incluem demais fatores relevantes para avaliação do fornecedor, como atendimento às leis, uso de materiais ambientalmente amigáveis, entre outros.

O segundo fator considerado, que diz respeito aos processos adotados pelo fornecedor, aborda todas as suas etapas de produção. Nesse caso, as etapas usadas foram divididas em dois grupos: aquelas referentes aos produtos de interesse de compra da empresa que está avaliando o fornecedor, como uso de energia, uso de produtos perigosos, desperdício, entre outros; e aquelas de interesse de outros clientes.

O terceiro fator analisado diz respeito ao produto em si. A adaptação do produto fornecido ao meio ambiente é uma condição para a continuidade dos esforços ambientais em seus processos. Simultaneamente, o consumidor direciona e gera demandas ambientais específicas para os produtos fornecidos. Então, a adaptação ambiental para um produto específico se posiciona entre fornecedor e consumidor. Na ferramenta proposta, o autor prioriza dois fatores principais que influenciam no produto: reciclagem, que inclui uso e possibilidade de reciclagem, reutilização de componentes e produtos, entre outros; e outras preocupações, que abordam a embalagem usada, a possibilidade de derramamento de produtos perigosos, o uso de produtos prejudiciais ao ambiente e outros (Enarsson, 1998).

O quarto e último fator analisado pelo autor avalia o transporte. O transporte faz parte do ciclo de vida do produto e, no caso dessa ferramenta, inclui somente aquele usado para entregas do fornecedor a seus clientes. As preocupações, nesse caso, enfocam quanto o fornecedor se preocupou em usar um transporte com maior compatibilidade ambiental. Os aspectos avaliados incluem localização geográfica do fornecedor, cargas de retorno, escolha do transporte adequado e otimização dos carregamentos (Enarsson, 1998).

Após estudos sobre as práticas profissionais em compras de alimentos utilizando informações ambientais, podemos apontar dois critérios principais como direcionadores da estratégia de compras de alimentos. São eles: critérios relacionados ao produto – como segurança alimentar, atendimento às legislações, uso de aditivos, uso de pesticidas, tamanho ou qualidade; e critérios relacionados ao negócio – abordando desde a gestão de qualidade e políticas ambientais do fornecedor, relacionamento de trocas justo, até escolha pelo menor preço. Assim, as informações ambientais referentes ao produto são intrinsecamente consideradas na decisão de escolha dos fornecedores de alimentos.

Nessa conjuntura, pode-se propor uma lista de iniciativas para a função de compras exercer com base no meio ambiente. Ela inclui criação de critérios ambientais nas condições de contratos com fornecedores e auditorias ambientais nesses fornecedores (Sarkis, 1995). O Quadro 12.4 enumera todas essas iniciativas.

Quadro 12.4: Iniciativas baseadas no meio ambiente para a função de compras.

Questionários ambientais para os fornecedores.
Avaliações e auditorias ambientais nos fornecedores.
Critérios ambientais na lista de aprovação de fornecedores.
Solicitar que fornecedores obtenham certificados ambientais de maneira independente.
Desenvolvimento de tecnologia/processos mais limpos em conjunto com os fornecedores.
Engajar fornecedores em plano de inovação de produtos/processos ambientais.
Redução do desperdício de embalagens na interface fornecedor/cliente.
Reúso e reciclagem de materiais solicitando cooperação do fornecedor.
Iniciativas de reaproveitamento (incluindo recompra e aluguel/arrendamento).
Criação de um "clube" de fornecedores com intuito de colaborar com questões ambientais.
Coordenação da minimização dos impactos ambientais pela cadeia de suprimentos como um todo.
Uso de critérios ambientais nas condições de contratos com fornecedores.
Auditoria do desempenho ambiental do fornecedor.

Fonte: Sarkis (1995).

O uso de informações ambientais pelos agentes envolvidos, como os profissionais em compras, é de extrema importância se o objetivo principal é gerar, na sociedade, um consumo sustentável. Apesar das informações referentes aos critérios ambientais serem fornecidas pelo produtor, uma comunicação próxima com quem recebe a informação também é necessária, se a intenção é gerar o melhor comportamento ambiental.

Para gerenciar, com sucesso, todas as iniciativas ambientais já citadas, inúmeros fatores devem ser incluídos na gestão do relacionamento fornecedor-consumidor. Esses fatores incluem estratégias de relacionamento a longo prazo e contratos, envolvimento dos fornecedores e consumidores desde o início da cadeia, confiança, incorporação de ligações entre os níveis de gestão e de operação, equipes conjuntas trabalhando na resolução de problemas e maior foco no "valor" do que nos custos (Sarkis, 1995).

Ao identificar como o movimento verde influencia a seleção de fornecedores de alimentos dos grandes varejistas, é possível discutir a importância da sustentabilidade ambiental para o varejo e apresentar sugestões para produtores brasileiros suprirem varejistas dentro do conceito de produto verde.

A INSERÇÃO DE EMPRESAS EM MERCADOS SUSTENTÁVEIS

Para que os produtores brasileiros consigam deixar sua produção ambientalmente amigável, enquadrando-se nos padrões de exigência mundial, alguns procedimentos precisam ser adotados. Entre eles, tornar o desenvolvimento sustentável parte da estratégia de negócios é um dos primeiros passos. Para isso, nomear um cargo de Gerente de Desenvolvimento Sustentável, como grandes empresas – a Shell, por exemplo – fizeram, pode ser uma alternativa com claros benefícios.

A busca pela melhora do design do produto e de sua embalagem é um outro primeiro aspecto fundamental. De acordo com a Agência Ambiental Alemã (apud Bearingpoint, 2008), 80% dos impactos ambientais de um produto são determinados durante a fase em que ele está sendo desenvolvido. O desenvolvimento verde de um produto é uma abordagem que procura melhorar a qualidade ambiental dele, reduzindo seus impactos negativos ao meio ambiente durante todo o seu ciclo de vida. Em essência, é a escolha de materiais e processos menos poluentes, por meio de substituição e escolha de materiais e uso de tecnologias limpas.

O ciclo de vida de um produto abrange toda a cadeia de suprimentos, desde a extração dos recursos naturais, processamento, comercialização, distribuição, venda, até seu uso, para posterior eliminação de resíduos. Portanto, desenvolver um produto de maneira ecológica é um caminho para antecipar e reduzir os impactos desse produto durante o seu ciclo de vida.

Além disso, a consciência pública de questões ambientais está crescendo dia a dia. Logo, o desenvolvimento de um produto verde é um caminho para destacar o valor ecológico de um produto, enquanto responde às expectativas do consumidor.

Outro ponto a ser considerado é o fornecimento e abastecimento de matérias-primas. O abastecimento deve ser ambientalmente correto, abrangendo tudo o que for originado de fornecedores, subcontratados, prestadores de serviço, entre outros, incorporando critérios ambientais.

O uso de embalagens e materiais recicláveis, sempre que disponíveis, deve ser um procedimento adotado como obrigatório, visto que essa é uma das questões mais abordadas por varejistas e consumidores de países desenvolvidos.

Considerando o processamento do produto verde, ele inclui redução de consumo de energia e matéria-prima, evitando o desperdício, e adoção de um consumo mais responsável, reduzindo emissões nocivas, uso de materiais tóxicos e consequente produção de resíduos.

Nesse contexto, a empresa tem opções de diferentes abordagens para tornar o seu processamento ambientalmente amigável, seja por meio da redução de consumo de energia e matéria-prima; por meio da substituição de equipamentos, processos e materiais menos prejudiciais ao meio ambiente; ou da adoção de ferramentas que gerenciem seu desempenho ambientalmente, como padronizações e certificações, por exemplo a ISO 14000.

O transporte é outra questão amplamente abordada quando se busca menor impacto ambiental. O crescimento do comércio internacional cria a necessidade de otimização dos modais de transporte, tanto por motivos econômicos (por exemplo, preço do petróleo) como por motivos ambientais (por exemplo, emissão de GEE). O transporte sustentável é aquele que gera menos poluição enquanto ainda consegue ir de encontro aos objetivos de desempenho de custos e volumes. Ou seja, o principal objetivo é conciliar o desempenho financeiro com o desempenho ambiental.

Por isso, a primeira medida que a empresa deve tomar em busca do transporte ecológico é revisar toda a sua logística, com o objetivo de otimizá-la. Isso pode ser feito por meio da partilha dos recursos logísticos, envolvendo a exploração de sinergias operacionais entre os diversos agentes de um mesmo segmento industrial, buscando melhorar e racionalizar os vários fluxos de transporte (por exemplo, cargas de caminhão). Essa medida pode ser tomada tanto para veículos, trajetos, como para infraestruturas (por exemplo, depósitos e centros de distribuição). Para isso, algumas ferramentas devem ser usadas, como uma base de dados compartilhada administrada por uma empresa especializada.

Além da otimização do transporte, o uso de transportes menos poluentes também deve ser adotado. Algumas opções de modais são os navios, trens ou o uso de transportes combinados, reduzindo a utilização do transporte rodoviário.

LOGÍSTICA REVERSA

Uma questão constantemente abordada quando se discute o transporte sustentável é a adoção de logística reversa.

Segundo Leite (2002, p. 17), a logística reversa é:

> a área da Logística Empresarial que planeja, opera e controla o fluxo, e as informações logísticas correspondentes, do retorno dos bens de pós-venda e de pós-consumo ao ciclo de negócios ou ao ciclo produtivo, através dos Canais de Distribuição Reversos, agregando-lhes valor de diversas naturezas: econômico, ecológico, legal, logístico, de imagem corporativa, entre outros.

A logística reversa inclui uma série de medidas de controle de planejamento, execução e fluxo de matérias-primas e produtos final, com o objetivo de recuperar e reciclar esses produtos e materiais. Inclui uma série de atividades, como coletar, classificar, processar e recondicionar (Bearingpoint, 2008).

A logística reversa pode ser implementada pelo produtor, por um grupo de produtores trabalhando em conjunto ou por uma empresa terceirizada. Porém, vale ressaltar que a adoção da logística reversa depende, entre outros fatores, da natureza do produto e do setor de mercado em questão.

Um aspecto que vem ganhando crescente importância é a rastreabilidade do produto. As preocupações com a segurança alimentar são um dos grandes direcionadores das mudanças de hábito de consumo. A rastreabilidade é fundamental para a confiança do consumidor e cada vez mais reconhecida pela legislação.

Por fim, deve-se considerar a adoção de ferramentas de medidas que trabalhem em prol do negócio. Elas incluem políticas de conduta escritas e materiais de comunicação, padronização de procedimentos, pré-qualificação de matérias-primas e fornecedores (usando critérios ambientais), parcerias com fornecedores de materiais e serviços, entre outros. Além disso, a parceria com outros produtores também deve ser considerada, como para instalação de armazéns, entreposto e frota.

A Figura 12.3 ilustra uma cadeia de suprimentos verde, envolvendo os aspectos de extração de matéria-prima, produção, distribuição e recuperação do produto.

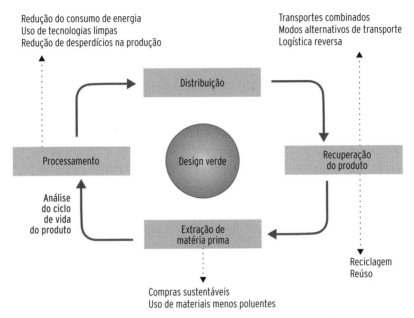

Figura 12.3: Delimitação de uma cadeia de suprimentos verde.
Fonte: adaptada de Bearingpoint (2008).

De acordo com especialistas do setor de alimentos e sustentabilidade, dentro de um conceito ambientalmente amigável as recomendações para produtores brasileiros que querem fornecer alimentos para mercados sustentáveis consistem em sempre considerar todo o sistema do ciclo de vida do produto, e não só um ponto específico da produção. Nesse contexto, deve-se considerar e abordar, por exemplo, os impactos positivos do produto para a comunidade local. Além disso, é necessária visão geral sobre o que acontece após a produção, considerando venda, exportação, consumo, resíduos gerados – e outros – do produto.

Um caso citado como exemplo positivo é a exportação de carne de cordeiro pela Nova Zelândia para o Reino Unido. A Nova Zelândia tem grande parte de sua produção de carne de cordeiro exportada para o Reino Unido e vem trabalhando fortemente para mostrar que, apesar de ser um produto exportado, ele não é prejudicial ao meio ambiente, já que o Reino Unido também produz carne de cordeiro, gerando concorrência, principalmente por ser produzido localmente. Assim, os produtores e exportadores neozelandeses vêm trabalhando para diminuir a pegada de carbono de seu produto e conseguir persuadir o varejo britânico a continuar comprando sua carne.

Observa-se que os esforços devem partir das organizações de comércio do país produtor, associadas ao governo local. Por meio de pesquisas que evidenciem que o produto é ambientalmente amigável, mostrando sua pegada de carbono e o uso de recursos naturais na produção, como o consumo de água, é possível mudar a imagem de um produto em relação aos seus impactos ambientais. Utilizando evidências bem embasadas, é possível persuadir os varejistas, e consequentemente os consumidores, de que nem sempre comprar localmente é a melhor escolha.

Além disso, sugere-se que as abordagens ambientais de grandes redes varejistas mundiais, conhecidas por suas ações ambientais, sejam estudadas e utilizadas como parâmetros e exemplos.

Por fim, é importante ressaltar ainda a importância de certificações por órgãos conhecidos, que possuem confiabilidade do consumidor, para que um produto seja considerado ambientalmente amigável. Entre elas, podemos citar a Rainforest Alliance, a International Federation of Organic Agricultural Movement (Ifoam) e a Public Health Nutrition (da The Nutrition Society). Esse assunto também foi tratado no Capítulo 11.

A COMUNICAÇÃO VERDE

As dificuldades que atingiram empresas como Shell, McDonald's e até mesmo The Body Shop na década de 1990 mostraram que as companhias precisam fazer mais do que simplesmente trabalhar no desenvolvimento e implementação de estratégias ambientalmente sustentáveis; elas devem também comunicar, com êxito, seu progresso ao ambiente de mercado (Prothero et al., 1997).

Desenvolver e implementar estratégias ambientais, com sucesso, depende da boa comunicação. Diante de um público cada vez mais crítico, as empresas acabam encontrando dificuldades em comunicar seus progressos em relação ao seu desempenho ecológico de uma maneira que permita gerar vantagem competitiva a elas.

Por isso, além das ações para tornar todo o ciclo de vida do produto mais sustentável, a comunicação dessas ações é de extrema importância, a fim de mostrar o que tem sido feito e como a empresa está trabalhando para atingir os objetivos ambientais.

Para visar os profissionais em compras, informações mais complexas sobre o produto devem ser fornecidas. Acredita-se que esses profissionais são mais motivados e possuem maior habilidade de processar informações sistematicamente. Isso implica que os responsáveis pelas compras nas empresas podem estar mais atentos a – e nas suas escolhas serem influenciados por – considerações ambientais. No entanto, para que isso ocorra, esse profissional deve ser "ativado" mentalmente, por exemplo, pela ênfase dada às políticas de questões ambientais da empresa. Caso contrário, estes se prenderão a critérios-padrão aplicados pela rotina (Biel e Grankvist, 2010).

Os ecorrótulos, como são chamados, resumem informações ambientais complexas e fornecem uma heurística para a escolha dos consumidores. Idealmente, esses ecorrótulos podem gerar uma vantagem competitiva às empresas de produtos ambientalmente amigáveis.

Embora a embalagem venha sendo alvo dos ambientalistas, muitos produtos requerem algum tipo de embalagem, e usá-la para comunicar mensagens ambientais aos consumidores é econômico, em termos de uso de recursos. Também é potencialmente muito eficaz, uma vez que mais de 66% de toda decisão de compra é concluída dentro da loja (Prothero et al., 1997).

Nesse contexto, a comunicação com os consumidores e outros *stakeholders* sobre as questões ambientais é um grande desafio para as empresas.

Algumas dicas para a comunicação efetiva da sustentabilidade de um produto ou empresa sugerem que o comunicador:

- Forneça uma visão geral de seu produto e de suas ações, fazendo as conexões necessárias, considerando o longo prazo e derrubando mitos.

- Seja tecnicamente correto, mostrando confiabilidade e transparência e apresentando os fatos como realmente são.
- Seja arrojado, seduzindo e persuadindo o cliente, destacando-se e mostrando ser algo útil.
- Evidencie que pertence a um grupo, que participa de uma grande mudança global, iniciando uma conformidade positiva, juntando-se ao sucesso.
- Use de histórias para conseguir a empatia e despertar emoções no cliente, prendendo sua atenção.
- Use do otimismo na comunicação, mostrando que o desenvolvimento sustentável é possível, evitando, assim, a culpa.
- Ative o "botão da glória" em seu cliente, mostrando que o uso do produto sustentável fará dele uma pessoa melhor.
- Deixe claro que todos devem fazer parte da mudança de hábitos, quebrando estereótipos, usando imagens e linguagem inclusivas, atingindo a massa.
- Introduza novos modelos a serem seguidos, novos heróis, que possam ser admirados e usados como exemplo de comportamento.
- Use o círculo de pessoas na comunicação, relacionando as grandes ideias à vida das pessoas, dando a essas ideias um contexto familiar, que pode ser aplicado no cotidiano.

Uma questão fundamental sobre o valor e a credibilidade da comunicação verde tem sido o grau de abertura e a divulgação de informações significativas para o público em geral, tanto em relação à empresa como em relação ao produto. Assim, podemos apontar quatro princípios da comunicação verde, enumerados no Quadro 12.5. São eles: confiança, acessibilidade, divulgação e diálogo (Prothero et al., 1997).

A primeira dica afirma que se deve construir um relacionamento para conter a perda de confiança nos negócios e consequente liderança do negócio. No que diz respeito à acessibilidade do cliente à empresa, a abertura das instalações e de informações, particularmente em relação aos impactos ambientais das operações, é outro fator essencial.

Quadro 12.5: Os quatro princípios da comunicação verde.

Confiança: construída para conter perda de confiança nos negócios e garantir a liderança do negócio.
Acessibilidade: abertura de instalações e de informação, particularmente em relação aos impactos ecológicos.
Divulgação: voluntariamente por meio de relatórios ambientais das empresas.
Diálogo: para construir a confiança, aprender com as partes interessadas, conhecer suas preocupações e começar a desenhar esses princípios no processo decisório da empresa.

Fonte: adaptado de Prothero et al. (1997).

Além disso, a divulgação das ações e e dos dados ambientais, disponibilizados por relatórios ambientais das empresas, é de extrema importância. Por fim, o diálogo em toda a cadeia, com o intuito de construir uma relação de confiança, aprender com as partes interessadas, conhecer suas preocupações e utilizar os princípios no processo decisório da empresa é fundamental.

CONSIDERAÇÕES FINAIS

Para Srivastava (2007), o conceito de gerenciamento da cadeia de suprimentos verde (GCSV) teve sua origem na literatura disponível acerca de gerenciamento ambiental e gerenciamento da cadeia de suprimentos, sendo adicionado o componente "verde" em aspectos do gerenciamento da cadeia de suprimentos.

A cadeia de suprimentos, ou *supply chain*, bem como os processos de abastecimento são pontos estratégicos na mudança organizacional em direção à sustentabilidade. Os fatores motivadores internos às organizações para a adoção de práticas sustentáveis. Nesse sentido, estão focados em valores que o fundador da empresa, como centro focal da cadeia produtiva, pode exigir de seus membros a jusante e a montante. A melhoria na qualidade, o desejo de reduzir custos de forma inteligente e a pressão dos acionistas também podem contribuir para uma cadeia de suprimentos mais verde.

Por outro lado, enfrentam-se problemas associados aos custos de investimentos, principalmente para as pequenas e médias empresas (PME) aliados à falta de fiscalização do poder público a respeito das boas práticas de abastecimento. Até mesmo setores de atividades importantes, ligados à saúde pública, quando recebem fiscalização branda podem entender como estímulos a práticas que desrespeitam as normas sanitárias vigentes, entre outras complicações.

EXERCÍCIOS

1. Defina cadeia de suprimento sustentável. O que esse conceito muda na gestão das empresas fornecedoras?
2. Quais são as etapas de desenvolvimento de um produto verde?
3. Como é possível estabelecer uma comunicação verde organizacional (ao longo da cadeia de suprimentos)?

REFERÊNCIAS

BEARINGPOINT BUSINESS CONSULTING FIRM. 2008 Supply Chain Monitor: "How mature is the Green Supply Chain?" 2008.

BERGSTROM, K. et al. Professional food purchasers' practice in using environmental information. *British Food Journal*, v.107, n.5, 2005.

BIEL, A.; GRANKVIST, G. The effect of environmental information on professional purchasers' preference for food products. *British Food Journal*, v.112, n.3, 2010.

BROWN, D. It is good to be green: Environmentally friendly credentials are influencing business outsourcing decisions. *Strategic Outsourcing: An International Journal*, v.1, n.1, 2008.

CANNING, L.; HANMER-LLOYD, S. Trust in buyer-seller relationships: the challenge of environmental (green) adaptation. *European Journal of Marketing*, v.41, n.9/10, 2007.

ENARSSON, L. Evaluation of suppliers: how to consider the environment. *International Journal of Physical Distribution & Logistics*, v.28, n.1, 1998.

GANDY, P. A time for Green brands: A view from the 2007 ImagePower green brands survey. Disponivel em: <http://www.wpp.com/wpp>. Acesso em: 25 abr. 2009.

GREEN, K.; MORTON, B.; NEW, S. Purchasing and environmental management: interactions, policies and opportunities. *Business Strategy and the Environment*, v.5, n.3, p.188-197, 1996.

JABBOUR, A. B. L. S.; JABBOUR, C. J. C. Are supplier selection criteria going green? Case studies of companies in Brazil. *Industrial Management & Data Systems*, v.109, n.3, 2009.

LEITE, P. R. Logística reversa: nova área da logística empresarial. *Revista tecnológica*. São Paulo: Publicare, 2002.

MAFUD, M.D.; ROSSI, R.M.; NEVES, M.F. Sustentabilidade como um recurso estratégico: análise da influência do movimento verde no processo de seleção de fornecedores de alimentos no Reino Unido. Disponível em: http://www.anpad.org.br/diversos/trabalhos/3Es/3es_2013/2013_3Es91.pdf. Acessado em: 27 jun. 2016.

MESSELBECK, J.; WHALEY, M. Greening the health care supply chain: Triggers of change, models for success. *Corporate Environmental Strategy*, v.6, n.1, 1999.

MIN, H.; GALLE, W. P. Cyber-purchasing strategies: trends and implications. *International Journal of Purchasing and Materials Management*, v.33, n.3, 1997.

_____. Green Purchasing Practices of US Firms. *International Journal of Operations & Production Management*, v.21, n.9, 2001.

PROTHERO, A. et al. Communicating greener strategies: a study of on-pack communication. *Business Strategy and the Environment*, v.6, 1997.

SARKIS, J. Supply chain management and enviromentally conscious design and manufacturing. *International Journal of Environmentally Conscious Design and Manufacturing*, v.4, n.2, 1995.

_____. How green is the supply chain?: Practice and research. Disponível em: <http://papers.ssrn.com/sol3/papers.cfm?abstract_id=956620>. Acesso em: 15 out. 2009.

SRIVASTAVA, S.K. Green supply-chain management: a state-of-the art literature review. *International Journal of Management Reviews*, v.9, p. 53-80, 2007.

WALTON, S.V.; HANDFIELD, R.B.; MELNYK, S.A. The green supply chain: integrating suppliers into environmental management processes. *Journal of Supply Chain Management*, v.34, n.1, p.2-11, 1998.

13 | Construções verdes: uma alternativa sustentável para a construção civil

Mirna de Lima Medeiros
Stella Ribeiro Alves Corrêa

INTRODUÇÃO

São muitas as evidências da finitude e exaustão de significativa parcela de recursos naturais. A necessidade exponencial do uso desses recursos para as crescentes demandas populacionais do mundo faz com que surjam cada vez mais pessoas e instituições envolvidas com a responsabilidade de alarmar a sociedade quanto aos riscos eminentes à perpetuação da vida no planeta Terra, assim como de garantir pesquisas que construam alternativas mais verdes às atividades humanas. O colapso é destino certo se as mudanças de hábitos de consumo e tecnologias de produção não sofrerem significativas mudanças (Scotto, Carvalho e Guimarães, 2007). Além dos hábitos de consumo, as estimativas de crescimento populacional[1] também permitem inferir que haverá uma pressão intensa sobre o uso de recursos, bem como um desafio à infraestrutura existente.

Assim, o debate tem abarcado uma série de contextos, incluindo o setor da construção civil, que é apontado, em muitos casos, como um dos grandes

---

1 A Organização das Nações Unidas (ONU) estima que a população mundial deve chegar a cerca de 9,1 bilhões de pessoas em 2050, e o crescimento de mais de 2,6 bilhões de pessoas é previsto em um período de apenas 45 anos (ONU, 2005).

consumidores de recursos naturais. O escopo dessas discussões se dirige às construções, principalmente no Brasil, onde o setor imobiliário vem apresentando um substancial crescimento em razão de programas do Governo Federal como o "Minha Casa Minha Vida", além de iniciativas de empresas privadas que permitirão maior espaço da construção civil na composição do produto interno bruto (PIB) nacional.

Martinez (2003) aponta que na Agenda 21, elaborada no ano 2000, já há trechos que tratam da construção e que eles estabelecem, entre outras questões, que os governos devem estimular a indústria de construção a promover métodos e tecnologias disponíveis localmente, apropriados, exequíveis, seguros e ambientalmente eficientes em todos os países, em especial naqueles em desenvolvimento, fomentando métodos de economia de energia e estabelecendo ações referentes a planejamento, desenho, construção, manutenção, reabilitação, obtenção, uso e promoção de materiais de construção sustentáveis à produção destes.

Uma discussão relevante no tocante à aplicação dos conceitos do desenvolvimento sustentável na construção civil se refere ao consumo de matérias-primas. Nesse sentido, pode-se destacar informações sobre o consumo de potências econômicas como Japão e Estados Unidos. Kasai (1998) menciona que tal indústria consome 50% dos materiais no Japão. Já Matos e Wagner (1999) comentam que para os Estados Unidos o percentual é de 75% da matéria-prima bruta. A indústria de construção é responsável, sozinha, por 5% de emissão de gás carbono mundial. O Green Building Council Brasil (GBC Brasil, 2009) justifica o dado comentando que, para cada tonelada de cimento produzido, são gerados 600 kg de CO_2 na natureza e consumidos 2.200 kWh de energia elétrica. Acrescenta, ainda, que 90% da madeira extraída no país é utilizada na construção de empreendimentos e que a utilização das matérias-primas e o método usado nas construções geram muito desperdício e gastos desnecessários. Através de novos métodos, consciência e respeito, poder-se-ia consolidar obras com baixo consumo de água e energia, uso de novos materiais da biodiversidade, reciclagem de lixo, entre outras questões.

Nota-se que algumas empresas do setor já perceberam que as boas práticas ambientais, como utilização de madeira de reflorestamento e sistemas de reaproveitamento de água das chuvas para irrigação e limpeza de áreas comuns em condomínios, têm sido consideradas pelos potenciais compradores nas suas decisões; assim, passam a adequar suas técnicas aos métodos mais ecologicamente corretos, fazendo também uma elevada propaganda desse novo perfil. Ser "verde" em métodos construtivos é visto como uma possível estratégia para se atingir maior *market share*, melhoria de imagem institucional e conquista de alguns financiamentos específicos.

Degani (2003) afirma em seu estudo que o movimento pelas construções verdes vem sendo impulsionado principalmente por pressões externas às empresas, como legislações mais rigorosas e regulamentações governamentais cada vez mais contundentes. Entre elas, a autora cita que a exigência ambiental federal que tem sido mais aplicada às atividades das construtoras refere-se aos impactos ambientais causados pelas edificações. Para aprovação de projetos nas diversas esferas, incluindo as municipais, são necessários estudos prévios dos impactos, compreendendo uso dos solos, fauna e flora pertencentes à região – os chamados Estudos de Impacto da Vizinhança (EIV), que procuram analisar o que a implantação de uma nova edificação pode causar aos sistemas ambientais da região, além de outras determinações previstas pela legislação ambiental brasileira. A autora cita ainda, dentre demais leis e decretos sobre o tema, a resolução Conama n. 307, publicada em 05 de julho de 2002, em vigor desde 02 de janeiro de 2003, que trata mais especificamente da destinação dos resíduos provenientes da construção civil (Brasil, 2002).

Independentemente da motivação ou incentivo, é notável que construções sustentáveis, também chamadas de verdes, limpas, ecoeficientes, entre outros termos, apresentam-se como uma tendência no setor de construção civil. Há um crescente interesse na redução de impactos ambientais associados ao setor, seja na fase de produção de materiais e componentes para a edificação, seja em sua construção, seu uso ou sua demolição. Por tal fato, faz-se importante definir esses termos e discutir algumas questões, como custo-benefício e certificações existentes. Tais tópicos serão abordados no decorrer deste capítulo.

O QUE SÃO CONSTRUÇÕES VERDES?

O termo "construção sustentável" foi proposto originalmente para descrever a responsabilidade da indústria de construção em buscar o desenvolvimento sustentável, ou seja, o crescimento que considera impactos ambientais e sociais. Cidell e Cope (2014) apontam que o conceito de construções verdes, ou da redução deliberada do impacto das estruturas por meio do processo de desenho e construção, já existe desde os anos de 1800, mas só ganhou maior rigor por volta de 1999. A primeira conferência internacional sobre construções sustentáveis ocorreu no ano de 1994, nos Estados Unidos, e um dos maiores objetivos dessa conferência foi dar progresso à nova disciplina que pode ser chamada de construção sustentável ou construção verde. Os organizadores da conferência propuseram que as construções sustentáveis significam a criação de um ambiente construído de forma saudável, utilizando princípios ecologicamente embasados e trabalhando melhor a eficiência dos recursos (Hill e Bowen, 1997).

Segundo o GBC Brasil, no modo de construção tradicional, a qualidade do ambiente interno é frequentemente inadequada e até mais poluída, devido aos tipos de materiais utilizados, iluminação inadequada, entre outras variáveis. Os *green buildings* seriam uma alternativa a esse problema, pois "são localizados, construídos e operados para elevar o bem-estar de seus ocupantes e para minimizar os impactos negativos na comunidade e no ambiente natural" (GBC Brasil, 2009).

Essa mesma entidade define, simplificadamente, os edifícios verdes como edifícios que permitem aos usuários uma atitude mais responsável em relação à energia e aos recursos naturais. Mais do que algo estanque, o conceito envolve um conjunto de práticas que busca eficiência no ciclo de vida da edificação. Tais práticas incluem localização, design, construção, operação, manutenção, remoção de resíduos, preservação da biodiversidade e promoção de uma sociedade mais responsável.

Cita, ainda, que alguns fatores de importância desse tipo de construção podem contribuir para redução de custos e incremento de benefícios tanto na construção como na operação do empreendimento. Alguns desses fatores estão listados no Quadro 13.1.

Quadro 13.1: Benefícios das construções verdes pré e pós-implementação.

Construção	Operação
• Promove uma gestão sustentável da implantação da obra. • Incorpora tecnologias de eficiência no uso da água e da energia, consumindo, assim, uma quantidade mínima de energia e água na implantação da obra. • Utiliza-se de matérias-primas ecoeficientes. • Considera a comunidade local no planejamento. • Reduz os resíduos e contaminação da construção e demolição. • Preza a reciclagem. • Aumenta o valor da venda e percepção de marcas ou edificações específicas. • Reduz riscos regulatórios.	• Fornece um ambiente mais saudável e confortável. • Proporciona melhorias de saúde e níveis de produtividade. • Incorpora tecnologias de eficiência no uso da água e da energia, consumindo, assim, uma quantidade mínima de energia e água ao longo de sua vida útil. • Aumenta o valor de revenda. • Incrementa o valor das ações das empresas (construtora e contratante). • Inclui tecnologias de energia renovável. • Melhora a qualidade do ar interno e a satisfação dos ocupantes. • É de fácil manutenção e construído para durar. • Reduz custos operacionais tais como manutenção e renovação.

Fonte: elaborado com base em EY/GBC BRASIL (2013); Hill e Bowen (1997); Kats (2010); Zuo e Zhao (2014).

Pelo supracitado, pode-se inferir que edifícios verdes são construções que, por meio da tecnologia envolvida em sua construção e operação, procuram impactar o mínimo possível o meio ambiente. Isso seria possível por intermédio de sistemas de uso racional de água e energia elétrica, utilização de insumos que não agridem a natureza, como utilização de madeira de reflorestamento e pisos de acabamento externo com grande poder de permeabilidade.

Ao abordar a ideia de construções sustentáveis, Chwieduk (2003) salienta que vários passos são necessários para que se cumpra a gestão racional de energia e água, a conservação do solo e dos materiais, o uso inteligente dos recursos do meio ambiente e a qualidade dos ambientes interno e externo. De acordo com o grau de atendimento a tais aspectos, a autora classifica as construções em três níveis: energeticamente eficientes (*energy-efficient buildings*), ecoamigáveis (*environmentally-friendly buildings*) e sustentáveis (*sustainable buildings*).

O edifício energeticamente eficiente possui um invólucro adequado, suas propriedades térmicas são eficazes, todos os sistemas elétricos, de aquecimento e resfriamento operam sob controle e com alta eficiência e a recuperação do calor e ventilação natural é aplicada. Isso certamente faz com que a construção consuma menores quantidades de energia e, por tal fato, gere menos impactos no ambiente. Porém, pensar em todos esses itens é apenas parte do problema, pois há ainda a questão sobre a escolha da fonte a ser utilizada na produção energética, quanto do ambiente será poluído de acordo com o método específico de geração de energia, entre outras.

A ideia dos edifícios ecoamigáveis é usualmente implementada ao se aplicar, além das soluções-padrão de redução de consumo de energia, inovações tecnológicas e medidas baseadas em recursos renováveis ou reutilizáveis. Quando a performance energética e os padrões de qualidade ambiental internos e externos atingem uma qualidade apropriada, são desenvolvidas as chamadas construções sustentáveis, que prezam pela energia, água, materiais e outras questões.

Martinez (2003) expõe que os elementos-chave das construções sustentáveis são: redução do uso de fontes energéticas e de recursos minerais; conservação das áreas naturais e da biodiversidade; e manutenção da qualidade do ambiente construído e de um interior saudável. Esse direcionamento da indústria construtiva para o desenvolvimento sustentável se apoia, segundo a autora, nos seguintes pilares: reciclagem e conservação dos recursos; melhoramento da durabilidade das estruturas; uso e aproveitamento de subprodutos de outras indústrias, que são habitualmente considerados resíduos.

John et al. (2005) citam que o projeto da Organização para a Cooperação e Desenvolvimento Econômico (OECD, na sigla em inglês) delineia cinco objetivos para as construções sustentáveis:

- Eficiência do uso dos recursos.
- Eficiência energética (incluindo redução de emissões de gases do efeito estufa – GEE).
- Prevenção da poluição (incluindo qualidade interna do ar e redução dos ruídos).
- Harmonização com o meio ambiente.
- Abordagens integradas e sistêmicas.

Os autores colocam ainda que essa forma de construir considera toda a vida das construções, levando em conta a qualidade ambiental, funcional e os valores futuros.

Alguns autores salientam que as construções verdes (sustentáveis) perpassam por inúmeras práticas e atitudes em busca de uma qualidade integral, contemplando os aspectos de performance econômica, social e ambiental (Hill e Bowen, 1997; John et al., 2005). Hill e Bowen (1997) colocam, além desses, o aspecto técnico em evidência nas suas discussões. Essa visão subentende que deve haver uma preocupação com os impactos da construção, em termos de si mesmos, dos arredores imediatos e de horizontes regionais e globais mais amplos.

O pilar social se baseia na noção de equidade social ou justiça social. Esse talvez seja o componente mais difícil de atingir na perspectiva de projetos individuais de construções sustentáveis. O pilar biofísico requer o desenvolvimento da qualidade de vida humana através da consideração dos ecossistemas. O pilar técnico não necessariamente quer dizer as estruturas ou obras que irão durar por milhares de anos, mas um vasto número de conceitos que se relacionam ao desempenho, qualidade e vida útil de uma edificação ou estrutura.

Hill e Bowen (1997) se preocupam com a definição e também com a operacionalização das construções sustentáveis e delineiam alguns princípios para cada um dos pilares das construções sustentáveis. De forma prescritiva, apresentam o que chamam de um conjunto de princípios fundamentais orientados ao processo. Esse apanhado de ações, quase um guia básico para a implementação e valorização de todos os pilares, é listado no Quadro 13.2. Uma importante ressalva feita pelos autores é que a otimização dos princípios, inseridos nos pilares, nem sempre é possível e algumas trocas e concessões podem ser necessárias. Contudo, alguns dos princípios não podem ser considerados prioridades imediatas, o que não significa que eles devam ser ignorados. Ainda destacam que é possível buscar algumas soluções criativas que satisfaçam alguns dos pilares conflitantes.

Uma vez apresentados alguns conceitos para as construções verdes, a seção que segue tratará de diversos pontos colocados por estudiosos como pontos favoráveis, que podem estimular à adoção de construções verdes.

Quadro 13.2: Princípios da construção sustentável.

Princípios orientados ao processo de construções sustentáveis	
Princípios centrais de um projeto para avaliação e aplicabilidade de cada pilar	
• Realizar avaliação prévia das atividades propostas. • Envolver as pessoas potencialmente afetadas pelas atividades propostas no processo de tomada de decisão. • Promover colaborações interdisciplinares e parcerias entre vários *stakeholders*.	• Reconhecer a necessidade de comparar as alternativas de ação. • Utilizar um arcabouço de ciclo de vida. • Utilizar uma abordagem sistêmica. • Exercitar a prudência. • Cumprir com as legislações e regulamentos relevantes. • Estabelecer um compromisso voluntário com a melhoria contínua de desempenho. • Gerir as atividades entre o conjunto de alvos, monitorando, avaliando, fornecendo *feedback* e autorregulação ao progresso. • Identificar sinergias entre o ambiente e o desenvolvimento.
Pilar 1: Sustentabilidade social	**Pilar 2: Sustentabilidade econômica**
• Melhorar a qualidade da vida humana, incluindo a amenização da pobreza. • Proteger e promover a saúde humana por meio de um ambiente de trabalho seguro e saudável. • Implementar habilidades treinando e aumentando a capacidade de pessoas debilitadas. • Buscar uma distribuição justa e equitativa dos custos sociais da construção. • Buscar uma distribuição equitativa dos benefícios sociais da construção. • Buscar equidade intergeneracional.	• Assegurar retornos financeiros para os beneficiários pretendidos. • Promover a criação de empregos. • Usar contabilidade de custos totais e precificação de custos reais para estabelecer preços e tarifas. • Aumentar a competitividade no mercado através da adoção de políticas e práticas que avancem na sustentabilidade. • Escolher fornecedores e empreiteiros que sejam ambientalmente responsáveis. • Investir parte dos prosseguimentos do uso de fontes não renováveis de energia no capital social e humano, para manter a capacidade de atender às necessidades das gerações futuras.
Pilar 3: Sustentabilidade biofísica	**Pilar 4: Sustentabilidade técnica**
• Reduzir o uso de quatro recursos genéricos em construções: energia, água, materiais e solo. • Maximizar o uso dos recursos e/ou reciclar. • Usar recursos renováveis em detrimento dos não renováveis. • Minimizar a poluição em âmbitos globais e locais. • Criar ambientes saudáveis e não tóxicos. • Manter e restaurar a vitalidade terrestre e a diversidade ecológica. • Minimizar os dados a paisagens sensíveis, incluindo as cênicas, culturais, históricas e arquitetônicas.	• Construir estruturas duráveis, confiáveis e funcionais. • Buscar a qualidade ao criar um ambiente construído. • Usar a habilidade de serviço para promover construções sustentáveis. • Cuidar e revitalizar a infraestrutura urbana já existente com foco na reconstrução do uso misto de vizinhos pedestres.

Fonte: adaptado de Hill e Bowen (1997).

POR QUE REALIZAR CONSTRUÇÕES VERDES?

Dados da organização não governamental (ONG) Ecoatitude, do GBC Brasil e do Governo Federal mostram que a construção civil representa 8% do PIB nacional, porém, gera em média 50% dos resíduos sólidos das cidades brasileiras, consumindo de 15 a 50% dos recursos naturais extraídos. A construção de edifícios é responsável pelo consumo de quase 50% da energia elétrica produzida e 21% da água usada no Brasil.

A construção sustentável baseia-se na redução dos resíduos pelo desenvolvimento de tecnologias limpas, na utilização de materiais recicláveis, reutilizáveis ou secundários e na coleta e disposição de inertes. Mas por que as construções verdes se apresentam como uma possibilidade e, talvez, até como uma tendência de mercado cada vez mais perseguida por empresários e desejada pela sociedade em geral?

Pode-se dizer que as construções verdes compõem apenas uma dimensão de uma vasta gama de produtos verdes e sustentáveis. Em função do despertar da consciência ecológica e da necessidade de se produzir de forma sustentável, produtos e serviços vêm ganhando uma conotação ambiental e incorporando conceitos de ecoeficiência para garantir a entrega de valor ao consumidor, protegendo e usando de forma racional os recursos naturais e humanos disponíveis.

Esses produtos verdes que hoje tanto chamam a atenção de consumidores finais e intermediários começaram a ser produzidos em maior escala e com mais tecnologia produtiva agregada na década de 1990, a chamada "Década verde" ou "Era verde", nome dado em função do aparecimento de inúmeros estudos, teorias e processos produtivos voltados à proteção do meio ambiente e à racionalização e uso inteligente de recursos. Naquela época surgia o pressuposto de que a ineficiência seria resultado direto da emissão de poluição e da indiferença aos aspectos ambientalmente sustentáveis de produção (Porter e Linde, 1995).

Podemos considerar essa preocupação com o meio ambiente como algo muito discutido, porém bastante recente para que atinja maturidade suficiente para cumprir seu propósito com eficácia garantida. Reais preocupações com o meio ambiente e a necessidade do despertar de empresas e sociedade civil se intensificam na década de 1960 com a publicação de *Primavera silenciosa*, de Rachel Carson, e se difundem na década de 1970, mais precisamente em 1972, com a Conferência das Nações Unidas sobre o Meio Ambiente. Especificamente no Brasil, as preocupações ambientais vieram com maior força na década de 1980, com a promulgação da Lei n. 6.938/81, que, à época, tratou de instituir a Política Nacional do Meio Ambiente, e com o "enriquecimento verde" da Constituição Federal de 1988, que foi complementada com princípios fundamentais relativos à preservação ambiental (Brasil, 1988).

É uma ideia equivocada, entretanto, imaginar que essas preocupações iniciais com a preservação do meio ambiente foram responsáveis por uma mudança imediata no comportamento de compra dos consumidores e nas estratégias de produção e vendas das empresas. Na década de 1980 as pessoas estavam mais preocupadas em se proteger da economia da época, caracterizada por uma desaceleração no modelo de desenvolvimento e processos inflacionários. No ano de 1979, o modelo de crescimento possibilitado pelos financiamentos externos entrou em crise, resultando em um constante aumento de preços, queda nos níveis de poupança e expansão dos desníveis sociais.

Além do foco da preocupação ser econômico e não ambiental, pode-se afirmar que as empresas da época não conseguiam ainda estabelecer uma dependência entre as estratégias ambientalmente corretas e a geração de lucros otimizados nos negócios. Com tantas preocupações econômicas, inexistência de um consenso geral sobre sustentabilidade e falta da disseminação de consciência ambiental, as empresas se preocupavam mais em recuperar seus investimentos e menos em preservar o meio ambiente, sem saber que esses dois fatores poderiam se relacionar de forma diretamente proporcional.

Em função desse contexto, pode-se dizer que as ações voltadas ao conceito de sustentabilidade partiram do princípio da preocupação, ou seja, inicia-se um pensamento cauteloso, mas não existe ainda uma conscientização arraigada. A conscientização seria o próximo passo e o fator responsável por estabelecer um elo com a utilização da sustentabilidade como estratégia de *market share*, agregação de valor e economia de recursos.

Durante muito tempo as investidas ambientais não eram vistas como fatores capazes de gerar lucros para as empresas ou como uma estratégia eficaz de economia de recursos e otimização de investimentos no longo prazo. Os produtos verdes permaneciam com uma participação pequena de mercado. As razões para a quase perpetuação desse contexto residem em três realidades históricas: a caracterização dos primeiros investimentos em produtos ou abordagens verdes, a caracterização do produto verde propriamente dito e a forma de comunicação utilizada para divulgar e persuadir as pessoas a comprarem esse tipo de produto.

Os primeiros pequenos investimentos em sustentabilidade ou preservação ambiental que apareciam eram caracterizados por serem involuntários, geralmente desembolsados por pressões legais, aspectos mercadológicos ou, ainda, por pura prática de filantropia (Scharf, 2004). Em relação aos produtos verdes, pode-se dizer que os primeiros produtos lançados com essa abordagem sustentável falhavam em seus propósitos, pois não eram realmente capazes de promover performances ambientais positivas, e os benefícios eram questionáveis (Polonsky e Ottman, 1998). Além disso, os chamados "produtos verdes" eram oferecidos e comunicados apenas para o "consumidor verde", quando, na verdade, precisariam ser comunicados aos vários tipos de consumidores (Rex e Baumann, 2007).

Os *green buildings* ou as construções sustentáveis são denominados produtos verdes em função de algumas características que remetem à gestão inteligente de recursos e ao reaproveitamento deles. Sabendo o quão importante é essa estratégia para o meio ambiente, por que então as empresas da construção civil ainda não optam por esse tipo de empreendimento?

É preciso dizer que, para uma construção ser considerada sustentável, ela precisa passar por uma série de análises que avaliarão pré-requisitos de classificação. Algumas formas de se comprovar tal fato são por meio da obtenção de certificações idôneas e criteriosas (fato que será tratado mais adiante neste item). Além disso, é preciso considerar que, antes de convencer o consumidor final, é preciso que os empresários estejam convencidos de que o *green building* é uma estratégia economicamente viável e capaz de otimizar os resultados empresariais. Afinal, é praticamente impossível a discussão de novas estratégias sem a vinculação destas a um fator econômico-financeiro positivo.

Na década de 1990 as construções verdes começaram a se destacar em razão da prova de que se podia economizar recursos no longo prazo e de que essas construções não falhavam mais na funcionalidade e entrega de valor como os primeiros produtos verdes. As empresas construtoras perceberam que as boas práticas ambientais seriam transformadas em atributos de produto relevantes para potenciais consumidores e, assim, passaram a adequar suas técnicas aos métodos mais ecologicamente corretos.

Acredita-se que, além das pressões ambientais, os empresários são compelidos a optar por esse tipo de construção em função do retorno financeiro possível no longo prazo. Esses retornos seriam possibilitados por dois fatores básicos: a escolha dos clientes por produtos ecologicamente corretos e a economia de recursos no longo prazo, ambos fatores capazes de otimizar a performance financeira do negócio. No caso da escolha dos consumidores para a compra de um imóvel, pode-se dizer que o produto caracterizará a opção de compra como algo que exige alto envolvimento, o que gera uma grande preocupação em se fazer a escolha de forma correta.

Abordando a questão da economia de recursos e da melhora da performance financeira, cabe aqui citar os autores Carter e Rogers (2008). Ao discorrerem sobre a aplicação de ferramentas e filosofias sustentáveis no gerenciamento da cadeia de suprimentos, principalmente no que tange ao uso racional de recursos, propõem uma reflexão para resolver se essas estratégias são realmente capazes de cumprir com seu propósito financeiro. Para os autores, é preciso reconhecer que comportamentos sociais e ambientais são, por vezes, economicamente positivos, e outras vezes não. Então, propõem uma problemática: essas estratégias verdes realmente compensam?

Para que empresários pudessem constatar e avaliar questões financeiras, o GBC Brasil desenvolveu uma cartilha com o objetivo de disseminar informações a respeito das construções sustentáveis. Esse documento discorre parcialmente sobre aspectos financeiros e econômicos que permeiam as escolhas dos construtores em função dos lucros e retornos financeiros que pretendem auferir no curto, médio e longo prazo. A cartilha propõe um balanceamento entre os benefícios gerados por uma construção verde (aos negócios) e os custos incorridos para esse tipo de construção. Segundo o documento, os benefícios que podem impactar de forma direta na otimização dos rendimentos são:

- Construções verdes têm aceitação maior, ou seja, órgãos se opõem menos às construções ambientalmente responsáveis; com isso, a empresa pode ter um custo menor de capital.
- Os sistemas mecânicos podem ser eliminados ou pelo menos reduzidos em função do desenvolvimento e utilização de projetos inteligentes de energia.
- Os incorporadores podem gerir seus negócios de forma a criar uma marca sustentável, gerando credibilidade ao negócio e à imagem institucional.

A revista *Arquitetura & Construção* (2007), especializada do setor, também abordou o tema construção sustentável, trazendo informações relevantes sobre o custo de uma construção verde. Segundo reportagem publicada na edição de novembro de 2007, as vantagens de se construir de forma "verde" são percebidas pelos decréscimos nos custos operacionais (de 8% a 10%), aumento no valor dos ativos (8%), aumento da taxa de ocupação do imóvel (4%) e aumento no valor de locação (3%).

Outra pesquisa que se propôs a estudar os custos e os benefícios financeiros da construção verde foi desenvolvida por Kats (2010). O autor procurou em seu estudo estabelecer os custos médios da construção verde em contraste com os benefícios financeiros a longo prazo, possibilitados pela caracterização sustentável das construções. Para que essa pesquisa pudesse ser realizada, 170 construções verdes, certificadas com o selo Leed[2] do GBC, ao longo do território dos Estados Unidos, foram avaliadas e comparadas com construções convencionais do mesmo padrão.

Segundo os estudos do autor, o custo adicional varia consideravelmente, de ligeiras economias até 18% de custo adicional, e a média de aumento de custo é de 1,5%. Esse aumento nos custos pode variar em função da característica da certificação (níveis 1, 2, 3 e 4) – o maior aumento avaliado em uma construção verde foi de nível 4, conhecida como certificação *platinum* ou platina; do tipo de edificação – maior em grandes edifícios; e da habilidade

---

2 *Leadership in Energy and Environmental Design* (Leed) é uma certificação de responsabilidade do GBC, sobre a qual se falará mais adiante neste capítulo.

e experiência da equipe de projeto e obra e consequentes estratégias de sustentabilidade escolhidas, pois destaca-se que a integração precoce de metas sustentáveis ao processo de projeto é importante ao alcance da rentabilidade. Na Figura 13.1 são expostas as frequências de faixas de custos adicionais encontrados no estudo de Kats (2010).

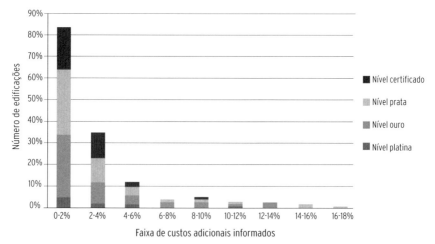

Figura 13.1: Frequência do aumento dos custos de construção conforme o nível de certificação Leed.

Fonte: Kats (2010).

O autor conclui que, apesar do custo em construções que incorporam mais elementos sustentáveis tender a ser mais alto, esse custo não pode ser universalizado como verdadeiro nem para a amostra em questão, pois algumas construções com certificado Leed ouro e platina tiveram incrementos de custo menores do que 2%. Além disso, um dos principais achados do autor é que edificações sustentáveis podem ser construídas com pouco ou nenhum incremento de custo, enquanto edifícios ligeiramente sustentáveis podem ter um substancial incremento de custo.

Para que a avaliação do aumento médio nos custos pudesse ser feita de forma crítica, o autor se preocupou em calcular também os benefícios financeiros possibilitados pelas construções verdes, ou seja, justificar essa modalidade de construção não só pela sua proteção ao meio ambiente mas também como uma estratégia de otimização do desempenho financeiro a longo prazo. A pesquisa avaliou o consumo médio de energia, o nível de produtividade, de saúde das pessoas, de emissão de poluentes, de consumo de água e custos de manutenção. A pesquisa de Kats (2010) demonstrou que, em comparação a construções convencionais do mesmo padrão, as construções verdes apresentam redução dos gastos energéticos de menos de 10% a mais de 100%, ou seja, podem gerar mais energia do que consomem; a média de redução é de 34%, variando conforme o tipo de certificação, edificação e equipe.

O EY/GBC Brasil (2013) aponta que o custo de construção verde é, em média, de 1 a 7% superior a uma construção tradicional, entretanto o retorno sobre o investimento é 9,9% superior (no caso de novas construções) e 19,2% superior (em edificações existentes). Além disso, o investimento em construção sustentável pode reduzir as despesas condominiais (energia, água e custos operacionais, tais como manutenção e renovação) em até 10% ao longo da vida útil do prédio (calculado com base em uma expectativa entre 50 e 60 anos).

Pensando nas empresas que optam em ter suas instalações físicas e prediais com aspectos sustentáveis, fica claro que a implantação de certificações ambientais é financeiramente compensadora, fazendo com que as empresas tenham um tipo de benefício indireto: o reconhecimento de sua ação e a possível valorização de sua imagem institucional e reputação. A valorização de uma marca pode ser fator importante no aumento do *market share*, que, por sua vez, afetará indiretamente, porém de forma positiva, os números da empresa.

Há também estudos recentes que relacionam a distribuição de construções verdes com fatores políticos e econômicos apontando, por exemplo, possibilidades de políticas e incentivos no caso de construções privadas e de parâmetros para as públicas (Cidell e Cope, 2014). Além disso, aponta-se o incremento do valor das propriedades, bem como de seus arredores, e potencial aumento da produtividade e conforto das pessoas que moram, trabalham ou frequentam esse tipo de edificação (Altomonte e Schiavon, 2013; Cidell e Cope, 2014; Freybote, Sun e Xi, 2015; Todd, Pyke e Tufts, 2013; Yang, 2013).

Por outro lado, considerando as empresas da construção civil que trabalham para servir diretamente o consumidor final, poder-se-ia pensar que a abordagem da melhora no desempenho financeiro pelo conceito do *green building* não seria tão relevante, já que a economia de recursos de longo prazo seria para o consumidor e não para a empresa. Porém, a empresa que pensar dessa forma e não se lembrar das mudanças que ocorrem no ambiente e que alteram desejos, necessidades e comportamento de compra do consumidor estará contribuindo diretamente para a própria extinção. Contribuir com o ambiente e proteger os recursos é mais que uma tendência, é uma necessidade que se deve fazer presente no dia a dia das organizações e deve ser constantemente praticada.

Apresentar-se-á a seguir uma das mais renomadas e reconhecidas certificações de construções verdes a fim de deixar mais claro, como um todo, esse conceito.

O PROCESSO DE CERTIFICAÇÃO AMBIENTAL NA CONSTRUÇÃO CIVIL

Primeiro, é necessário lembrar que, ao se falar em processo de certificação ambiental, temos, no Brasil, desde as normas ISO 14000, 14001 e suas revisões, o selo Procel de eficiência energética e outros específicos para madeira de reflorestamento e extração de carvão até selos e sistemas de certificação internacionais, tais como o Breeam, desenvolvido pelo *Building Research Establishment* do Reino Unido e considerado o pioneiro sistema de certificação ambiental para edifícios; o método de certificação francês, que certifica a gestão do empreendimento pela SMO (*Système de Management de l'Opération*) e a qualidade ambiental pela QEB (*Qualité Environnementale du Bâtiment*); o método Casbee (*Comprehensive Assessment System for Building Environmental Efficiency*) japonês; o sistema LiderA, certificação portuguesa desenvolvida pelo Instituto Superior Técnico da Universidade Técnica de Lisboa; e o selo Leed (*Leadership in Energy and Environmental Design*), do GBC. Segundo Cole e Valdebenito (2013), os dois métodos mais bem estabelecidos mundialmente são o Breeam e o Leed.

O Leed firmou-se nos Estados Unidos como o sistema de avaliação mais influente e vem exportando essa influência para outros países; é adotado por construtores em mais de 41. Comparado a outras certificações, é mais realista, pois engloba toda a edificação e não apenas partes ou processos (Hernandes,

2006; Kohler, 1999; GBC Brasil, 2009; USGBC, 2012). Tendo em vista tal fato, dar-se-á aqui preferência por explanar essa certificação em particular. Destaca-se, ainda, que o sistema LEED tem grande visibilidade no Brasil; é bastante citado em artigos e publicações especializadas em construção civil, além de programas jornalísticos e periódicos do país. Além disso, o Brasil é o quarto no *ranking* mundial de construções verdes com tal certificação: possui 51 prédios certificados e 525 em processo de certificação, ficando atrás apenas dos Estados Unidos, Emirados Árabes Unidos e China (GBC Brasil, 2012).

Leed é a sigla em inglês para liderança em energia e design ambiental e refere-se a um programa de certificação e *benchmarking* para design, construção e operação de construções verdes de alta performance. Foi criado e é gerido pelo GBC dos Estados Unidos (USGBC) para reconhecer a liderança na concepção de ambientes, tanto comerciais como residenciais, quer na construção ou renovação. Sua primeira versão foi lançada em 1998, no entanto, o ferramental está em aperfeiçoamento e adaptação constante. A versão mais atual é o Leed v.4, lançado em 2012. O Leed promove uma abordagem total da construção reconhecendo cinco áreas essenciais para a saúde ambiental e humana: seleção de materiais e recursos; energia e atmosfera; desenvolvimento de espaço sustentável – site; qualidade ambiental interna; uso racional da água; e uma área opcional de inovação em design (GBC, 2008; USGBC, 2012).

O Leed certifica construções que conseguem maior eficiência em custos e agregação de valor, que reduzem a demanda de resíduos em aterros, que economizam em energia e água e que, entre muitas outras práticas, apontam que os construtores estão comprometidos com a saúde dos ocupantes de seus empreendimentos, que os proprietários dos edifícios adotam práticas de responsabilidade social e de cuidado com o meio ambiente onde as construções estão inseridas. Há tipos de certificações específicos, divididos entre as seguintes categorias principais: novas construções e grandes projetos de renovação (Leed NC); desenvolvimento de bairro ou localidades (Leed ND); projetos da envoltória e parte central do edifício (Leed CS); lojas de varejo (Leed Retail NC e CI); unidades de saúde (Leed Healthcare); operação de manutenção de edifícios existentes (Leed EB_OM); escolas (Leed Schools); e projetos de interiores e edifícios comerciais (Leed CI).

Nesse sistema de certificação, os estabelecimentos que atingem a pontuação equivalente ou superior a 40 entre os pontos disponíveis no *checklist* de quesitos são considerados certificados e podem alcançar quatro níveis, conforme a ordem crescente de requisitos atendidos: *certified, silver, gold* e *platinum* (USGBC, 2012). Anteriormente os créditos eram igualmente distribuídos de acordo com os fatores estabelecidos; contudo, o sistema de notas do Leed tem se aperfeiçoado ao longo do tempo. Atualmente há maior flexibilidade e a possibilidade de "créditos prioritários" ou "créditos-extra" ao se escolher os elementos mais relevantes regionalmente (Cidell e Cope, 2014; Todd, Pyke e Tufts, 2013).

Para que um empreendimento seja certificado em qualquer uma das graduações citadas, os responsáveis devem seguir os procedimentos indicados pelo GBC. Cada uma das indicações – relativas a equipamentos (como sistemas de reutilização de água de chuvas, por exemplo) e métodos utilizados no canteiro de obras, passando pelos fornecedores e posterior manutenção e utilização desses espaços com o empreendimento em funcionamento – gera pontos, acumulados durante o processo de certificação. Procedimentos adicionais utilizados em um projeto e que não constam nas categorias básicas de pontuação podem ser considerados itens de inovação, que podem garantir pontos extras.

No Brasil, a representação do GBC é feita pelo GBC Brasil, que teve suas atividades iniciadas em 2004. Segundo dados fornecidos pelo GBC Brasil, vem ocorrendo uma evolução ascendente das solicitações de processos de certificação ambiental do Leed nos últimos anos. Essa tendência de crescimento no Brasil acompanha a tendência mundial do número de certificações do Leed no mundo nos últimos anos, e é entendida como positiva, uma vez que as certificações são dadas apenas quando um empreendimento é finalizado, considerando que tais empreendimentos levam em média dois anos para serem totalmente construídos.

Ainda de acordo com dados do GBC Brasil (2009), o estado brasileiro com maior número de registros para certificação do Leed é São Paulo, com 82,67% de solicitações de certificação.

Para obter a certificação junto ao GBC, o empreendedor pode abrir o processo pessoalmente. Ele torna-se responsável por todo o recolhimento de documentação e controle dos procedimentos ou opta pela consultoria em certificação. Há grandes escritórios no país especialistas nesse trabalho. O processo de consultoria de sustentabilidade é dividido quase sempre em quatro etapas, detalhadas a seguir.

Primeiro, realizam-se estudos de viabilidade técnica, mediante avaliação do projeto (analisando o terreno, verificando se houve quaisquer edificações anteriores naquele local; em caso positivo, qual o impacto causado na região), simulação da eficiência energética (essa etapa precisamente leva de três a quatro meses), acompanhamento e revisão do desenvolvimento do projeto. Nesta etapa a consultoria mantém um contato muito próximo não somente com os empreendedores, como também com os projetistas, dando-lhes suporte sobre as premissas do projeto.

A segunda etapa compreende o acompanhamento das obras, a fim de garantir que os critérios de sustentabilidade levados em conta pelo GBC sejam colocados em prática e que a empresa obtenha a pontuação referente a este item. Em determinados casos, os consultores indicam alterações nos projetos, como a rotação do prédio, a fim de obter melhor incidência de luz. Eles ainda analisam as tecnologias que estão sendo utilizadas, para que não sejam conflitantes e piorem os resultados em vez de melhorá-los.

A terceira etapa compreende o que a consultoria chama de suporte, embasada em reuniões técnicas periódicas realizadas entre a consultoria e as equipes de trabalho. Aqui a empresa consultora procura garantir que as necessidades da empresa contratante relativas ao projeto sejam atendidas, bem como verificam e acompanham todas as instalações de sistemas e equipamentos para que sejam feitas de acordo com as diretrizes estabelecidas para a obtenção de certificação. Essa etapa é finalizada com a entrega da obra, após a realização de todos os testes, ajustes e balanceamento dos equipamentos e sistemas.

A última etapa desse processo refere-se ao encaminhamento de toda a documentação necessária para a obtenção de certificação do Leed pela empresa de consultoria, que fará o acompanhamento do processo junto ao USGBC.

A consultoria é realizada pela empresa contratada durante toda a construção. Entretanto, estima-se que a finalização do processo a partir do término da obra leva, entre compilação e envio de documentação ao USGBC, revisões, atrasos, períodos de possíveis adequações do processo solicitadas pela entidade e afins, cerca de seis meses adicionais.

O processo de certificação, como se pode perceber, demanda tempo e muita atenção aos diversos requisitos e impactos inerentes às obras; contudo, conforme exposto anteriormente, o esforço pode compensar. Ademais, há diversos manuais disponibilizados pela instituição, bem como estudos acadêmicos, que colocam dicas ou descrevem experiências anteriores, vantagens e desvantagens percebidas, ou ainda comparam as diversas certificações existentes (tais como Hernandes, 2006; Hill e Bowen, 1997; Kats, 2010; Lockwood, 2006; Medeiros et al., 2012; Todd et al., 2001; Todd, Pyke e Tufts, 2013; entre outros). Esse material pode ser utilizado pelos gestores no processo de planejamento e implantação da obra.

CONSIDERAÇÕES FINAIS

O grande desafio imposto pelo tema construções sustentáveis ou construções verdes, entre outras denominações, é o de convencer os tomadores de decisão quanto aos reais benefícios advindos dessa nova prática, pois muitos realmente entendem os pontos positivos, principalmente quando se fala em ganho de mercado, entretanto ainda relutam em aumentar os investimentos nos projetos, temendo diminuição significativa em suas margens de lucro.

A mesma dissonância é apresentada pelo cliente no momento da compra. Isso se dá pela falta de visão do todo que esses participantes do mercado deveriam ter. Falta conhecimento profundo sobre o tema, uma vez que essa discussão é relativamente recente, o que dificulta o entendimento das argumentações apresentadas pelas empresas. O importante é que esses clientes não caiam no vazio do discurso da onda verde apenas por marketing empresarial ou social.

O desenvolvimento da economia contemporânea se deu em grande parte pela sociedade apoiada no consumo, contudo esse modelo de consumo já não é mais viável. É premente que esse consumo, independentemente do valor do produto a ser adquirido, seja feito de forma responsável. Não cabem mais no contexto atual da sociedade as menções aos vocábulos "desenvolvimento sustentável", "sustentabilidade", "ecodesenvolvimento" que se atêm ao aspecto ambientalista ou econômico ou ainda que não se apoiem em ações de fato. A noção a ser buscada, conforme comenta Passador (2012), deve ser mais ampla e promover o desenvolvimento econômico, a distribuição de renda, o acesso aos serviços básicos de saúde, educação e meio ambiente. A integração vai desde a proteção dos direitos humanos até o aprofundamento da democracia e deve satisfazer os interesses da geração presente sem comprometer a capacidade das novas gerações de atenderem às suas próprias necessidades.

Nesse sentido, as construções verdes e sua certificação são insuficientes para a promoção desse tipo de desenvolvimento, contudo colaboram, pelo menos em parte, para potenciais melhorias sociais, econômicas e ambientais dentro do empreendimento, bem como no local onde são instalados. Quiçá seja o potencial de promover a conscientização da relevância das diversas questões com relação a busca e necessidade de um desenvolvimento de fato mais sustentável um dos pontos-chave a se observar. O desafio das construções verdes, desse modo, vai além do cimento e dos tijolos e perpassa o pensamento e estilo de vida desejado e praticado pela sociedade contemporânea.

Atualmente, a aquisição de uma casa ou apartamento ambientalmente sustentável ainda é mais cara do que a aquisição de um produto convencional. Entretanto, a tendência, dada a lei da oferta e da demanda, é que, à medida que aumente o número de unidades sustentáveis no mercado, seu preço caia gradativamente. E esse movimento ainda chegará ao ponto em que ser sustentável não será apenas um diferencial de produto, uma vantagem competitiva; será indispensável e comum, espelhando uma sociedade mais preocupada com qualidade de vida da população de hoje e das gerações futuras.

EXERCÍCIOS

1. Quais aspectos são considerados fundamentais para se ter construções verdes?

2. Até que ponto as questões econômicas de construções verdes podem influenciar na tomada de decisões para se optar por esse modelo?

3. Quais as principais certificações que envolvem as construções verdes e o mercado mais sustentável de habitações?

REFERÊNCIAS

ALTOMONTE, S.; SCHIAVON, S. Occupant satisfaction in Leed and non-Leed certified buildings. *Building and Environment*, v. 68, p.66-76, 2013.

ARQUITETURA & CONSTRUÇÃO. São Paulo: Editora Abril, nov. 2007.

BRASIL. Constituição da República Federativa do Brasil de 1988. 1988. Disponível em: <http://www.planalto.gov.br/ccivil_03/Constituicao/Constituicao.htm>. Acesso em: 29 out. 2016.

_____. Resolução Conama n. 307, de 5 de julho de 2002. Estabelece diretrizes, critérios e procedimentos para a gestão dos resíduos da construção civil. Diário Oficial da União, n. 136, 17 jul. 2002, seção 1, p. 95 e 96. Disponível em: <http://www.mma.gov.br>. Acesso em: 22 maio 2008.

CARTER, C. R.; ROGERS, D. S. A framework of sustainable supply chain management: moving toward new theory. *International Journal of Physical Distribution & Logistics Management*, v.38, n.5, p. 360-387, 2008.

CHWIEDUK, D. Towards sustainable-energy buildings. *Applied Energy*, v. 76, n. 1-3, p. 211-217, 2003.

CIDELL, J.; COPE, M. A. Factors explaining the adoption and impact of Leed-based green building policies at the municipal level. *Journal of Environmental Planning and Management*, v.57, n.12, p.1763-1781, 2014.

COLE, R. J.; VALDEBENITO, M. J. The importation of building environmental certification systems: international usages of Breeam and Leed. *Building Research & Information*, v. 41, n.6, p.662-676, 2013.

DEGANI, C. M. *Sistemas de gestão ambiental em empresas construtoras de edifícios*. 2003. 223p. Dissertação (Mestrado em Engenharia Civil) – Escola Politécnica da Universidade de São Paulo, Departamento de Engenharia de Construção Civil. São Paulo, 2003.

EY/GBC BRASIL. *Sustainable buildings in Brazil*. São Paulo: EY/GBC Brasil, 2013. Disponível em: <http://www.gbcbrasil.org.br/?p=espaco-detalhes&I=12>. Acesso em: jun. 2013.

FFREYBOTE, J.; SUN, H.; XI, Y. The impact of Leed Neighborhood Certification on Condo Prices. *Real Estate Economics*, v.43, n.3, p.586-608, 2015.

[GBC BRASIL] GREEN BUILDING COUNCIL BRASIL. *Green Building Council Brasil*. Disponível em: <http://www.gbcbrasil.org.br>. Acesso em: 22 maio 2008.

_____. *Guia para sua obra mais verde*. São Paulo: Green Building Council Brasil, 2009.

_____. *A certificação Leed*. Disponível em: <http://www.gbcbrasil.org.br/?p=certificacao>. Acesso em: jun. 2012.

HERNANDES, T. Z. *Leed-NC como sistema de avaliação da sustentabilidade: uma perspectiva nacional?* 2006. 134p. Dissertação (Mestrado em Arquitetura) – Faculdade de Arquitetura e Urbanismo. Universidade de São Paulo. São Paulo, 2006.

HILL, R. C.; BOWEN, P. A. Sustainable construction: principles and a framework for attainment. *Construction Management and Economics*, Reading, v. 15, n.3, p. 223-239, 1997.

JOHN, G.; CLEMENTS-CROOME, D.; JERONIMIDIS, G. Sustainable buildings solutions: a review of lessons from the natural world. *Building and Enviroment*, v. 40, n.3, p. 319-328, 2005.

KASAI, Y. Barriers to the reuse of construction by-products and the use of recycled aggregate in concrete in Japan. In: DHIR, R. K et al. (Eds.). *Sustainable construction: Use of recycled concret aggregate*. Londres: Thomas Telford, p.433-444, 1998.

KATS, G. *Tornando nosso ambiente construído mais sustentável: custos, benefícios e estratégias*. Washington: Island Press, 2010.

KOHLER, N. The relevance of green building challenge: an observer's perspective. *Building Research & Information*, v. 27, n. 4/5, p. 309-320, 1999.

LOCKWOOD, C. Building the green way. *Harvard Business Review*, jun. 2006.

MARTINEZ, P. R. Rol de la industria de la construcción en el desarrollo sustentable. *Revista Ambiente y Desarollo de Cipma*. Santiago, v. 14, n. 1, 2003.

MATOS, G.; WAGNER, L. *Consumption of Materials in United States 1900-1995*. US Geological Service. Disponível em: <http://pubs.usgs.gov/annrev/ar-23-107/aerdocnew.pdf>. Acesso em: jul. 2012.

MEDEIROS, M. L.; MACHADO, D. F. C.; PASSADOR, J. L.; PASSADOR, C. S. Adoção da certificação *Leed* em meios de hospedagem: esverdeando a hotelaria? São Paulo: *RAE*, v.52, n.2, p. 179-192, 2012.

[ONU] ORGANIZAÇÃO DAS NAÇÕES UNIDAS. Department of Economic and Social Affairs. *Population challenges and goals*. Nova York, 2005. Disponível em: <http://www.un.org/esa/population/publications/pop_challenges/Population_Challenges.pdf>. Acesso em: jul. 2012.

PASSADOR, C. S. *Observações sobre educação no campo e desenvolvimento no Brasil*. Ribeirão Preto, 2012. 140p. Tese (Livre-Docência em Administração Pública) – Faculdade de Administração, Economia e Contabilidade de Ribeirão Preto da Universidade de São Paulo (Fearp/USP). Ribeirão Preto, 2012.

POLONSKY, M. J.; OTTMAN, J. A. Exploratory examination of whether marketers include stakeholders in the green new product development process. *Journal of Cleaner Production*, v.6, n.3, p.269-275, 1998.

PORTER, M. E.; LINDE, C. Green and competitive: ending the stalemate. *Harvard Business Review*, v. 73, n.5, p. 120-134, 1995.

REX, E.; BAUMANN, H. Beyond ecolabels: what green marketing can learn from conventional marketing. *Journal of Cleaner Production*, v. 15, n.6, p. 567-576, 2007.

SCHARF, R. *Manual de negócios sustentáveis*. Amigos da Terra – Amazônia Brasileira. São Paulo: Centro de Estudos em Sustentabilidade, 2004.

SCOTTO, G.; CARVALHO, I. C. M.; GUIMARÃES, L. B. *Desenvolvimento sustentável*. Petrópolis: Vozes, 2007.

TODD, J. A.; CRAWLEY, D.; GEISSLER, S.; LINDSEY, G. Comparative assessment of environmental performance tools and the role of the Green Building Challenge. *Building Research & Information*, v. 29, n.5, p. 324-335, 2001.

TODD, J. A.; PYKE, C.; TUFTS, R. Implications of trends in Leed usage: rating system design and market transformation. *Building Research & Information*, v. 41, n.4, p. 384-400, 2013.

USGBC. *Leed rating system*. Disponível em: <http://www.usgbc.org>. Acesso em: jul. 2012.

YANG, X. *Measuring the effects of environmental certification on residential property values - Evidence from Green Condominiums in Portland, U.S.* 62p. Dissertação (Mestrado em Urban Studies) – Portland State University, Portland, 2013.

ZUO, J.; ZHAO, Z. Green building research-current status and future agenda: a review. *Renewable and sustainable energy reviews*, v. 30, p. 271-281, 2014.

Índice remissivo

A

Avaliação de impacto ambiental 73
Avaliação do risco ambiental 120

B

Balanço ambiental 231
Balanço social 231
Biodiesel 164

C

Cadeias de suprimentos sustentáveis 241
capital social 87
Carvão mineral 173
Carvão vegetal e lenha 174
Certificação ambiental 276
   na construção civil 276
Certificações 218
comunicação verde 254
Conferências internacionais 3
conscientização ambiental mundial 37
Construções verdes 264, 269

Consumidor verde 207
Créditos de carbono 147
   comércio dos 147

D

Desenvolvimento sustentável 197
   indicadores de 197

E

Educação ambiental 130
   conceituada 133
   gênese da 130
   no Brasil 132
Educação empreendedora 101
Educação integral 134
   no ensino de administração 138
Empreendedores 91
Empreendedorismo 91, 99
   social 99
Energia 160
   conceitos básicos 163
   e desenvolvimento econômico 160
   eólica 178

geotérmica 180
hidráulica 175
nuclear 185
renovável 163
solar 183
tipos de 164
Estudo de Impacto Ambiental 73

G

Gás de xisto 172
Gás natural 169
Gestão ambiental 75, 77
  e finanças 114
  implantação da 77
  Instrumentos de 75
Gestão dos recursos naturais 61
Global Reporting Initiative 233
Governança corporativa 122

H

Hidrogênio 181

I

ISO 14.000 223

L

legislação ambiental 33
  do Brasil Império 33
  dos primeiros anos da República 33
legislação ambiental brasileira 51
legislação federal ambiental 45
Logística reversa 252

M

Marketing 204
  conceitos 204
  filosofia 204
Marketing verde 206, 210
  definições 206
MDL 145
  a partir da geração de energia pelo bagaço de cana 155
  financiamentos de projetos 145
  para aterro sanitário 152
  para captação do CO_2 na atmosfera 154
  projetos do Brasil 150
  projetos no mundo 148
Mecanismos de desenvolvimento limpo (MDL) 142
mercados sustentáveis 250

N

normas ambientais
  no Brasil 26

O

objetivos de desenvolvimento sustentável 15
Objetivos do milênio 15
Oceanos – ondas e marés 176
Ordenações Afonsinas 27
Ordenações Filipinas 31
Ordenações Manuelinas 29

P

Petróleo 169
Produto verde 208

R

Recursos 61
  atmosféricos 72
  hídricos 61, 63
  minerais 69
  vegetais 65
Relatório de Impacto Ambiental 74
Rotulagens ambientais 218

S

Selos ambientais 227
Selos verdes 218
Sociedades sustentáveis 87
Sustentabilidade 7
  aplicada às corporações 11
  cultural 10
  econômica 9
  e criação de valor 110
  empresarial 94, 198
  indicadores de 194
  social 7
  territorial 10

ADQUIRA OS OUTROS TÍTULOS DA
SÉRIE SUSTENTABILIDADE

Sustentabilidade: princípios e estratégias | Sonia Valle Walter Borges de Oliveira, Alexandre Bevilacqua Leoneti e Luciana Oranges Cezarino

Marketing ambiental: sustentabilidade empresarial e mercado verde | Ricardo Ribeiro Alves

Água e sustentabilidade no sistema solo-planta-atmosfera | Klaus Reichardt e Luís Carlos Timm

Certificação florestal na indústria: aplicação prática da certificação de cadeia de custódia | Ricardo Ribeiro Alves e Laércio Antônio Gonçalves Jacovine

A era do ecobusiness | João Amato Neto

Mudanças climáticas: do global ao local | Tatiana Tucunduva P. Cortese e Gilberto Natalini (Orgs.)

Regulação do saneamento básico | Alceu de Castro Galvão Jr., Alisson José Maia Melo e Mario Augusto P. Monteiro (Orgs.)

Educação e meio ambiente: uma relação intrínseca | Daniel Luzzi

Eficiência energética em edifícios | Marcelo de Andrade Roméro e Lineu Belico dos Reis

Energia eólica | Eliane A. Faria Amaral Fadigas

Matrizes energéticas: conceitos e usos em gestão | Lineu Belico dos Reis

Gestão estratégica do saneamento | Ary Haro dos Anjos Jr.

A Editora Manole utilizou papéis provenientes de fontes controladas e com certificado FSC® (Forest Stewardship Council®) para a impressão deste livro. Essa prática faz parte das políticas de responsabilidade socioambiental da empresa.

A Certificação FSC garante que uma matéria-prima florestal provenha de um manejo considerado social, ambiental e economicamente adequado, além de outras fontes controladas.